“绿十字”安全基础建设新知丛书

班组安全建设知识

“‘绿十字’安全基础建设新知丛书”编委会　编

中国劳动社会保障出版社

图书在版编目(CIP)数据

班组安全建设知识/《“绿十字”安全基础建设新知丛书》编委会编. —北京：中国劳动社会保障出版社，2016
（“绿十字”安全基础建设新知丛书）
ISBN 978-7-5167-2462-0

Ⅰ.①班…　Ⅱ.①绿…　Ⅲ.①班组管理-安全管理-基本知识　Ⅳ.①F406.6

中国版本图书馆 CIP 数据核字(2016)第 067291 号

中国劳动社会保障出版社出版发行
（北京市惠新东街 1 号　邮政编码：100029）
*
北京北苑印刷有限责任公司印刷装订　　新华书店经销
787 毫米×1092 毫米　16 开本　17 印张　329 千字
2016 年 4 月第 1 版　　2017 年 7 月第 3 次印刷
定价：45.00 元

读者服务部电话：（010）64929211/64921644/84626437
营销部电话：（010）64961894
出版社网址：http://www.class.com.cn

编 委 会

内容提要

在工业生产中存在着各种危险，这些危险的存在，是与工业生产相伴随的必然结果。班组是企业安全生产的基本单元，处于安全生产的第一线，企业安全生产的各项规章制度和技术措施都要通过班组来落实。如果班组安全管理基础差，人员违章作业，就很容易引发安全事故，许多事故的发生，其直接原因就是班组职工违章作业或没有及时发现事故隐患造成的。在班组安全管理工作中，一方面需要提高班组成员的安全知识水平和安全操作技能，增强班组成员的安全生产责任感和遵章守纪的自觉性，实现人的本质安全化；另一方面需要组织班组成员辨认生产作业中所存在的危险，做好危险预知分析活动，有针对性地采取积极有效的措施，预防事故的发生，从而创造安全的生产作业环境。

在本书中，针对班组安全建设相关知识与要求，班组安全教育相关知识与方法，班组安全生产标准化建设知识与要求，班组危险预知分析活动，班组生产现场安全管理活动，班组安全心理知识与违章行为的纠正等内容进行了全面详细的介绍。本书适合于各类企业对班组长、班组安全员的业务培训，也是各类企业生产班组进行安全管理的必备图书。

前　言

党中央、国务院高度重视安全生产工作，确立了安全发展理念和“安全第一、预防为主、综合治理”的方针，采取一系列重大举措加强安全生产工作。目前，以新《安全生产法》为基础的安全生产法律法规体系不断完善，以“关爱生命、关注安全”为主旨的安全文化建设不断深入，安全生产形势也在不断好转，事故起数、重特大事故起数连续几年持续下降。

2015 年 10 月 29 日，中国共产党第十八届中央委员会第五次全体会议通过的《中共中央十三五规划建议》指出：“牢固树立安全发展观念，坚持人民利益至上，加强全民安全意识教育，健全公共安全体系。完善和落实安全生产责任和管理制度，实行党政同责、一岗双责、失职追责，强化预防治本，改革安全评审制度，健全预警应急机制，加大监管执法力度，及时排查化解安全隐患，坚决遏制重特大安全事故频发势头。实施危险化学品和化工企业生产、仓储安全环保搬迁工程，加强安全生产基础能力和防灾减灾能力建设，切实维护人民生命财产安全。”

“十三五”时期是我国全面建成小康社会的决胜阶段，《中共中央十三五规划建议》中有关安全生产工作的论述，为这一阶段的安全生产工作指明了方向。这一阶段的安全生产工作既要解决长期积累的深层次、结构性和区域性问题，又要积极应对新情况、新挑战，任务十分艰巨。随着经济发展和社会进步，全社会对安全生产的期望值不断提高，广大从业人员安全健康观念不断增强，对加强安全监管、改善作业环境、保障职工安全健康权益等方面的要求越来越高。企业也迫切需要我们按照国家安全监管总局制定的安全生产“十三五”规划和工作部署，根据新的法律法规、部门规章组织编写“‘绿十字’安全基础建设新知丛书”，以满足企业在安全管理、安全教育、技术培训方面的要求。

本套丛书内容全面、重点突出，主要分为四个部分，即安全管理知识、安全培训知识、通用技术知识、行业安全知识。在这套丛书中，介绍了新的相关

法律法规知识、企业安全管理知识、班组安全管理知识、行业安全知识和通用技术知识。读者对象主要为安全生产监管人员、企业管理人员、企业班组长和员工。

本套丛书的编写人员除安全生产方面的专家外，还有许多来自企业，他们对企业的安全生产工作十分熟悉，有着切身的感受，从选材、叙述、语言文字等方面更加注重企业的实际需要。

在企业安全生产工作中，人是起决定作用的关键因素，企业安全生产工作需要具体人员来贯彻落实，企业的生产、技术、经营等活动也需要人员来实现。因此，加强人员的安全培训，实际上就是在保障企业的安全。安全生产是人们共同的追求与期盼，是国家经济发展的需要，也是企业发展的需要。

“‘绿十字’安全基础建设新知丛书”编委会

2016 年 4 月

目　录

第一章　班组安全建设相关知识与要求

班组是企业安全生产的基本单元，处于安全生产的第一线，企业安全生产的各项规章制度和技术措施都要通过班组来落实。如果班组安全管理基础差，人员违章作业，就很容易引发安全事故，许多事故的发生，其直接原因就是班组职工违章作业或没有及时发现事故隐患。因此，需要加强班组安全建设，夯实企业安全生产的基础，严格按照安全操作规程生产和作业，减少和杜绝人员违章作业，充分发挥班组安全生产第一道防线的作用，为实现安全生产提供可靠的保障。

第一节　班组安全建设相关知识

班组安全建设的内容有五个方面，即组织建设、思想建设、制度建设、安全业务建设和安全文化建设，这五个方面相辅相成、缺一不可。企业要完成各项生产任务，必须依靠班组来落实，各项规章制度也要靠班组去执行，因此班组是企业一切工作的落脚点。可以说，能否将企业的安全管理工作有效地深入到班组安全建设之中，是预防事故发生、实现企业安全生产的关键，也是衡量企业安全管理水平高低的一个重要指标。

一、班组组织建设相关知识

要做好班组安全管理工作，首先要抓好班组的组织建设，班组的组织建设是班组安全管理的组织保证。班组的组织建设，主要是指班组长的选配、班组核心的组成、人员安全职责与任务的确定等。

1. 班组安全管理的特点

班组是由两个以上职工组成的工作集体，是企业从事生产活动的基本单位，也是进行生产和日常管理活动的主要场所。在生产中，企业的设备、工具和原材料等，都要由班组掌握使用；企业的生产、技术、经营管理和各项规章制度的贯彻落实，也要通过班组的活动来实现，因此班组是企业的基础。

从企业的整体来看，一个班组的范围很小，但它的总和却很大。在生产中一个班组发生事故，就会使生产脱节，影响局部甚至整个企业的生产秩序，造成严重的后果。由于班组成员同在一个环境中工作，相互接触时间较长，形成互控、他控，因而对班组的安全生产影响很大。当前绝大多数安全生产事故属于责任事故，在这些责任事故中，90%以上的事故发生在班组，80%以上的事故是由于违章指挥、违章作业和设备隐患没能及时发现、消除等人为因素造成的。所以，从安全角度来说，班组是控制事故的前沿阵地，是企业安全管理的基本环节，加强班组安全建设是企业加强安全生产管理的关键，也是减少伤亡事故和各类灾害事故最切实、最有效的办法。

班组是企业管理组织的基本形式，班组的地位和作用决定了它在安全管理上的特点。班组安全管理的特点主要体现在以下几个方面：

（1）范围相对较小、人员相对较少，不容易形成安全死角；生产比较单一、工艺比较接近，职工在技术、操作以及安全生产方面有较多的共同语言。

（2）班组成员在生产过程中时时刻刻会遇到安全问题，绝大多数问题需要靠自己开动脑筋，采取措施加以解决。这种自己管理自己安全的行为，有利于促进职工安全意识和安全素质的提高。

（3）班组开展安全活动，召集容易、时间短、次数多，面对现实、针对性强、印象深刻，这有利于唤起职工的注意力，以便迅速解决问题。

2. 班组长在班组安全管理中的作用

如果说班组是企业安全生产的基础，那么，班组长就是班组安全生产的基础。班组长是班组安全生产以及各项安全管理活动的组织领导者和管理者，是率领班组成员在生产一线工作的指挥员，起着把企业规章制度变为班组成员实际行动的桥梁作用和骨干作用。因此，班组长在班组安全管理工作中起着主导作用。如果没有一个好的班组长，就不能带领班组成员搞好班组的各项管理工作，也不能很好地完成生产任务。可以说，在企业中，承上启下需要班组长，左右协调离不开班组长，班组长岗位是一个至关重要的工作岗位，一个班组能否把安全工作搞好，关键在班组长。

班组长处于“兵头将尾”的地位，既是普通一兵，又是生产前线的指挥官。一个称职的班组长必定是一个既善于做思想工作，又能以身作则的领导者，同时也一定是一个生产业务的能手。班组的安全管理工作是否到位，与班组长自身的素质密切相关。为此，应选择思想好、技术精、懂业务、作风正、干劲足、会管理、有威信的人担任班组长。

3. 班组长应具备的素质

班组长通常需要具备以下素质：

（1）身体素质。班组长应具有良好的身体素质，以适应工作的需要。因为班组遇到的难活、重活、累活，班组长都要亲临现场指导、带头干，所以，班组长的身体素质必须过硬。

(2) 安全技术素质。班组长应是本班组内有较丰富实践经验和较高理论水平的业务骨干，精通本班组、本岗位的安全操作技术，是班组的技术尖子和多面手，并善于钻研、学习新知识、新技术，不断提高自己的技术业务水平。班组长的技术业务水平对班组成员的影响很大，对班组的安全培训工作起着重要的作用，往往决定着班组成员安全培训教育工作的效果和班组成员技术素质提高的程度。

(3) 安全管理素质。合格的班组长，不仅懂技术、能实干，而且会管理，有很强的管理意识。在由生产型向管理型转变的过程中，班组长不仅要懂得基础管理和专业管理，而且要懂得现代化安全管理和民主管理，才能提高全班组的安全管理水平。

(4) 文化素质。班组长的文化水平，不仅要能满足班纽安全管理工作的需要，还要考虑将来发展的需要。因此，班组长一般应具有较高的文化水平；对一些技术要求高、管理复杂的班组，班组长应具有大专以上文化程度。

(5) 政治素质。班组长要有搞好安全生产的强烈责任心，能时刻把班组成员的安全和健康放在首位。能坚持实事求是的原则，善于全面地分析和处理问题，考虑问题能以公心，对班组敏感的问题要能公开、公正、公平。

4. 班组长安全生产职责

班组长是本班组安全生产第一责任人，要认真执行安全生产的规章制度，模范遵守安全操作规程，对本班组成员的安全行为负责。

班组长的安全生产职责主要有：

(1) 贯彻执行企业及车间在安全生产方面的规定和要求，全面负责本班组的安全生产工作。

(2) 组织班组员工学习并贯彻执行企业安全生产规章制度和安全操作规程，教育员工遵章守纪；坚持召开班前安全会，在布置生产任务的同时，具体布置安全措施，保证自己不违章指挥。

(3) 组织并参加安全宣传活动，坚持班前讲安全，班中检查安全，班后总结安全。

(4) 负责对新调入、变换工种、复工人员（包括实习、代培、临时用工）进行岗位安全教育。

(5) 负责每班现场巡回安全检查，督促本班组员工严格遵守安全生产制度、安全操作规程，正确使用个体防护用品。纠正违章作业和不安全行为，负责监督危险作业，及时发现和消除事故隐患。

(6) 搞好生产设备、安全装置、消防设施和爆破物品等的检查维护工作，使其经常保持完好和正常运行。

(7) 及时发放员工劳动防护用品，并教育班组员工正确使用劳动防护用品。

(8) 发生事故立即报告并组织抢救，保护现场；参与事故调查、原因分析，提出预防措施及事故处理意见。

(9) 有权拒绝上级不符合安全生产、文明生产的指令和意见。

5. 班组长应具备的工作作风

班组长是兵头将尾，每天工作在生产一线，因此应具备良好的工作作风。主要有：

(1) 高度的事业心和责任感。班组长是不脱产的，每天既要完成自己的工作任务，又要组织领导班组成员完成生产任务，同时还要做思想工作、管理工作，指导班组成员解决各种难题。所以，班组长要比班组成员操心多、工作忙、责任大，既要管事，又要管人，既要抓安全管理，又要抓生产进度。可以说，班组长的工作是一项辛苦劳累的工作。如果没有高度的责任心，没有奉献精神，是不能搞好班组安全生产工作的。

(2) 技术过硬，熟悉安全管理。作为班组长，不仅要懂技术，还要会管理。这就要求班组长对本班组的生产设备及性能、工艺流程十分熟悉；对操作技术、检修技能十分精通；对生产过程中可能出现的安全问题心中有数，能及时发现事故隐患。此外，还要求班组长能够运用科学的管理方法和手段对班组进行安全管理。特别在当今，随着技术创新的深入发展，各专业岗位的分工越来越细，各种设备的检修工艺和质量要求越来越高，这为班组工作的规范化、科学化管理创造了条件，但也为班组长学习新技术、掌握现代化管理带来了新课题。因此，班组长要努力钻研新技术，学习现代安全管理的方法，不断提高自己的技术水平和管理水平，这样指挥生产才能得心应手，分析处理安全问题才能不出偏差。

(3) 坚持原则，敢于负责。班组工作千头万绪，会遇到许多矛盾和问题。班组长在是非面前，要勇于坚持原则，如对违反规章制度、违反职业道德的行为，对影响正常生产和违章作业的行为，以及班组内的不良现象，要敢管敢抓，不怕得罪人，不怕碰钉子，不怕遭人非议。明哲保身，得过且过的“老好人”，是不能把班组作风带好的。当然，敢抓敢管也不是毫无原则地蛮干，更不是板着面孔训人，而是实事求是地按照客观情况办事，该制止的坚决制止，该批评的善意批评，该表扬的大力表扬，一切要从严要求，树立良好的班风。

(4) 以身作则，起带头作用。班组长的模范行动就是无声的命令，最有号召力，最能说服人。班组长在安全生产中要处处以身作则，凡是自己提倡的事情或要求别人做到的事情，自己都要身体力行，带头去做并努力做好，用自己的模范行动影响大家，教育大家，起到示范作用、引路作用。有的班组长总结出“六在前”的做法，即“思想工作做在前，完成任务跑在前，搞好管理干在前，艰巨任务抢在前，遵守纪律走在前，关心同志想在前”，是把以身作则的行为具体化。如果班组长都能照此去做，说话就有说服力和号召力；

如果光说不做，对人严对己宽，说得头头是道，行动全不对号，就不能得到群众的拥护。

(5) 关心职工，维护职工利益。作为班组的领导者，要关心班组成员的疾苦，要敢于代表职工说话，维护职工的劳动安全健康权益；对一时难以办到的事情，要向职工做好解释工作。凡班组能解决的问题就立即解决。解决或减轻了职工的后顾之忧，职工就能安心工作，同时也能增进与职工之间的感情。

6. 班组长应掌握的工作方法

班组长日常工作十分繁杂，如果不注意工作方法，只是瞪眼睛、高嗓门，没有一点管理艺术，只能使班组成员口服心不服，使班组缺乏凝聚力，在班组内形成不安定因素。因此，班组长不仅应具有较高的工作积极性、责任心和较强的安全意识，还应具备一定的管理水平，掌握良好的工作方法。班组长的工作方法应该是：依靠骨干，发扬民主，团结群众，以身作则。

(1) 依靠骨干。班组遇到生产和安全问题时，班组长首先应同班组骨干商量，也就是同工会组长、党团组长、安全员、技术员及员工代表商量。这些人是班组的中坚力量，是班组长行使指挥权的好助手。他们的思想认识统一了，行动一致了，就能带领班组成员更好地完成生产任务、搞好安全工作。如果班组长不善于同大家商量办事，而是搞"一言堂""家长制"，长此以往就会失去班组成员的支持。

(2) 搞好班组的团结。班组成员齐心协力，团结一致，工作就有保证。如何搞好班组的团结？一是班组长应当把工作中出现的问题摆到桌面上来，讨论问题时要从工作出发，坚持正确的观点、立场和原则，要开诚布公、实事求是，不隐瞒自己的观点。出现分歧，要以理服人，不以势压人。开展批评和自我批评时，要从团结的愿望出发，不整人，不伤人，耐心细致地进行说服教育。二是要有全班组一盘棋的思想，互相支持，互相关心，做到班组成员心往一处想，劲往一处使。三是出了问题要互相谅解，不斤斤计较。四是办事要公平，不能有亲有疏。总之，班组长要善于理解班组的每一个人，要善于团结班组职工一道搞好班组各项工作。

(3) 用先进典型推动班组工作。抓先进典型是做好班组安全工作的基本方法，也是不断探索班组安全工作经验、提高班组管理水平的主要途径。树立安全生产方面的先进典型，如操作能手、安全标兵、优秀安全员等，通过他们的示范表演、现身说法，以及对他们先进事迹、先进经验的宣传报道，广泛开展比、学、赶、帮、超活动，以此推动班组安全生产工作的开展。

(4) 讲究领导艺术。班组工作的内容是相当广泛的，班组长每天都处于十分繁忙和紧张的工作状态，如果缺乏领导艺术，工作安排不得当，往往会出现顾此失彼的现象。同样，班组的安全工作也要抓重点，有主有次。安全检查、隐患整改、职工培训教育、安全竞赛等，这些都是安全工作的主要内容，但就重点工作来说，常常是随着生产中出现的情况和季节性变化而要有所侧重。

二、班组思想建设相关知识

为了提高班组职工的整体素质，激发班组员工的积极性，高质量地做好各工种的本职工作，需要从提高认识入手，采取一系列行之有效的措施，强化科学管理，做好以情感人的班组思想建设工作，提高班组的管理水平和工作效益。

1. 班组思想建设的基本内容

在现代化大生产中，随着科学技术的进步，机械化、自动化程度越来越高，一旦操作失误，引起火灾或爆炸事故，就会造成厂毁人亡的悲剧。因此，班组安全思想建设的基本内容，就是不断提高班组员工的安全素质，强化人员的安全意识。

（1）职工应具备的安全素质。职工应具备的安全文化素质有这样几个方面：在安全需求方面，有较高的个人安全需求，珍惜生命，渴望健康，能主动避开非常危险和尘毒严重的作业场所。在安全意识方面，有较强的安全生产意识，坚持“安全第一，预防为主”方针。在从事易燃易爆、有毒有害作业时，能谨慎操作，不麻痹大意。在安全知识和技能方面，能够掌握与自己工作有关的安全技术知识和安全操作规程，具备较熟练的安全操作技能，通过刻苦训练，提高安全可靠性，避免失误。在应急能力方面，若遇到异常情况能果断地采取应急措施，把事故消灭在萌芽状态或杜绝事故扩大。安全文化素质是现代员工不可缺少的基本素质，是安全生产的有力保证。

（2）员工安全素质的培养。班组的一项任务，就是培养员工具有较高的安全素质，这需要不断地进行安全教育。安全教育是一种多样性、多层次、多形式的继续教育，接受安全教育既是员工应履行的义务，又是员工的合法权利。安全教育要有针对性，本着缺什么学什么，学为所用的原则进行安排。各班组结合自身的工作性质、岗位安全要求，对不同的人员分别进行教育。要把企业内部的规章制度、班组的安全规范作为教育的基本内容，只有懂章懂纪，才能遵章守纪。要加强安全操作知识、安全消防知识、事故预防和处理知识的教育，提高职工自我保护能力。对特种作业人员，不仅要进行专业技术培训，更要抓好纪律教育。

2. 搞好班组思想建设的着力点

搞好班组思想建设必须着力从以下几点抓起。

（1）把思想道德教育作为班组思想建设的首要工作抓好。班组思想建设是班组“双文明建设”（精神文明、生产文明）的首要工作，要牢牢抓好。班组思想建设在班组发展中起着非常重要的作用。思想道德建设又是思想建设的基础，因此抓好班组思想建设要落实“以德治组”的方针，对班组员工进行安全法律法规教育；坚持对班组员工进行“爱国守法”和科学的人生观、道德观、价值观的教育；坚持爱国家、爱集体、爱岗位，艰苦奋斗，无私奉献的精神教育；坚持对班组员工进行社会公德、职业道德、家庭美德的教育；坚持学法、知法、守法和其他规章制度的教育。这些教育要与职业道德建设相结合，要与班组职工的思想实际相结合，使班组职工不断获得思想文化上的营养，从而转化为搞好本职工作的长期动力。

（2）班组思想建设要分阶段突出抓好重点。在班组思想建设中要切实抓好以下几个重点；一是抓好职业道德建设；二是培养班组职工的敬业精神；三是培养班组职工良好的工作作风；四是营造宽松的工作环境氛围；五是用规范制度约束班组职工的行为，严格遵守各种规章制度和道德规范。

（3）班组思想建设要注意实效。班组思想建设要鼓励班组员工学科学、长知识，不断掌握新技能，成为全面发展的人才。一是要求班组员工在干好本职工作的同时，充分利用工余时间，采取“请进来”的办法，学习理论知识，增长技术才能。二是要求班组员工洁身自好，不参加赌博、不沾毒品，违反法纪的事坚决不干．同“黄、赌、毒”丑恶现象做坚决斗争。三是要求班组员工积极参加岗位培训、技能培训、技术比武等活动，不断提高技术能力。

（4）不断寻求加强班组思想建设的新途径。要搞好班组思想建设，就要结合实际工作，开展形式多样、群众喜闻乐见的活动，以不断提高班组成员的积极性，调动班组成员工作热情，凝聚人心，形成团结有力的班组作风。要充分发挥典型引路和示范作用，使班组成员学有榜样，看有方向。切实落实好班组的各项责任制，要求班组成员各负其责，完成好本职工作，要加强班组精神文明建设，提高班组的社会效益，促进物质文明和精神文明建设的健康发展。

3. 职工在安全生产方面的权利与义务

职工在生产劳动过程中，享有《安全生产法》等法律法规规定的权利，同时也要承担相应的安全生产责任，履行相应的安全生产义务，做到权利与义务的统一。

在法律上，“权利”和“义务”是两个相对的概念。“权利”是指公民或法人享有的权力和利益，法律对于权利的主体在行使权力或得到利益时应当做出的行为要给予约束，这种约束就表现为权利主体的义务。换句话说，“义务”就是权利主体所受到的法律约束。法律要求负有义务的人或法人必须同时履行相应的责任，以维护国家利益或保证权利主体的权利得到实现。

权利的本质是一种利益，义务的本质是一种无利益，而且受约束。责任是义务的具体化，即分内应做的事。分内的事做好了，称为尽到责任；分内的事没有做好，应当承担过失而追究责任。

权利与义务密不可分，一方有权利，他方必有相应的义务；反之亦然。人们在建立各种法律关系时，往往是互为权利方和义务方。

企业与职工之间构成了一种劳动关系，在这种关系中，职工提供自身的劳动并获得报酬，企业提供劳动场所和必需的劳动条件，并支付劳动报酬，双方的利益并不完全相同。因此，必须依靠法律明确规定企业与职工双方的权利和义务，才能使这种劳动关系保持公正和稳定。安全生产关系是劳动关系的重要组成部分，在我国现行法律中有着对企业与职工在安全生产方面的权利与义务所做出的规定。

4. 职工在安全生产方面的权利

党和国家历来重视企业职工的安全生产权利，国家的许多法律对此都有相关的规定。新修订的《安全生产法》第六条规定："生产经营单位的从业人员有依法获得安全生产保障的权利，并应当依法履行安全生产方面的义务。"《安全生产法》第三章从业人员的权利与义务，还详细规定了从业人员应享有的权利与义务。

从业人员的安全生产权利可以概括为以下八项：

（1）知情权。从业人员有了解其作业场所和工作岗位存在的危险、有害因素，防范措施和事故应急措施的权利。知情权保障从业人员知晓并掌握有关安全生产知识和处理办法，能有效地消除和减少由于人的因素产生的不安全因素，从而避免、减少人员伤亡。

（2）建议权。从业人员有权对本单位的安全生产工作提出建议；职工可以通过各种方式，对企业的安全生产规划、管理制度、管理办法、安全技术措施和规章的制定等提出建议。

（3）批评、检举和控告权。从业人员有权对本单位的安全生产工作中存在的问题提出批评、检举、控告；生产经营单位不提供法律规定的劳动条件，违章指挥、强令冒险作业，是发生伤亡事故的重要原因之一，法律赋予从业人员批评、检举、控告权，可有效发挥群众的监督作用。

（4）拒绝权。从业人员有权拒绝违章指挥和强令冒险作业。违章指挥、强令冒险作业极大地威胁从业人员的生命安全和身体健康，法律赋予从业人员这项权利，使其有权与生产经营单位的违法行为进行斗争，保护自身生命安全。企业不得因职工拒绝违章指挥、强令冒险作业而降低其工资、福利等待遇或者解除与其订立的劳动合同，用人单位不得以此为由给予处分，更不得予以开除。

（5）紧急避险权。从业人员发现直接危及人身安全的紧急情况时，有权停止作业或者在采取可能的应急措施后撤离危险场所。紧急避险权体现了“以人为本”的精神。企业不得因职工在紧急情况下停止作业或者采取紧急撤离措施而给予员工任何处分，也不得降低其工资、福利待遇或者解除与其订立的劳动合同。

（6）劳动保护条件保障权。从业人员有获得安全卫生保护条件的权利，有获得符合国家标准或者行业标准的劳动防护用品的权利；有获得定期健康检查的权利等。

（7）接受安全教育权。从业人员有获得本职工作所需的安全生产知识、安全生产教育和培训的权利。该项权利能使从业人员提高安全生产技能，增强事故防范和应急处理能力。

（8）享受工伤保险和伤亡赔偿权。从业人员因生产安全事故受到损害时，除依法享受工伤社会保险待遇外，依照有关民事法律尚有获得赔偿的权利，有向本单位提出赔偿要求的权利。《安全生产法》还规定：生产经营单位不得以任何形式与从业人员订立协议，免除或者减轻其对从业人员因生产安全事故伤亡依法应承担的责任。

5. 职工在安全生产方面的义务

作为法律关系内容的权利与义务是对等的。没有无权利的义务，也没有无义务的权利。职工依法享有权利，同时也必须承担相应的法律责任和法律义务。职工在生产劳动中，除享有安全生产的有关权利以外，还应当承担相应的义务。

职工在安全生产方面的义务主要有：

（1）遵章守纪，服从管理。即从业人员在作业过程中，应当严格遵守本单位的安全生产规章制度和操作规程，服从管理。事实表明，员工违反规章制度和操作规程，是导致大量安全事故的主要原因。企业的负责人和管理人员有权依照规章制度和操作规程进行安全管理，监督检查职工遵章守纪的情况。对这些安全生产管理措施，职工必须接受并服从管理。依照法律规定，企业的职工不服从管理，违反安全生产规章制度和操作规程的，应给予批评教育，依照有关规章制度给予处分；造成重大事故，构成犯罪的，依照刑法有关规定追究刑事责任。

（2）正确佩戴和按标准使用劳动保护用品。从业人员在作业过程中，应当正确佩戴和使用劳动防护用品。为保障员工人身安全，生产企业必须为职工提供必要的、符合要求的劳动防护用品，以避免或者减轻生产作业中的人身伤害，职工必须正确佩戴和使用劳动防护用品。但在实际工作中，一些职工认为佩戴和使用劳动防护用品没有必要，或嫌麻烦，往往不按规定佩戴或者不能正确佩戴和使用劳动防护用品，由此引发的人身伤害时有发生，给自身和家庭带来巨大的痛苦。

（3）接受安全教育培训，掌握安全生产技能。这项义务的履行能够提高从业人员的安全意识和安全技能，进而提高生产经营活动的安全可靠性。职工的安全意识和安全技能的高低，直接关系到生产经营活动的安全可靠性。为搞好安全生产，防止发生伤亡事故，职工有义务接受安全生产教育和培训，掌握本职工作所需的安全生产知识，提高安全生产技能，增强事故预防和应急处理能力。

（4）发现事故隐患及时报告。从业人员发现事故隐患或者其他不安全因素时，应当立即向现场安全生产管理人员或者本单位负责人报告。从业人员是进行生产经营活动的主体，往往是发现事故隐患和不安全因素的第一当事人，及时报告，方能及时处理，最大限度地避免和减少事故损失。

6. 对女职工和未成年工保护

女职工在心理和生理上与男职工有区别。就生理而言，男女在运动系统、呼吸系统、血液循环系统等许多方面都存在不同，尤其是女性在月经、生育、哺乳等时期都有特殊的生理反应，需要特殊保护。未成年工是指年满16周岁、不足18周岁，身体发育尚未完全成熟的劳动者。女职工和未成年工自身的生理特点决定了应当给予他（她）们特殊的劳动保护。为此，国家对女职工和未成年工的保护作了以下规定：

（1）规定了女职工和未成年工禁忌从事的劳动范围。①某些特别危险的行业，如矿山井下作业、架设登高作业；②特别繁重的体力劳动，如第Ⅳ级体力劳动强度作业等不允许女性和未成年工从事。

（2）规定了妇女在生理四期（月经期、怀孕期、产期、哺乳期）禁忌从事的劳动范围。如怀孕和哺乳期的妇女禁忌从事接触铅、苯、镉等有毒物质浓度超过国家卫生标准的作业等。

（3）规定了妇女在“四期”应享受的基本待遇。如产假休息不少于90天，在此期间工资、福利待遇保持不变；不得在女职工怀孕期间解除劳动合同等。

（4）规定了未成年工的就业管理办法。规定矿山企业不得安排未成年工从事粉尘、有毒有害物超标的作业环境的工作，以及重体力劳动、危险作业（如矿山井下作业）、易发生伤害事故的作业，并且要对未成年工实行特殊的管理，如就业前健康检查等。

在我国现行的法律法规中，对女职工和未成年工的特殊保护，均使用的是法律法规中最高用语，如“禁止”“禁忌”“不得”等，这是一条红线，任何单位和个人均不得违禁。

三、班组制度建设相关知识

安全制度建设就是把安全工作的任务、各项管理、基础工作标准化和规范化，制定出相应的规章制度。班组安全制度建设，就是明确班组长及每位职工的权利和责任，用权利的制衡、奖励和惩罚来保证制度的实施。

1. 班组制度建设的重要性

班组安全规章制度的核心是以明确的岗位职责、规章和制度为基础，以准确的安全管理规范、安全技术标准和系统性管理，保证各项安全工作有秩序和高效率地进行。制度管理已成为现代企业安全管理的基本方法，任何一个班组都要在一套行之有效的安全管理制度下实施管理。制度是企业内部工作的法律，制度要有权威性，制度管理要有严肃性。在制度具有科学性、合理性的前提下，应严格管理，奖惩分明，确保各项制度的顺利实施。

制定安全生产规章制度和安全生产责任制，能使班组职工了解自己在安全生产方面的职责、权利；制定安全技术操作规程，能使职工明确自己如何去操作和怎样进行自我保护。加强班组安全建设，就要靠这些完善合理的规章制度。班组的安全制度一般包括：安全生产责任制、岗位责任制、安全操作规程、生产交接班制度、安全检查制度、设备和工具的维护保养制度、防护用品的发放和使用制度、安全教育制度、安全活动日制度、隐患整改制度、伤亡事故的报告和处理制度等。班组应结合自身的特点，建立健全以安全生产责任制为核心的各项安全制度，结合生产实际制定各项安全标准。同时，应建立岗位经济责任制，明确各岗位人员职责，充分体现责、权、利三结合的原则。

2. 健全班组的安全规章制度

安全规章制度原则上是由企业统一制定，班组是规章制度的执行单位。近年来，随着企业改革的不断深入，班组取得了制定企业规章制度实施细则的权力，这对于企业规章制度在班组的贯彻落实起到了重要的推动作用，同时也为班组的制度建设提出了更高的要求。

班组作为企业中最基层的行政组织和生产单位，除了贯彻执行企业制定的规章制度外，还要根据班组自身的生产特点和需要，在企业领导和安全管理部门的指导下，建立必要的安全生产管理制度。班组的安全规章制度虽然种类较多，不同类型的班组也各不相同，但必须符合企业安全管理的要求，符合安全生产、安全技术和经济活动的规律。制度确定后，班组要认真贯彻执行，并根据形势的变化和生产的发展，以及国家安全生产法律法规的颁布、标准的更新等情况，及时修改，充实新的内容，提出新的要求。要经常检查规章制度的落实情况，检查以自查、互查、巡回检查为主，要重点突出，有针对性，用规章制度、标准严格要求，以数据、记录进行评定，不敷衍应付，不走过场，注重质量，讲求实效。

3. 以严格考核促进制度的落实

严格考核能够促进班组安全制度的建设和落实。具体的考核内容为：安全生产责任制度、安全操作规程、安全教育制度和安全检查制度等的制定和落实情况。其中，对安全生产责任制的考核包括：①是否明确了班组长的班组安全生产第一责任人地位；②是否认真执行安全生产“五同时”，把安全同生产任务捆在一起考核；③分散作业、集体操作的班组的每个作业点是否指定了安全负责人；④危险作业、临时性作业等，有无安全要求和可靠措施，是否明确了安全责任人并认真执行；⑤是否应用目标管理、安全检查表、安全性评价等科学管理方法。对安全操作规程的考核包括：①安全操作规程是否健全并认真执行；②是否清楚危险点、重点控制部位、特种设备状况，有无安全防范措施和应急救援措施，并熟练掌握。对安全教育制度的考核包括：①班组长安全培训是否合格并有证书；②对新工人等是否进行了班组教育，且考核合格；③对调换工种、复工人员是否进行了安全教育；④特种作业、特种设备人员是否持证上岗，并按时复训；⑤是否经常组织职工学习安全制度、操作规程，做到会讲、会用。对安全检查制度的考核包括：①是否坚持日安全巡视检查制度，有无安全值日记录；②员工能否正确使用个人劳动防护用品；③作业人员、指挥人员是否遵守劳动纪律，有无违章操作、违章指挥；④作业现场的设备、工具是否符合安全要求，工具、物料是否摆放整齐，地面清洁；⑤通道是否畅通。有了完善的班组安全制度考核程序，也就更有效地夯实了企业安全制度建设的基础。

四、班组安全业务建设相关知识

班组的安全业务建设就是班组在安全生产、安全技术和安全活动中，不断学习和掌握各项安全管理技术，增强班组在安全生产中的计划、组织、指挥、协调和控制能力，使企业各项安全管理工作在班组得以落实。

1. 班组安全业务建设的内容

班组安全业务建设的内容很多，也很丰富，它包括班组的安全生产管理、安全技术管理、安全活动、设备工具管理、安全文明生产、事故防范、推行现代安全管理方法、推行标准化作业等。例如，针对班组员工年龄、文化结构的特点，开展形式多样、群众喜闻乐见的岗位技术练兵、技术表演、提合理化建议、职工身边无违章、班组无事故等群众性活动，引导职工增强安全意识，加强职工基本技能训练，使在岗职工熟练掌握操作要领、设备维护和故障判断与处理等技能，确保本岗位生产操作安全。

2. 搞好班组安全业务建设的方法

搞好安全业务建设，班组要积极开展安全竞赛活动、安全达标活动，发挥班组员工的群体竞争意识，这不仅是推动班组安全业务建设的有效途径和得力措施，也使班组管理有内容、有依据、有标准，推进班组安全责任制的落实。又由于竞赛活动往往与经济效益挂钩，涉及班组内部所有成员的切身利益，起到了制约作用，在班组内能够形成相互提醒、相互监督的好风气，增强了班组的凝聚力和职工的安全意识。

为促使更多的班组达标升级和使安全竞赛活动取得较好的效果，应制定科学合理的考核制度，严格标准、严格考核、严格奖罚，物质奖励与精神奖励并举，增强职工集体荣誉感，调动员工安全生产的积极性。

为了增强班组员工对事故的预测防范能力，进行超前控制，降低事故发生率，必须对班组实行现代化安全管理，这是班组安全业务建设的重要内容。逐步实现目标管理，把设备完好率、培训教育普及率、“三违”行为控制率等指标纳入目标管理之中；推广应用安全检查表管理、事故隐患评估、事故树分析、计算机辅助管理、安全评价、预先危险性分析等现代安全管理方法，进行全面的、系统的管理，使安全管理工作建立在更加科学的基础之上，变事后追查为事前预测，实行主动的控制管理，把“安全第一，预防为主”的方针真正落到实处。

五、班组安全文化建设相关知识

安全文化能以寓教于乐的形式和手段增强员工的安全意识，规范职工的安全行为，提高职工的安全素质，有利于落实“安全第一，预防为主”的安全生产方针，是促进企业和班组安全生产的重要途径。因此，在班组内开展安全文化建设具有重要意义。

1. 安全文化的内容

安全文化是安全价值观、信念、道德、理想、风气、行为准则的复合体，是安全观念和安全行为准则的总和，它是社会文化的一个组成部分。企业安全文化是指企业员工在预防事故、抵御灾害、创造安全文明工作环境的实践过程中所形成的物质和精神财富的总和；而班组安全文化是指班组在企业安全文化的基础上，在市场经济的新形势下，对“安全”这个关系到企业声誉及自身安危的具体问题，通过班组成员的各种认识实践、活动实践和自我完善实践，逐步形成的一种潜在的文化。

安全文化包括安全观念文化和安全行为文化。安全观念文化是对安全活动、安全行为、安全环境、安全事务、安全标准、安全原则、安全实现条件等的基本态度和观点的总和。人们在生产过程中，所具有的特定的安全观念，导致不同的安全认知和态度，从而影响着对安全的规划、决策、管理和指挥。安全文化还具体表现为安全思维、安全学习、安全指挥、遵守规章、应急行动、安全操作、安全组织性和纪律性等安全活动。

2. 班组群体安全行为文化建设

安全行为文化是指在安全观念文化指导下，人们在生活和生产过程中的安全行为准则、思维方式、行为模式的表现。行为文化既是观念文化的反映，同时又作用和改变观念文化。

班组作为一个群体，班组成员在一起生产作业，其个人的安全行为要受到群体行为的影响。建设班组群体安全行为文化，有助于群体成员产生一致的安全行为，有助于实现群体的安全目标；它能促进群体内部安全价值观、安全态度和安全行为准则的形成，增强事故预防能力，维持群体良好的安全绩效；并有利于改变个人的“安全与己无关”的观点和不安全行为，还有益于群体成员的互相学习和帮助，增强成员的安全成就感。

(1) 促进安全绩效的群体安全行为文化建设。个人在群体中的安全行为和他单独一个人时往往不同。在一些情况下，个人在群体中工作或有别人在场时，其工作效率和安全行为会表现较好，这种现象称为社会促进或社会助长；在另一些情况下，个人由于处于群体中或有他人在场，其工作成绩反而比独自工作时低，或者操作失误性增加，这种现象称为社会促退或社会致弱。

群体对个人安全作业起到的是促进作用还是促退作用，主要受以下几个因素的影响，即工作性质、竞争心理、被他人评价的意识。竞争心理和被他人评价的意识是结伴效应的心理基础。而结伴效应对安全行为是促进还是促退，主要根据群体的环境而定。因此，创造有利的群体环境，让处于群体之中的每个成员都具有良好的心理素质和工作心态，有利于安全绩效的提高。

(2) 实现社会标准化安全的群体安全行为文化建设。社会标准化倾向是指人们在群体共同活动中对事物的知觉、判断以及工作的速度、生产的数量趋于同一标准的倾向。为了避免发生人身伤害事故和其他事故，群体中的成员会受到安全行为的相互模仿、危险的提示、冒险心理的克服等心理因素的制约。经过一段时间后，就会出现一种类化现象，即彼此接近和趋同，表现为群体成员的安全行为和安全态度的一致性，逐步形成群体内的安全行为标准和行为准则。这个过程，就叫安全社会标准化倾向，其结果是形成了群体的各种安全规范。

群体安全规范是群体成员意识中的一种安全生产行为标准，具有强迫成员接受的约束力。群体安全规范有的是正式明文规定的，即各种安全规章制度和操作规程；有的则是非正式的、由成员自动形成的行为标准，这种默契标准就成为成员自律的一种潜在的标准。

在生产活动中，不论是正式群体还是非正式群体都有自己的行为规范。如果有谁偏离或破坏了行为标准，就会受到群体的压力，以纠正其偏离行为，使之回到群体规范的行为准则上来。明文规定的安全行为规范，未必是工作群体真正的行为规范，因此群体安全文化建设的重要和困难的任务之一就是如何使明文规定的安全行为规范与群体的实际安全行为规范相一致。

研究表明，一个未形成良好的群体安全规范的群体，会有许多不安全的违章行为出现。因此，在企业安全管理过程中，创立和维持群体安全规范，对于促使职工的行为更好地符合安全生产的要求具有很大的作用。

3. 班组安全责任文化建设

企业安全文化是对企业员工安全生产行为规范进行约束的规则。企业为了安全生产及其经营活动，需要制定各种安全规章制度、操作规程，制定防范事故的各种技术措施，这些规章制度、技术措施，必须落实到班组，才能够起到积极的作用，如果仅仅是停留在书面上，停留在管理层，那么规章制度、技术措施就不会发挥应有的作用。与此同时，在企业班组中，必须积极贯彻落实安全责任文化，督促员工尽职尽责、不折不扣地执行企业的各项规章制度，严格按照安全操作规程生产和作业。

（1）职工应尽的安全职责。企业安全文化建设的难点是执行层，焦点是班组员工素质，关键是班组安全文化。企业安全生产的最终归宿是班组，是员工，安全生产的目标是为了员工的生命安全和健康保障，企业安全生产的实现最终要落实到现场作业单元，要依靠班组和职工的安全操作来实现。因此，企业安全文化建设要遵循“职工为本、岗位为标、现场为实、班组为主”的安全生产保障原则。

一般来讲，企业职工应尽的职责主要有：

1）认真学习和严格遵守各项规章制度，不违反劳动纪律，不违章作业，对本岗位的安全生产负直接责任。

2）精心操作，严格执行工艺纪律和操作纪律，做好各项记录，交接班必须交接安全情况，交班要为接班创造安全生产的良好条件。

3）正确分析、判断和处理各种事故苗头，把事故消灭在萌芽状态。如发生事故，要果断正确处理，及时如实地向上级报告，并保护现场，做好详细记录。

4）按时认真进行巡回检查，发现异常情况及时处理和报告。

5）正确操作、精心维护设备，保持作业环境整洁，搞好文明生产。

6）上岗必须按规定着装，妥善保管、正确使用各种防护器具和灭火器材。

7）积极参加各种安全活动、岗位技术练兵和事故预防训练。

8）有权拒绝违章作业的指令，对他人违章作业加以劝阻和制止。

（2）打造安全制度执行力。安全制度执行力主要是从管理的角度使安全生产的各种规章制度、法律法规等得到落实，打造安全制度执行力也就是建设安全管理执行力，即企业各级执行主体按照规定的标准，以一定的速度完成各种任务的能力，并且这种能力应该具有持续性和稳定性。企业管理过程中，执行是非常重要的环节，没有执行，任何好的决策或目标都不可能成功。

4. 班组安全文化建设模式

班组安全文化建设是预防事故的重要屏障，安全文化建设通过创造一种良好的安全人文氛围和协调的人机环境关系，对人的观念、意识、态度、行为等形成从无形到有形的影响，从而对人的不安全行为产生控制作用，以达到减少人为事故的效果。

班组安全文化建设，可以设想按照如下模式来进行：

（1）企业安全文化建设。运用“四全”[①] 安全活动、安全生产责任制、“三同时”“五同时”监督制、定期检查制、有效的行政管理手段、常规的经济手段等传统手段，以及意识及管理素质教育、目标管理法、无隐患管理法、系统科学管理、人机环境设计、安全评价、应急预案对策、四要素（人、机、物、环境）安全检查等现代安全管理手段，使管理层和决策者认识到安全是企业的生命，安全就是效益，真正把安全工作摆在首要位置。

（2）班组安全文化建设。运用三级教育、特种作业教育、检修前教育、开停工教育、日常教育、全员教育、班组安全活动、标准化岗位和班组建设、技能培训、三不伤害活动、“5S”活动、反事故（应急）演习等方法和手段，使职工逐步树立“我要安全”的意识，增强遵章守纪的自觉性和处理应急情况的技能。

（3）生产现场安全文化建设。运用安全标语（旗）、安全标志（禁止标志、警告标志、指令标志）、事故警示牌等传统的手段，营造一种安全氛围。推行现代的安全手段，如技术及工艺的本质安全化、零事故车间活动、事故预想活动、隐患评估与治理活动等，使生产现场达到安全、舒适、文明、整洁，减少可能导致事故发生的因素。

（4）人文环境安全文化建设。运用安全宣传报（画）、安全生产周（日、月）、安全竞赛活动、安全演讲比赛、安全生产分析（事故报告）会、事故日反思、安全标准化岗位（班组）建设、安全先进事迹表彰、安全人生庆贺等职工喜闻乐见又颇具人情味的文化建设手段，使职工感到企业在关心他（她）们生命安全和健康，使职工认识到只有从自身安全做起、从岗位做起才能保证企业的整体安全。

安全文化建设是一项基础性、长期性的系统工程，不是一蹴而就的事情，需要一个漫长的逐渐改变的过程，同时安全文化建设要解决人的基本素质，这必然是一项长期的工作。因此，安全文化建设需要持之以恒，切不可急功近利、半途而废。

---

① 全员、全面、全过程、全天候。

第二节　班组安全建设相关规定与要求

班组是企业的基层组织，也是企业的安全管理重心所在。在对班组的安全管理和安全建设方面，国家安全生产监督管理总局、工业和信息化部、国务院国资委以及中华全国总工会等有关部门，先后下发有关规定和指导意见，要求企业努力做好班组安全管理和安全建设工作。在此介绍《关于加强班组建设的指导意见》《关于加强中央企业班组建设的指导意见》和《煤矿班组安全建设规定（试行）》三个与班组安全建设相关文件。

一、《关于加强班组建设的指导意见》相关要点

2010 年 10 月 9 日，中华全国总工会、工业和信息化部、国务院国资委、中华全国工商业联合会四部门联合印发了《关于加强班组建设的指导意见》。该指导意见指出：加强班组建设是强化企业基础管理，提升企业核心竞争力，促进职工全面发展，构建和谐企业的必然要求。为切实加强新形势下不同类型企业的班组建设，提出如下意见。

1. 班组建设的总体要求和目标任务

班组建设要以科学发展观为指导，以提升班组管理水平为核心，以提高班组成员整体素质为重点，以开展班组创先争优劳动竞赛和创建“工人先锋号”活动为载体，不断提高班组工作水平，促进企业健康稳定发展。

班组建设要以打造高效、创新、和谐班组为目标，进一步推动班组工作制度化、规范化、科学化和民主化，不断提高班组执行力、创新力和凝聚力，努力把班组建设成为能够出色完成生产（工作）任务，具有较强创新能力，管理科学，纪律严明，团结和谐的坚强集体。

2. 班组建设应遵循的原则

（1）适应企业发展需要原则。紧紧围绕企业发展目标，从企业改革、发展和生产、经营、管理的实际出发，全面加强班组建设，努力夯实基础工作，进一步提高企业竞争能力。

（2）促进职工全面发展原则。班组工作要坚持以人为本，尊重职工、依靠职工，充分发挥职工的主观能动性；保障职工权益，实现体面劳动；加强文化建设，体现人文关怀；注重提升素质，促进职工全面发展。

（3）继承与创新相结合原则。要在总结班组建设工作经验、坚持成功做法的基础上，认真研究新情况，努力解决新问题，积极探索新路子，不断创造新方法，使班组始终富有生机和活力。

（4）行政管理与民主管理相结合原则。在班组内部，既要维护班组长的行政指挥权威，又要尊重职工的民主权利，鼓励和支持职工参与管理，充分发挥班组工会小组长和“工管员”的作用，实现班组管理全员化。

3. 全面提升班组管理水平

提高管理水平是加强班组建设的基本要求。提高班组管理水平，要从建章立制和完善生产记录等基础资料入手，以落实岗位责任制为重点，以出色完成生产任务和保证班组工作正常运转为目标，进一步增强班组执行力。要把加强管理与教育职工增强工作责任感和执行规章制度自觉性有机结合起来，使班组管理建立在深厚的群众基础之上，实现职工被动管理向主动参与、粗放管理向精益管理、传统管理向现代管理的转变，促进班组管理科学化。

4. 注重提高班组成员素质

班组不仅是完成企业生产（工作）任务的基本单位，也是锻炼人、培养人、教育人的重要课堂。要从班组工作实际出发，采取灵活多样的方法和班组成员易于接受的形式，坚持不懈地开展学习实践活动，不断提高班组成员思想道德、科学文化和专业技能水平。深入开展创建学习型、创新型班组活动，积极引导班组成员学习新知识、钻研新技术，不断提高学习能力、实践能力和创新能力。鼓励班组成员互帮互学、共同提高，大力培养和选树技能人才，努力为班组成员成长成才创造条件。

5. 切实抓好班组安全生产

班组要认真贯彻“安全第一，预防为主，综合治理”方针，牢固树立“安全发展”理念，不折不扣地执行安全生产的有关规定和职业卫生标准，认真落实安全生产责任制，加强生产现场管理，坚决杜绝违章指挥、违章作业。重视安全教育培训，提高班组成员的安全意识和事故防范、应急处置能力。积极开展“安康杯”竞赛活动，充分发挥劳动保护监督检查员的作用，切实把好安全生产的第一道防线，确保职工在生产过程中的安全与健康。

6. 广泛开展班组竞赛

广泛开展班组竞赛是推动劳动竞赛扎实有效、深入发展的重要措施，也是促进班组建设的有效途径。班组竞赛要以创建“工人先锋号”等活动为载体，以安全生产、提高效率、提升质量、创新技术和节能减排为重点，与创建劳动关系和谐企业和建设“职工之家”等活动紧密结合。通过竞赛，进一步调动班组成员的积极性和创造性，引导班组成员争当锐意改革创新的先锋和推动科学发展的楷模。

7. 不断完善班组民主管理

班组民主管理是企业民主管理的重要基础。要进一步加强班组民主管理的制度建设，在继续坚持和完善“两长”（班组长、工会小组长）和“工管员”制度、班委会制度、班组民主生活会制度、班务公开制度等行之有效制度的同时，积极探索班组民主管理的新途径和新形式，使班组民主管理工作不断适应企业发展的要求，保障职工的知情权、参与权、监督权和决定权。班组决策要充分听取班组成员的意见，班组长要自觉接受班组成员的监督。

8. 进一步加强班组思想工作

加强思想工作是增强班组凝聚力和战斗力的重要保证。班组思想工作要坚持用社会主义核心价值体系引领班组成员，坚持以科学理论武装人，以劳模精神和工人阶级伟大品格激励人，积极引导班组成员树立正确的世界观、人生观、价值观，坚定理想信念。准确掌握班组成员的思想动态，及时反映班组成员诉求，把做好思想工作与关心班组成员的工作生活结合起来，加强心理疏导，注重人文关怀。加强班组文化建设，培育爱岗敬业、争创一流，团结互助、文明和谐的团队精神。

9. 选拔、培养好班组长

班组长是班组的领头人。要根据企业实际，建立班组长培养、选拔、任用机制，选配具有一定文化程度、责任心强、作风正派、技术熟练、敢于管理、善于团结人的优秀职工担任班组长。注重班组长岗前培训和在职培训，加强班组长之间的学习和交流，不断提高班组长的工作能力和综合素质。既要支持班组长履行职责、行使职权，又要加强对班组长的管理教育和监督。要拓宽班组长的发展渠道，为他们的成长创造有利条件。

10. 加强对班组建设工作的指导

班组建设工作是企业一项十分重要的基础工作。各有关部门要从促进经济社会又好又快发展的高度，充分认识加强班组建设的重要意义，切实加强指导。要注重调查研究，及时指导企业研究解决班组建设工作中遇到的新情况、新问题。要加强分类指导，认真总结不同类型企业加强班组建设工作的经验，大力培养、选树和宣传先进典型，充分发挥模范班组的示范引导作用。要找准位置，发挥优势，密切配合，努力形成合力推进班组建设的工作格局。

二、《关于加强中央企业班组建设的指导意见》相关要点

2009年3月30日，国务院国有资产管理委员会印发《关于加强中央企业班组建设的指导意见》（国资发群工〔2009〕52号）。该指导意见指出：为加强企业基础管理，切实推进班组建设健康发展，提高班组管理水平，培育高素质、高技能员工队伍，提升企业核心竞争力，推动中央企业科学发展，结合中央企业实际，提出以下意见。

1. 指导思想

班组是企业从事生产经营活动或管理工作最基层的组织单元，是激发职工活力的细胞，是提升企业管理水平、构建和谐企业的落脚点。加强班组建设要以邓小平理论、“三个代表”重要思想为指导，深入贯彻落实科学发展观，坚持改革创新，不断完善加强班组建设管理机制，坚持以落实岗位责任制为核心，以高效安全完成各项生产（工作）指标（任务）为目标，以不断提升班组管理水平和员工队伍素质为重点，增强班组团队的学习能力、创新能力、实践能力，切实加强中央企业基层组织基础管理，实现员工与企业的和谐发展、共同进步，为提高中央企业核心竞争力打牢坚实的基础，推动中央企业又好又快发展。

2. 总体目标

适应建立现代企业制度的总体要求，在班组建设和班组长队伍建设中，做到工作内容指标化、工作要求标准化、工作步骤程序化、工作考核数据化、工作管理系统化，奠定企业扎实的管理基础。把班组长培养成为政治强、业务精、懂技术、会管理和具有现代意识的企业基层管理者；提升班组成员的综合素质，把班组员工培育成为有理想、有道德、有纪律、有文化，敬业、勤奋、创新、踏实，热爱本职岗位的劳动者。把中央企业班组建设成为“安全文明高效、培养凝聚人才、开拓进取创新、团结学习和谐”的企业基层组织，为职工搭建不断提升技能水平、充分展示自身能力和抱负的平台。

3. 基本原则

（1）坚持班组建设与企业发展战略相统一的原则。班组建设是企业发展的基础工作，通过加强班组建设夯实企业基础管理，促进企业实现发展战略目标。

（2）坚持员工发展与企业发展相统一的原则。营造员工工作、学习的良好环境，拓展员工发展空间，充分调动和发挥员工的积极性、主动性、创造性，激发员工的活力，促进员工全面发展，努力为企业发展贡献智慧和力量，实现员工发展与企业发展的和谐统一。

（3）坚持积极推进与分类指导相统一的原则。坚持以生产经营为中心，紧密结合企业改革发展和班组建设的实际，分类指导，分步实施，积极推进，务求实效。

（4）坚持继承与改革创新相统一的原则。总结国内外优秀企业的优秀班组建设与管理经验，赋予新的内涵，适应建立现代企业制度、提高企业核心竞争力的需要。

4. 主要内容

（1）班组基础建设。要根据生产（工作）需要，坚持人力资源合理配置、精干高效的原则，科学合理设置班组。建立健全以岗位责任制为主要内容的生产管理、安全环保与职业健康管理、劳动管理、质量管理、设备管理、成本管理、5S管理、操作规程、学习培训与思想教育管理等班组标准化作业和管理制度。完善和加强信息记录、标准规范、定额计量工具及职工行为养成等基础工作。加强班组基本设施建设，加大资源保障力度，努力改善员工工作、学习和休息条件，适时推进班组信息化建设，不断提高班组现代科学管理水平。

（2）班组组织建设。完善以班组长为核心的生产指挥、组织协调、岗位协作等职能，理顺运行机制，整合、优化班组各项资源，实现班组目标。

（3）班组创新建设。要把组织员工学习创造作为班组持续创新建设的重要内容，通过建立攻关团队、创新小组、专业技术协会等形式，增强员工的创新意识和节能减排意识，完善班组创新成果奖励机制，开展提合理化建议、技术革新、发明创造、“五小”（小改进、小发明、小设计、小建议、小革新）、QC小组、班组劳动竞赛和降本增效等活动，提高班组自主创新能力，班组主要技术经济指标持续进步，不断增强企业核心竞争力。

（4）班组技能建设。要以培养高素质、高技能、适应性强的员工队伍为目标，通过读书自学、岗位培训、技术比武等活动，激发员工的学习热情，增强学习的紧迫性和自觉性，充实和更新员工的科学技术和文化知识，全面提升员工的技能水平、服务水平、协作能力和自主创新能力。

（5）班组思想建设。要以构建社会主义核心价值体系为主线，用中国特色社会主义理论体系武装职工头脑，加强社会主义、爱国主义、集体主义教育，遵纪守法教育、社会主义荣辱观教育及企业精神教育，增强员工的主人翁责任感。要紧紧围绕完成企业生产经营任务、提高经济效益等中心工作，结合班组实际做好深入细致的思想政治工作，培养员工良好的职业道德和社会公德。

（6）班组民主建设。要尊重员工的主人翁地位，坚持和完善班务公开、班组民主生活会、对话会等民主管理形式，保障员工享有对企业改革发展、班组生产目标任务和各项规章制度的知情权、参与权，对班组经济责任制、奖金分配、先进评选等事项的参与权、监督权，以及平等享有教育、培训、职业健康等权利。

（7）班组文化建设。要根据本企业文化特点努力塑造独具特色、凝聚员工精神内涵和价值取向的班组理念。要通过大力弘扬改革创新的时代精神，培育个人愿景，加强以爱岗敬业、诚实守信、遵章守纪、团结和谐、开拓创新和提升执行力为主要内容的班组文化建设，制定和完善员工行为规范，推行与传播班组文化，塑造班组良好整体形象。

（8）班组团队建设。要以企业愿景为平台，把员工的个人愿景融入团队的使命中，培育员工共同价值理念和团队意识，建立班组良好的沟通氛围与沟通平台，构建和睦的人际关系，形成班组团队精神，加强班组间的协作配合，努力把班组建设成为一支精干高效的团队。

（9）班组健康、安全、环保建设。要坚持以人为本，关爱员工生命，结合企业和岗位的特点，大力开展班组健康、安全、环保宣传教育活动，增强员工的健康、安全、环保意识；组织员工学习国家相关法律法规，增强员工遵章守纪的自觉性；加强安全操作技能培训，增强员工自我防范能力。认真落实健康、安全、环保责任，严格执行各项规章制度和操作规程。建立健全各项应急预案，开展应急预案的培训和演练，加强对危险源、污染源的控制。

5. 班组长队伍建设

（1）班组长的任职条件。①思想政治素质好、责任意识强，具有良好的职业道德；②熟悉生产，懂业务，技术精；③了解现代管理知识，具有一定的管理水平和分析问题、解决问题的能力；④以身作则，坚持原则，办事公道，关心爱护和团结员工；⑤有较好的群众基础，身心健康；⑥经过岗位培训。

（2）班组长的选拔和培训。班组长的产生由企业根据实际情况，可以采取公开招聘、行政任命和民主选举等方式。建立班组长的培训制度及培训规划，结合本行业、本企业的实际，以参加企业组织的培训与有关培训机构组织的培训相结合的方式开展班组长培训，要保证班组长能完成规定内容的培训，提高班组长的综合素质。有计划地组织班组长外出学习和与国内外知名企业开展对口交流，学习班组建设的先进经验与管理理念。

（3）班组长的管理和使用。要对班组长岗位从工作内容、工作职责和工作关系等方面进行分析与设计。根据时代与企业发展的需要，科学制定班组长岗位任职资格标准和岗位规范，建立班组长培养、选拔、使用、评价等机制，做好班组长职业生涯设计，促进班组长成长。各企业可根据实际情况，建立领导干部与班组长沟通交流制度和班组长活动日制度，也可组建班组长联谊会，加强领导干部与班组长及班组长之间的沟通交流。注重把优秀班组长选拔到各级管理、技术或领导岗位上来。

（4）班组长的待遇。建立完善对班组长的考核、奖励、晋升等机制，设立班组长岗位工资或岗位津贴，使班组长获得与其贡献相适应的经济报酬和精神鼓励。

6. 工作要求

（1）提高认识，加强领导。各中央企业要从贯彻落实科学发展观和企业发展战略的高度，深刻认识加强班组建设的重要性、必要性。企业党委要把班组建设列入重要议事日程，加强思想政治领导；行政部门要把班组建设纳入企业管理亘要组成部分，指定职能部门负责组织实施；工会（政工部或党群部）要积极协助党政推进班组建设；各相关部门各司其职、各负其责，形成工作合力，有序、有力、有效地推进班组建设。

（2）建立机制，加大投入。各中央企业要认真研究制定加强班组建设的工作目标、实施方案和主要措施，建立班组长的培养选拔、考核激励机制和班组建设管理机制，明确班组建设的工作考核标准，有重点、分步骤地加强和改进班组建设。要加大班组建设投入力度，保证班组建设和班组长培训费用。

（3）抓好载体，创建品牌。各中央企业要从本企业的实际出发，开展多种形式、多种类型的班组创建活动。要及时总结经验和树立宣传典型，推动创建活动持续开展。要在总结班组建设经验的基础上，着力分析与解决班组建设中存在的主要问题，探索加强与改进班组建设的新方式与途径，使班组建设更加适应中央企业发展战略的需要，努力建设制度健全、创新力强、能打硬仗、业绩突出的一流班组，推动班组建设工作不断迈上新台阶，为中央企业实现科学发展、和谐发展、又好又快发展奠定坚实的基础。

三、《煤矿班组安全建设规定（试行）》相关要点

2012 年 7 月 10 日，国家安全监管总局、国家煤矿安监局和中华全国总工会联合印发了《煤矿班组安全建设规定（试行）》，自 2012 年 10 月 1 日起施行。制定这一规定的目的，是为了进一步规范和加强煤矿班组安全建设，提高煤矿现场管理水平，促进煤矿安全生产。该规定分为八章四十四条，主要内容有：第一章总则、第二章组织建设、第三章班组长管理、第四章现场安全管理、第五章班组安全培训、第六章班组安全文化建设、第七章表彰奖励、第八章附则。

1. 总则中有关内容和规定

在第一章总则中，对相关事项做了规定。

◆全国煤矿开展班组安全建设适用该规定。

◆地方各级人民政府煤炭行业管理部门是煤矿班组安全建设的主管部门，负责督促煤矿企业建立班组安全建设制度、落实班组安全建设规定。各地工会要组织协调、督促煤矿企业开展煤矿班组安全建设工作，指导煤矿企业建立工会基层组织，维护职工合法权益。

◆煤矿企业应当建立健全从企业、矿井、区队到班组的班组安全建设体系，把班组安全建设作为加强煤矿安全生产基层和基础管理的重要环节，明确分管负责人和主管部门，制定班组建设总体规划、目标和保障措施。煤矿企业工会要加强宣传和指导，积极参与煤矿班组安全建设。要建立健全区队工会和班组工会小组，强化班组民主管理，维护职工合法权益。

◆煤矿（井）是班组安全建设的责任主体，要围绕班组安全建设建立各项制度，落实建设资金和各项保障措施，保证职工福利补贴，完善职工收入与企业效益同步增长机制。区队（车间）是班组安全建设的直接管理层，负责班组日常管理、业务培训等工作。

◆煤矿班组安全建设以“作风优良，技能过硬，管理严格，生产安全，团结和谐”为总要求，着力加强现场安全管理、班组安全教育培训、班组安全文化建设，筑牢煤矿安全生产第一道防线。

2. 组织建设中的有关内容和规定

在第二章组织建设中，对相关事项做了规定。

◆煤矿企业必须建立区队、班组建制，制定班组定员标准，确保班组基本配置。班组长应当发挥带头表率作用，加强班组作业现场管理，确保安全生产。

◆煤矿企业班组工会小组要设群众安全监督员，且不得由班组长兼任。中华全国总工会和国家煤矿安全监察局按规定程序在煤矿井下生产一线班组中聘任煤矿特聘群众安全监督员。

◆煤矿企业应当建立完善以下班组安全管理规章制度：①班前、班后会和交接班制度；②安全质量标准化和文明生产管理制度；③隐患排查治理报告制度；④事故报告和处置制度；⑤学习培训制度；⑥安全承诺制度；⑦民主管理制度；⑧安全绩效考核制度；⑨煤矿企业认为需要制定的其他制度。

◆煤矿企业在制定、修改班组安全管理规章制度时，应当经职工代表大会或者全体职工讨论，与工会或者职工代表平等协商确定。

◆煤矿企业应当加强班组信息管理，班组要有质量验收、交接、隐患排查治理等记录，并做到字迹清晰、内容完整、妥善保存。

◆煤矿企业应当指导班组建立健全从班组长到每个岗位人员的安全生产责任制。

◆煤矿企业必须全面推行安全生产目标管理，将安全生产目标层层分解落实到班组，完善安全、生产、效益结构工资制，区队每月进行考核兑现。

◆煤矿企业必须依据国家标准要求，改善作业环境，完善安全防护设施，按标准为职工配备合格的劳动防护用品，按规定对职工进行职业健康检查，建立职工个人健康档案，对从事有职业危害作业的职工，按有关规定落实相应待遇。

◆煤矿企业应当制定班组作业现场应急处置方案，明确班组长应急处置指挥权和职工紧急避险逃生权。

◆煤矿企业应当建立班组民主管理机构，组织开展班组民主活动，认真执行班务公开制度，赋予职工在班组安全生产管理、规章制度制定、安全奖罚、班组长民主评议等方面的知情权、参与权、表达权、监督权。

3. 班组长管理中的有关内容和规定

在第三章班组长管理中，对相关事项做了规定。

◆煤矿企业必须建立班组长选聘、使用、培养制度和机制，积极从优秀班组长中选拔人才，把班组长纳入科（区）管理人才培养计划，区队安全生产管理人员原则上要有班组长经历。

◆班组长应当具备以下任职条件：

1）热爱煤炭事业，关心企业发展，思想政治素质好、责任意识强，具有良好的道德品质。

2）认真贯彻执行党的安全生产方针，模范遵守安全生产法律法规、企业规章制度和规程措施。

3）熟悉本班组生产工艺流程，掌握矿井相关专业灾害预防知识，具备现场急救技能。

4）服从组织领导，坚持原则，公道正派，有较强的组织管理能力、创新能力和团队协作精神，在职工中具有较高威信。

5）一般应当具有高中（技校）及以上文化程度、3 年及以上现场工作经验，具有较好的身体素质。

◆班组长应当履行以下职责：

1）班组长是本班组安全生产的第一责任人，对管辖范围内的现场安全管理全面负责，严格落实各项安全生产责任制，执行安全生产法律、法规、规程和技术措施，实行对本班组全员、全过程、全方位的动态安全生产管理。

2）负责分解落实生产任务，严格按照《煤矿安全规程》、作业规程和煤矿安全技术操作规程组织生产，科学合理安排劳动组织、配置生产要素，强化以岗位为核心的现场管理，提高生产效率。

3）负责加强班组安全质量标准化建设，推行作业现场精细化管理。

4）负责班组团队、安全文化建设和规范化管理等其他职责。

◆班组长享有以下权利：

1）有权按规定组织落实安全规程措施，检查现场安全生产环境和职工安全作业情况，制止和处理职工违章作业，抵制违章指挥，在不具备安全生产条件且自身无力解决时有权拒绝开工、停止作业，遇到险情时有在第一时间下达停产撤人命令的直接决策权和指挥权，并组织班组人员安全有序撤离；煤矿企业不得因此降低从业人员工资、福利等待遇或者解除与其订立的劳动合同。

2）有权根据区队生产作业计划和本班组的实际情况，合理安排劳动组织，调配人员、设备、材料等。

3）有权核算班组安全、质量、生产等指标完成情况，根据有关规定，对班组成员的工作绩效进行考核。

4）企业赋予的其他权利。

◆班组长任用应当遵循以下原则：

1）采取组织推荐、公开竞聘或民主选举等方式选拔班组长。

2）经选拔的班组长，要按规定履行正式聘任手续，不得随意更换班组长。

3）撤免班组长应当由区队提出撤免理由和建议，严格按相应程序办理。

◆煤矿企业必须建立班组长考核激励约束机制，明确班组长岗位津贴，制定班组长绩效考核制度，定期进行严格考核，并将考核结果作为班组长提拔、奖励、推优评先以及解聘、处罚的重要依据。

4. 现场安全管理中的有关内容和规定

在第四章现场安全管理中，对相关事项做了规定。

◆煤矿企业应当依据《煤矿安全规程》、作业规程和煤矿安全技术操作规程等规定，制定班组安全工作标准、操作标准，规范工作流程。

◆班组必须严格落实班前会制度，结合上一班作业现场情况，合理布置当班安全生产任务，分析可能遇到的事故隐患并采取相应的安全防范措施，严格班前安全确认。

◆班组必须严格执行交接班制度，重点交接清楚现场安全状况、存在隐患及整改情况、生产条件和应当注意的安全事项等。

◆班组要坚持正规循环作业和正规操作，实现合理均衡生产，严禁两班交叉作业。

◆班组必须严格执行隐患排查治理制度，对作业环境、安全设施及生产系统进行巡回检查，及时排查治理现场动态隐患，隐患消除前不得组织生产。

◆班组必须认真开展安全质量标准化工作，加强作业现场精细化管理，确保设备设施完好，各类材料、备品配件、工器具等排放整齐有序，清洁文明生产，做到岗位达标、工程质量达标，实现动态达标。

◆班组应当加强作业现场安全监测监控系统、安全监测仪器仪表、工器具和其他安全生产设施的保护和管理，确保正确正常使用、安全有效。

5. 班组安全培训中的有关内容和规定

在第五章班组安全培训中，对相关事项做了规定。

◆煤矿企业应当重视和发挥班组在职工安全教育培训中的主阵地作用，开展安全警示教育，强化班组成员安全风险意识、责任意识，增强职工遵章作业的自觉性；加强班组职工安全知识、操作技能、规程措施和新工艺、新设备、新技术安全培训，提高职工遵章作业的能力。

◆煤矿企业应当强化危险源辨识和风险评估培训，提高职工对生产作业过程中各类隐患的辨识和防范能力。

◆煤矿企业应当加强班组应急救援知识培训和模拟演练，班组成员应当牢固掌握防灾、避灾路线，增强自救互救和现场处置能力。

◆煤矿企业应当加强班组现场急救知识和处置技能培训，班组成员应当具有正确使用安全防护设备、及时果断进行现场急救的能力。

◆煤矿企业应当确保班组教育培训投入，建立实训基地，建立学习活动室，配备教学所需的设施、多媒体器材、书籍和资料等。

◆煤矿企业每年必须对班组长及班组成员进行专题安全培训，培训时间不得少于20学时。

6. 班组安全文化建设中的有关内容和规定

在第六章班组安全文化建设中，对相关事项做了规定。

◆煤矿企业应当把班组安全文化建设作为矿井整体安全文化建设的重要组成部分，切实加强组织领导，加大安全文化建设投入，为班组安全文化建设提供必要的条件和支持，培育独具特色的班组安全文化。

◆煤矿班组应当落实“安全第一，预防为主，综合治理”的安全生产方针，牢固树立“以人为本”“事故可防可控”和“班组安全生产，企业安全发展”等安全生产理念。

◆煤矿企业应当以提高职工责任意识、法制意识、安全意识和防范技能为重点，加强正面舆论引导和法制宣传，发挥群众安全监督组织、家属协管的作用，培养正确的安全生产价值观，增强班组安全生产的内在动力。

◆煤矿企业应当建立安全诚信考核机制，建立职工安全诚信档案，并将安全诚信与安全生产抵押金、工资分配挂钩。

◆班组长应当加强人文关怀、情感交流和心理疏导，提高班组凝聚力，强化班组团队建设。

◆煤矿企业应当建立班组合理化建议与创新激励机制，鼓励班组开展岗位创新、质量管理（QC）小组等活动，培育团队创新精神。

7. 表彰奖励中的有关内容和规定

在第七章表彰奖励中，对相关事项做了规定。

◆煤矿企业应当积极开展班组建设创先争优活动，每年组织优秀班组和优秀班组长评选，对班组安全建设工作开展情况进行总结考核，对在安全生产工作中做出突出贡献的班组及班组长给予表彰奖励。煤矿企业在组织职工休（疗）养、外出学习考察活动时，优先选派优秀班组长参加。

◆各省（区、市）人民政府煤炭行业管理部门会同本级总工会，定期对在安全生产工作中做出突出贡献的班组、班组长进行表彰奖励。

◆国家安全生产监督管理总局、国家煤矿安全监察局和中华全国总工会结合煤矿开展争创优秀安全班组、优秀班组长、优秀群监员活动，对在安全生产工作中做出突出贡献的班组、班组长进行表彰与奖励。

第三节　班组安全建设相关活动与方法

班组是企业的基础，班组管理的优劣，直接影响着企业总体管理水平的高低。就企业而言，绝大部分事故发生在班组，只有班组安全管理工作抓好了，企业的各项安全管理措施才能真正落到实处，收到实效，事故才能相应减少。就班组而言，班组长是班组生产作业的指挥者，如果班组长管理不善或责任心不强，甚至违章指挥，那么职工“三违”现象就会频繁发生，事故发生的概率就会不断增加。事实证明，优秀班组长会管理出优秀班组，在这方面有许多做法和经验值得借鉴。

一、班组安全建设有关方法

1. 创建“安全合格班组”活动

近几年，许多企业广泛开展了创建“安全合格班组”活动，从而推动了企业的安全生产。开展创建“安全合格班组”活动，是发动全体职工参与企业安全管理的好形式，是新形势下不断提高职工自我保护意识的有力措施，是加强安全生产、减少事故发生的有效手段。

（1）开展创建“安全合格班组”活动的意义。加强班组安全建设，是科学技术发展对安全生产提出的必然要求，生产的机械化、自动化程度越高，就越要求操作者的行为实现规范化、标准化。加强班组安全建设，也是实行现代安全管理的要求和需要。现代安全管理不仅需要现代科学技术方法，还要将安全管理从“事故处理型”转变成“事故预防型”，这就要求人人参与安全管理，即所谓全员、全面、全过程的安全管理。创建“安全合格班组”活动，就是要朝着这个方向努力；同时，通过这个活动，加强班组的安全管理水平，提高全体职工的安全意识和安全技术素质，尤其是班组长的安全管理能力。

创建“安全合格班组”活动，是班组安全建设的一种有效形式，也是迅速改变目前班组事故多发状况的需要。在班组里，作业人员相互了解彼此的操作技能水平、精神状况，一旦有妨碍安全的因素出现，能互相及时提醒督促，互相帮助。生产班组在生产作业过程中，人员直接操作机器，熟悉设备的性能状况，一旦设备发生异常情况或存在安全隐患，也能及时察觉和排除。班组的这些群体特点，易于控制事故的发生，是其他各类人员所不能代替的。

创建“安全合格班组”活动，也是新形势下不断提高班组和员工自我保护意识与行为能力的有效措施。目前在企业职工中新职工的比重大量增加，他们中一部分人文化技术素质低，劳动纪律观念淡薄，容易导致事故的发生，因此必须在努力提高职工的自我保护意识和行为能力上下功夫。开展创建“安全合格班组”活动是一项非常有效的措施，如果企业的每一个班组都有一个适合本班组的安全奋斗目标，从“要我安全”转变为“我要安全”，并不断提高岗位的操作技术水平，争创“安全合格班组”，就一定能促使整个企业的安全管理水平上升到一个新的高度。

（2）创建“安全合格班组”的条件和标准。开展创建“安全合格班组”活动的目的，是提高广大职工自防自保的能力，增强职工群体的安全意识和安全技术水平，逐步把班组变成一个安全、舒适的工作场所。安全合格班组的条件和标准，不同的行业因其自身的生产特点，不可能完全统一，但是具有共性内容、共同条件。

1）实行目标管理。一是要求班组成员了解本企业、本班组的安全生产目标及实现目标的主要措施；二是班组能够运用现代安全管理方法，从自身做起，实现安全目标。

2）安全管理基础工作要达到规定要求。主要有：①建立完善的岗位安全生产责任制、安全操作规程，并认真执行。②班组成员能熟记本岗位安全操作规程，了解班组内危险源及防范措施，不冒险作业。③特殊工种作业人员严格执行持证上岗的规定，并建立安全互保制度。④正确穿戴并爱护个人防护用品，正确使用并维护安全防护设施、装置，由专人负责设备保养和作业环境的安全。⑤设有违章违纪、险肇事故、事故隐患登记簿，班组安全台账记录齐全，不弄虚作假。⑥按规定的要求认真做好班组安全教育、安全检查等日常安全工作。⑦班组骨干成员能够较全面地掌握安全知识，操作技能过硬，安全意识较强，班组形成浓厚的安全生产氛围。

3）坚持开展安全活动。主要有：①坚持每天的班前班后会，定期开展班组安全日活动。活动参与率高，效果明显，记录详细。②坚持每天的班前、班中、班后安全检查活动，定期开展查隐患抓整改活动。

4）能积极推行科学管理方法。主要有：①认真正确地运用班组安全检查表进行安全检查。②积极采用现代安全管理方法，如事故树、生物节律、信息管理等科学预测分析方法，搞好事故预测工作。

5）搞好文明生产。主要有：①作业场所清洁，物料堆放整齐，安全通道符合要求。②班组范围内各类设备、工具、工作场所必须做到安全无隐患。③人人遵守劳动纪律，不脱岗、不串岗、不酒后操作。④班组污染源管理效果好，无随意倾倒污染物的现象，并养成定点存放、节约使用物料的良好习惯。

（3）创建“安全合格班组”的方法。为开展好创建“安全合格班组”活动，应着重抓好以下几个方面的工作：

1）统一思想，提高认识。要使创建“安全合格班组”活动能顺利开展，企业上下必须统一认识，特别是企业党政领导的认识必须到位，这是创建“安全合格班组”活动成功的关键。企业领导要认真分析本企业班组安全管理的现状，找出差距，从基础管理上找原因，研究抓好班组安全管理的措施，认识到开展创建“安全合格班组”活动是实现班组安全管理标准化、规范化、科学化的有力措施。有了这个前提，车间领导、班组长和广大职工认识的统一就有了基础。

开展创建“安全合格班组”活动，还需要调动广大职工的参与积极性，企业应利用各种宣传工具，广泛地宣传创建“安全合格班组”的重要性和迫切性，介绍开展创建“安全合格班组”活动中表现好的班组的经验。此外，在宣传中，要注意从职工的切身利益说起，使他们切实感到创建“安全合格班组”对自身、对班组、对企业有百利而无一害，从而使职工从被动的“要我这样做”转变为自觉的“我要这样做”。

在广泛宣传的同时，企业还要对班组中出现的一些具体问题进行指导并解决，并着重对班组长进行教育培训，使他们对“安全合格班组”的基本内容、标准和要求有清楚的认识，明确在创建“安全合格班组”活动中应带领全组成员做好哪些工作。

2）健全组织机构，确立规划。要开展好创建“安全合格班组”的活动，必须有一个具体的组织（或机构）来负责实施。对于大部分企业而言，一般由企业工会或企业安全生产管理部门具体负责组织实施，各有关部门必须通力合作，把这项工作列入日常管理的重要议事日程，保证活动的正常开展。工会组织负责宣传发动，开展创建“安全合格班组”竞赛活动；安全管理部门制定“安全合格班组”标准（条件、要求），逐项落实班组创建工作的有关问题，对创建工作进行具体业务指导；有关部门共同组织对创建活动进行检查、验收和判定。

3）制定标准，对照评价。开展创建“安全合格班组”活动，要从实际出发，制定适合本企业特点的切实可行的标准。在班组合格达标活动中，要坚持对照标准开展安全评价和安全自我评价。班组每一个成员对班组安全管理、安全制度、生产设备、作业环境和安全效果等进行全面的系统的安全评价，了解存在的问题，同时对自己在生产过程中的工具使用、操作技能、技术水平、遵章守纪情况等进行自我评价，识别和找出存在的重大危险源、事故隐患。班组长在集中整理班组成员评价结果的基础上，制定出治理、控制事故隐患、危险源的相应措施。

4）严格考核和验收。创建“安全合格班组”活动开展起来后，其效果如何，关键是做好按标准条件严格考核验收这一工作。掌握考核验收的程序和内容，确保创建活动向广度和深度发展。为巩固取得的成绩，班组在达标以后要坚持把检查达标情况作为每周安全日活动的一项主要内容，认真检查，找出问题，永不松懈，使合格班组逐步向标准化管理、标准化作业的更高阶段迈进。

2. 探索创建“安全生产1000班组”

班组是企业的细胞，是执行和落实各项管理制度、操作规程、安全守则和生产任务的基本单元。从2012年开始，上海市总工会在深入开展“安康杯”竞赛活动中，结合每年的竞赛主题，紧紧围绕“创新驱动、转型发展”，突出重点抓班组安全建设，以创建“安全生产1000班组”为抓手，不断提高广大职工的安全健康意识和素质，提高杜绝违章作业、抵制违章指挥、遵守劳动纪律的主动性和积极性。

所谓“安全生产1000班组”，就是引导职工始终坚持“安全第一”的思想，要求做到“违章为零、隐患为零、事故为零”。据统计，上海市90%以上的生产安全事故发生在一线班组。班组已成为企业安全生产领域中最重要和最后的一道防线，一旦这道防线失守，将直接威胁职工的生命安全和健康。所以，要把班组看成企业做好安全生产工作的出发点和落脚点，是企业安全生产工作的重要基础和关键环节，提倡安全生产工作重在现场、重在一线。

(1) 心情展示看板的“笑脸”活动。上海日立电器有限公司（以下简称日立公司）将关注职工的心理健康作为“安康杯”竞赛的一个新视角。从管理心理学的角度分析，当一个人心情不悦、情绪低落、身体不适时往往会表现出恍惚、急躁、注意力不集中等现象，发生生产安全事故的概率增大。反之，如果一个职工带着愉悦的心情快乐工作，不但会使安全知识记得牢、安全提醒听得进、安全保护防得住、安全生产做得好，而且将带来高效、和谐的工作氛围。

于是，日立公司在每一个大组生产线旁边都设立了一块“心情展示看板园地”（以下简称“看板园地”）。“看板园地”上写有班组每一位职工的姓名，职工姓名旁边有一块活动的小翻块，一面是“笑脸”，另一面是“哭脸”。职工到岗前，首先根据自己当天的身体状况或心情状况，在“看板园地”上翻出自己的“笑脸”或“哭脸”，袒露自己今天上班时的情绪。

班组长们每天通过“看板园地”了解班组成员当天的心情，然后在班前会上根据职工的情绪状态，在安排任务时做适当调整，尽量不安排心情不佳的职工在流水线作业中从事安全、质量相关的重要岗位工作。同时，在工作中对该职工细微关注，出现问题及时纠正。考虑到每个职工的性格差异，日立公司要求班组长改善沟通技巧，所以，班组长与职工总结出一段情绪管理的工作口诀："班前会上看气色、上岗走路看脚步、岗位操作看手势、搬运工件看力气、相互交流听口气、就餐过程看饭量、下班更衣看动作"。如此，把对职工的关心付诸无声的观察和细微的关注之中。

"笑脸"活动开展以来，得到广大职工尤其是外来务工人员的广泛好评，他们说："虽然只是一块小小的翻块，但从中感受到的是企业对职工的尊重和生命安全健康的关怀，使我们备感班组的温暖和友爱。""笑脸"活动启动以来，给日立公司的安全生产工作带来了明显的改善，企业千人负伤率持续下降，并提升了企业的安全文化，为深入开展"安康杯"竞赛活动注入了新的内涵。

(2) 举办"班组安全论坛"。电力建设属于高危行业，安全生产一直是企业稳定发展的头等大事。上海电力安装第一工程公司（以下简称"电力公司"）围绕"安康杯"竞赛主题，在班组中开展"班组安全论坛"活动，收到了明显的效果。

"班组安全论坛"主要有4种形式：交流互动式、巡回演讲式、大家找茬式、舆论宣传式。各班班长担任责任人，在每次活动前，拟定好论坛的主题，让班组成员提前思考，做好准备。同时对近期的班组安全工作进行总结，对存在的事故隐患进行分析梳理，在论坛中明确指出班组安全工作存在的问题、应吸取的教训和整改措施。

开展"班组安全论坛"活动，从企业层面上讲，对增强作业人员的安全意识、巩固作业人员的安全生产技能、提高班组乃至企业的安全生产基础管理水平，都具有重要的现实意义；从班组层面上讲，推动和促进了各班组的安全学习质量；从个人层面上讲，降低了职业伤害的概率。

"班组安全论坛"搭建了一个让职工交流安全心得和技能的平台，把枯燥无味的安全说教转化为愉悦轻快的谈论，使职工能够结合本职岗位，畅谈对安全施工的认识。在面对面的交流中，提高安全意识和安全施工能力，让职工在潜移默化中，把安全的理念扎根在心中，形成人人重视安全的良好氛围。如今，"班组安全论坛"已成为电力公司班组职工自我教育的一种载体，职工参与率始终保持在100%，违章作业现象大幅下降，取得连续9年无生产安全死亡事故的良好业绩。

(3) 班组"安全照镜子"活动。宝钢股份公司热轧厂二热轧分厂粗精轧甲班通过精心策划，推出了班组"安全照镜子"活动，让大家看清自己在作业过程中的违章行为，不断地自我提醒和督促，为现场安全作业提供有效的保障。

"安全照镜子"活动，就是将职工在日常作业中出现的违规的照片展示出来，让职工像"照镜子"一样发现问题、找出毛病，并查找自身是否也存在同样的违章行为。在"安全照镜子”活动中，班组安全代表为大家剖析每张图片中存在的违规之处，同时告知正确的操作流程。通过这种入脑入心的安全教育培训，让班组成员自觉对照安全规程进行自查自纠，对查出的隐患和违章行为及时进行整改处理，并转化为自觉执行规章制度，落实作业标准化，避免“三违”现象的发生。

具体来说，“安全照镜子”活动分为5步。首先，由班组长寻找组员在作业过程中的违章行为，用拍摄照片的形式记录下来，形成违章情况集锦；再将作业中的违章现象和照片在安全管控网站上进行登记；落实整改人、整改期限；组织班组成员一起学习，让每一名成员都有较直观的认识；最后，利用班前5分钟的安全讲话，总结前一天的生产安全情况，提醒组员严格执行标准化作业。

“安全照镜子”活动，不仅照出了违章行为顽症、照出了安全技能软肋、照出了作业流程缺失，让职工的违章行为大幅下降，还使班组全体员工深切地感受到，安全工作不能仅仅是被动接受，而是要主动参与、积极响应。

二、“白国周班组管理法”的主要内容与特点

2009年10月27日，国家安全生产监管总局、国家煤矿安全监察局、国务院国资委、中华全国总工会、共青团中央联合下发《关于学习推广“白国周班组管理法” 进一步加强煤矿班组建设的通知》（安监总煤行〔2009〕212号）。该通知指出：加强班组建设是煤矿安全生产的第一道防线，只有保证现场每个人的安全、每个班组的安全，才能保证煤矿企业的安全。长期以来，各地区、各部门、各煤矿企业在加强班组建设上积极探索，做了大量扎实有效的工作，有力地推动了安全生产形势持续稳定好转。“白国周班组管理法”是河南省中平能化集团七星公司白国周同志在担任班长的22年工作实践中，不断探索和总结出的一套行之有效的班组管理方法，得到了中央领导同志的高度评价。

1．“白国周班组管理法”主要内容

白国周1970年出生在河南省宝丰县的一个农民家庭，1987年因家庭困难而不得不放弃学习来到煤矿当一名矿工，现为中平能化集团七星公司（原平煤集团七矿）开拓四队班长。

白国周同志在长期的工作实践中，不断探索煤矿安全生产的经验和班组管理方法，创造出了可学可用的“白国周班组管理法”，不仅保证了白国周班组22年的生产安全，而且为煤矿班组建设和煤矿安全生产积累了宝贵经验。白国周本人也因此成为煤矿安全的典范和基层班组长学习的楷模。

白国周同志在日常的生产实践中总结出了一套行之有效的班组管理方法，其主要内容可以概括为“六个三”，即“三勤”“三细”“三到位”“三不少”“三必谈”“三提高”。

(1)“三勤”：勤动脑、勤汇报、勤沟通

1）勤动脑：对井下现场情况，勤于分析思考，总结其中的规律，寻找解决问题的办法，以便在出现安全问题时，能够迅速处理，避免事态的进一步发展。

2）勤汇报：对生产过程中发现的隐患和问题，及时向领导汇报，以便领导及时了解情况，迅速采取应对处置办法。

3）勤沟通：经常与队领导沟通，了解队里的措施要求；与上一班和下一班的班长沟通，了解施工进度和施工过程中出现的问题；与工友沟通，了解掌握工友工作和生活情况，及时化解可能对生产安全构成危险的因素。

(2)“三细”：心细、安排工作细、抓工程质量细

1）心细：从召开班前会开始，针对当班出勤状况，分析各岗位人员配置，做到心中有数，尤其是一些特殊岗位，班前会上要仔细观察这些岗位人员的精神状态。

2）安排工作细：认真考虑什么性格的人适合干什么性质的工作，量才使用，发挥长处，提高效率，减少个人因素可能带来的隐患。

3）抓工程质量细：严格按照施工要求、操作规程和安全技术措施施工，严把工程质量关。

(3)“三到位”：布置工作到位、检查工作到位、隐患处理到位

1）布置工作到位：班前布置工作必须详细、清楚，工作任务、安全措施等必须向工友交代明白，哪个地方有上一班遗留的问题，必须提请工友注意，及时解决。

2）检查工作到位：对自己所管的范围，不厌其烦地巡回检查，每个环节、每个设施设备都及时检查，不放过任何一个隐患点。

3）隐患处理到位：无论到哪个地方，发现隐患和问题，能处理的及时处理掉；当时处理不了的，就在明显处用粉笔写下隐患情况，指令有关人员处理。

(4)“三不少”：班前检查不能少、班中排查不能少、班后复查不能少

1）班前检查不能少：接班前对工作环境及各个环节、设备依次认真检查，排查现场隐患，确认上一班遗留问题，指定专人整改。

2）班中排查不能少：坚持每班对各个工作点进行巡回排查，重点排查在岗职工精神状况、班前隐患整改情况和生产过程中的动态隐患。

3）班后复查不能少：当班结束后，对安排的工作进行详细复查，重点复查工程质量和隐患整改情况，发现问题及时处理，处理不了的现场交接清楚，并及时汇报。

(5)“三必谈”：发现情绪不正常的人必谈、对受到批评的人必谈、每月必须召开一次谈心会

1）发现情绪不正常的人必谈：注重观察工友在工作中的思想情绪，发现有情绪不正常、心情急躁、精力不集中或神情恍惚等问题的工友，及时谈心交流，弄清原因，因势利

导，消除急躁和消极情绪，使其保持良好心态投入工作，提高安全生产注意力。

2）对受到批评的人必谈：对受到批评或处罚的人，单独与其谈心，讲明原因，消除抵触情绪。

3）每月必须召开一次谈心会：每月至少召开一次谈心会，组织工友聚在一起，谈安全工作经验，反思存在的问题和不足，互学互帮、共同提高。

（6）“三提高”：提高安全意识、提高岗位技能、提高团队凝聚力和战斗力

1）提高安全意识：引导职工牢固树立“安全第一”理念，通过各种方式教导工友时刻绷紧安全这根弦，时刻把安全放在心上，坚决做到不安全绝不生产。

2）提高岗位技能：经常和工友一起学习、研究掘进各工种的工作原理和操作技术，提高安全操作技能。经常组织工友针对生产和现场管理中出现的问题一起讨论，共同寻找解决问题的办法，着力提高班组每一名工友的综合素质。

3）提高团队凝聚力和战斗力：想方设法调动每一个工友的积极性，不让一名班组成员掉队，争取使大家都学会本领。针对职工中存在的一些不文明现象，要求大家做文明人、行文明事。工友偶犯错误，不乱发脾气，而是因人施教，耐心指出问题根源，大伙儿一起帮助改正。

2.“白国周班组管理法”主要特点

“白国周班组管理法”主要特点体现在以下几个方面：

（1）秉持安全第一理念，执守安全管理制度，任何情况下都把安全生产放在第一位，坚决做到不安全绝不生产。白国周同志说安全第一，可不是嘴上说说而已，在实践中他确实就是这么做的。他上班的第一天就给自己立下了一个誓言：“我这一辈子绝不违章。”22年的工作实践中，他不仅自己没有一次违章，而且还主动帮助工友增强安全意识。有一次，他的一位工友上午在老家收完麦，下午就急匆匆地赶回了矿上，要上4点钟班。因为他那个月就差一个班就可以拿到保勤奖了，不然非但拿不着奖金，还要扣去总收入的20%，里外一算就相差五六百元钱。所以，他连住处都没有回就直接赶到了矿上。开班前会时，白国周同志发现他连打哈欠，精神疲倦。一问，才知道他刚从老家赶回来，当时白国周同志就决定让他马上休息，这个班绝不允许他上。在安全管理上，更是执行标准不走样。一次班后复查时，白国周同志发现一根锚杆打得不合格，要求返工，需要到附近的三分队去借工具，来回需要半个多小时。工友劝他，一根锚杆也坏不了多大事，喷进去后谁也看不到，就别再费事了。白国周同志说正是因为看不到，安全隐患才更可怕。不得已，工友只得借了工具重新打锚杆，直到达到要求才升井。

（2）生产过程中注重质量，盯住细节，勤于检查，抓好落实，时刻注意把隐患消灭在萌芽状态。白国周同志说：“质量是企业的生命，同样也是安全的保证，质量搞不好就不可

能搞好安全。”他在带领团队施工过程中，始终坚持追求最优的质量等级。22年来，他所在班组掘进、维修井下巷道近万米，工程质量全部达到了优良品，不仅保证了安全，而且提高了效益，增加了职工的收入。他和他的工友确确实实尝到了质量优良所带来的甜头。盯住细节和勤于检查是白国周同志现场管理的又一重要手段。每天开完班前会、到达井下现场后，从风门、绞车、轨道、耙斗机到掌子面，他都依次认真检查一遍，不放过任何一个细节。有一次，他发现绞车一边的滚筒处两根螺钉松动，就把问题写在一旁较为醒目的位置，要求绞车司机到位后及时与小班机电工联系，问题不处理坚决不能开动绞车。一个班结束后，他还要详细地复查，能处理的及时处理，不能处理的就做到口传口、手交手，进行严格的交接班。多年来，在白国周同志科学严谨的管理下，许多隐患都被消灭在萌芽状态，安全生产的各项规章制度得到了很好的贯彻落实。

(3) 刻苦学习，钻研技术，言传身教，带领工友努力成为开拓掘进的行家里手和技术能手。白国周同志非常注重自身的学习和素质的提高。他从一个仅有初中文化的农民工起步，通过自学和实践锻炼，系统地掌握了绞车、电车、耙斗机等10多种在用设备的工作原理和操作要领，一个人拿到了5个特殊工种的上岗证，成为知识型、安全型、技能型、创新型的新时期产业工人优秀代表，先后获得中平能化集团“技术状元”“首席技工”等称号，2009年4月获得了全国“五一劳动奖章”。同时，他还带领他的班组共同学习进步，通过言传身教、签订特殊师徒合同等多种办法，帮助工友学习本领、提高技能，把许多工友培养成了技术骨干。现在白国周班组共有15名矿工，个个都是一把好手。几年来，在七星公司组织的技术比武中，该班有7人次夺得前三名。班组的开拓进尺、安全质量、成本效益等多项指标始终处于公司前列。白国周班组多次被公司评为“和谐班组”和“先进班组”。

(4) 坚持以人为本，亲善求和，以人性化管理和亲情感召凝聚工友思想意志，努力形成安全生产的整体合力。白国周同志常说：“把每个工友都当成亲兄弟，这个班就一定能搞好。”“把大家的方法凑到一块儿，就是最好的方法。”他坚持公正透明的工资分配办法，激励工友的劳动热情，坚持亲情管理，维护班组的和谐团结，在班组管理中产生了重要作用。每月大家倒休班的时候，白国周同志都要组织班里的工友们一起聚会，谈工作、聊家庭，气氛十分融洽。通过聊天，白国周同志对班里每一名职工的家庭住址、家庭成员等情况都做了详细了解，甚至连工友家人的生日他都记住。逢年过节，他要组织班里职工聚会，经常组织给工友们及其家人过生日。班里谁家有人生病，大家都主动去探望。哪个工友有怨气，白国周同志就主动找他谈心，晓之以理，动之以情。长期的交往使全班十几个小家庭形成了一个和谐温暖的“大家庭”。多年来，白国周班组的工友们像亲兄弟一样抱成团，心往一处想，劲往一处使，生活上互相关心、工作上互相帮助，不仅每月都圆满完成了生产任务，而且还结下了深厚的友谊，队里调动人员时，大伙都不愿出这个班。

（5）22年始终如一，持之以恒，尽职尽责，在岗位上书写奉献，在平凡中创造不平凡的业绩。白国周同志对煤矿因了解而热爱，因热爱而执着，因执着而尽责，这是他22年来始终如一、不懈追求的动力源泉。开拓四队党支部书记石峰说："白国周并没有因为是农民工就不把自己当主人看，而是深深地爱着自己的岗位，像爱护自己的家一样守护着矿山的安全。"做一件事并不难，难的是20多年持之以恒。白国周同志坚持"三勤"跑现场，"三细"保质量，"三到位"抓落实，"三不少"查隐患，"三必谈"聚亲情，"三提高"塑团队，持之以恒地学习技术、提高技能，把枯燥、单调的事情做得有声有色，在平凡的工作中创造了煤矿班组安全管理不平凡的业绩。

三、平煤神马集团六矿综采四队"大学生采煤班"安全建设做法

2011年8月16日，国家煤矿安监局办公室下发《关于印发中国平煤神马集团六矿综采四队大学生采煤班经验材料的通知》（煤安监司办〔2011〕21号）。

1. 综采四队"大学生采煤班"相关情况

中国平煤神马集团是一家以能源化工为主导的国有特大型企业集团，是我国品种最全的炼焦煤、动力煤生产基地和亚洲最大的尼龙化工产品生产基地，其煤炭产能为7 000万吨/年。

该集团六矿综采四队"大学生采煤班"成立于2008年8月，现有成员12名，其中硕士研究生2人、本科学历2人、专科学历8人，平均年龄25岁。如前所述，"大学生采煤班"担负我国首套完全国产自动化综采设备的操作、维护工作，在河南省首次实现综采工作面破碎机、转载机、采煤机三机顺序联动，割煤、移架、推溜计算机程序化控制，原煤工效在全国同类矿井中名列前茅，并取得了安全零事故的佳绩，成为高素质人才、高科技装备、高标准管理、高效率团队相结合的现代煤矿"四高"班组，被中华全国总工会授予"全国工人先锋号"称号。

2. "大学生采煤班"的组建背景

煤矿作为高危行业，安全问题一直是制约煤炭企业跨越发展的瓶颈。综合自动化采煤是减轻职工劳动强度，实现安全高效生产的必由之路，也是顺应煤炭工业发展方式转变的必然选择。但是，综采自动化的核心——电液控制系统这一关键技术一直由国外垄断，进口一套设备需要4亿~5亿元。2008年11月，第一套拥有完全自主知识产权的国产全自动化综采设备研制成功，并在具有丰富综采实践经验的中国平煤神马集团六矿试运行。

中国平煤神马集团及六矿党政领导班子深刻认识到驾驭这套设备必须有一支思想素质

好、文化程度高、专业技术过硬的高素质职工队伍，才能确保这套设备的安全高效运行。按照集团公司领导“凡是这套设备涉及的专业人员都要配齐”的要求，六矿将计算机、机电自动化、采煤等专业的12名大学生优中选优组建在一起，于2008年8月正式成立了该集团历史上第一个“大学生采煤班”。

3.“大学生采煤班”的经验做法

“大学生采煤班”组建后，在井下地质条件复杂、煤层薄、瓦斯涌出量大，管理和使用这套设备没有任何经验可循的条件下，大胆创新，迎难而上，以抓培训、强管理、搞创新、保安全为核心，围绕打造具有时代特点的“四高”班组，探索形成了以素质提升为目标的人机对接培训模式，以精细化管理为核心的班组管理平台，以推行“六要素”安全管理为主线的本质安全体系，有力推动了煤矿企业的安全高效发展。

(1) 构建班组人机对接培训模式

1)“一对一”岗前培训。为尽快让全体成员了解设备性能、掌握操作技能、解决常见故障，“大学生采煤班”与有关厂家技术人员实行一对一岗前培训，重点讲设备原理、操作技能和维护保养常识；利用地面联合试运转的时间，学习系统设置、数据采集、信息分析和自动移架、拆卸组装等基本操作知识，并按照老师的要求，熟悉操作步骤，强化实践演练，实现了人机无缝对接，确保了自动化综采设备在井下一次试车成功。

2)“二帮一”导师带徒。“大学生采煤班”成员每人都配有两个老师，并签订师徒合同。一个是高学历、高职称的技术理论老师，重点传授自动化设备管理、自动化技术管理等专业理论知识；另一个是现场工作经验丰富的实际操作老师，重点帮教安全操作技能、实际操作经验等知识，帮教时间半年，与大学生同下井、同升井，实行全程跟踪，全程传授生产技能。同时，“大学生采煤班”以班为单位还有两名理论丰富、技术精湛的技术导师，坚持每月分别组织一次学习培训，其整体素质很快适应了自动化设备的需要。

3)“三位一体”团队学习。团队学习是实现知识共享的重要手段，也是提升职工整体素质的有效方法。“大学生采煤班”坚持专题学、轮流讲、结对子的“三位一体”团队学习方法，打造了一支一专多能、一岗多责的高素质复合人才队伍。“专题学”就是针对自动化设备运行过程中遇到的问题，建立每周二、四、六上午学习制度，坚持按问题、按生产需求策划主题，安排学习内容，实行专题集中学习，突出学习的针对性。“轮流讲”就是“大学生采煤班”每名成员结合本专业知识轮流授课，授课人提前备课，提前写教案，既当导师又当学生，实现了团队知识共享。“结对子”就是坚持让本班不同专业的成员结成对子，定时进行轮换，促进各专业人员之间的相互学习，形成了切合现场生产实际的新“专业”。

(2) 搭建班组科学管理平台

1) 管理制度流程化。从规范制度、完善标准、细化流程入手，构建了班组长日工作流程、员工日工作流程、班前会安全教育流程"三项流程"，制定隐患排查、安全确认等10项安全现场管控制度。编制了涵盖所有岗位的《岗位作业指导书》，对自动化综采设备作业流程、操作要领、成本物耗、故障排除、应急避险等内容都做了详细说明。出台多项与之配套的实施细则，形成一套系统的自动化综采工作面管理制度。

2）作业过程规范化。一是实施正规循环作业，编制自动化综采工作面作业流程正规循环表，在规定的时间、由规定的人员、按照规定要求、完成规定的任务。二是建立编码信息平台，对主要设备设施、材料等进行全编码，对自动化综采设备实行"全寿命周期"管理。在自动化综采设备搬家过程中，按照程序将所有配品、小件与大型设备同步跟进，编号管理，精确到位，确保了3次采面搬家、1次采面对接的一次试车成功，采面搬家时间也由常规的两三个月缩短为半个月。三是对所有设备实行"包机负责制"和标识管理，特别是针对支架控制器等精密电子元器件，不但贴上标签、标明注意事项，而且采取防尘、防潮、防震措施加以防护。

3）设备管理智能化。自主开发岗位价值精细管理软件系统，显著提高管理信息化水平，搭建起符合现代煤矿生产需要的班组精细化管理平台。设备需要检修时，岗位价值精细管理系统会根据预定的设备检修周期自动报警，及时提示设备各个部件需要何时、何种检修，并对各个设备部件的更换情况进行自动记录，避免了检修延误延时，方便了检修记录快速查询。系统对以往发生的设备故障进行记录，通过综合诊断分析，有效避免同类问题的再次发生。

4）岗位管理价值化。把安全、质量、任务、学习、文明、节约"六元合一"，全部纳入岗位价值考核中。首先确定材料使用周期，并把产量任务按比例系数分解，形成价值分解后的岗位价值。从六个方面对岗位付出、效果进行核算，计入岗位绩效工资，促使每个成员努力创造正价值、减少零价值、消灭负价值，实现岗位增值、企业增效、员工增收。坚持岗位价值与人生价值的统一，对优秀的员工给予提拔重用。目前已有4名"大学生采煤班"成员走上了正、副科级岗位。

(3) 推行班组"六要素"安全管理

1）建立"六要素"管理系统。围绕零死亡、零事故、零超限"三零"目标，"大学生采煤班"充分发挥综合素质高的优势，针对影响安全生产的"人、机、物、法、环、信"等问题，建立了以人员、设备、物料、方法、环境、信息通信为主要内容的全员、全方位、全过程的班组现场安全管控系统，通过连续性数据、原始性记录，挖掘有效信息，研究规律参数，对每班安全生产进行系统监控，及时控制人的不安全行为、物的不安全状态、环境的不安全因素，创造良好的工作环境。

2）推行"六要素"隐患排查。根据"人、机、物、法、环、信"六要素，实施"六排查"。即排查人员是否精力集中、是否情绪稳定、是否胜任工作；排查设备是否完好、运转是否正常；排查物料是否齐备、质量是否符合要求；排查方法是否正确、措施是否到位；排查现场是否达标、环境是否具备；排查信息是否准确、通信是否通畅。通过实施“六排查”，确保“六要素”排查制度高效执行。

3）实施“六要素”安全确认。推行班前会安全确认，确保“人”的因素达标；严格检修制度，确认“机”的因素完好；实施质量监控、定置管理、分区码放，确认“物”的因素达标；推行“手指口述”现场安全确认，严格执行安全规程、标准和措施，确认“法”的因素达标；实施工程质量、环境卫生标准化，保证生产、运输各环节科学衔接，确认“环”的因素达标；坚持计算机定期重启、维护保养线路，确认“信”的因素达标。凡是达不到标准要求的因素，按照隐患等级，分级处理，及时整改，跟踪落实，存档备案。

4）细化“六要素”系统分析。系统分析包括六个步骤。一是班记录。编制当班安全生产全过程分析图表，由作业人员现场记录生产实际情况，从采煤机启动开始，详细、真实记录开、停时间等原始数据和非正常原因，为综合分析、安全管理提供可靠依据。二是日汇总。根据每班安全生产全过程记录，对生产过程中停车原因及停车时间进行统计、整理，绘制当天停车原因柱状图，标明“六要素”所占比例。三是周分析。按四天一个周期进行生产作业分析，分别统计出“六要素”的影响概率，对生产过程中各要素进行细致分析和评价，找出产生问题的因素。四是定措施。针对分析找出的因素，按照影响安全生产的时间，由高到低进行排序，分别制定切实可行的措施，加以整改和防范。五是抓修复。通过措施落实，修复安全生产中存在的“漏洞”和不足，减少生产中的停车时间及次数，改善安全生产环境，提高安全系数和生产效率。六是再循环。按周期进行安全生产“六要素”分析，不断发现问题、解决问题，再发现问题、再解决问题，达到优化操作、优化流程、优化工艺、循环递进、梯次增高的目的。

4.“大学生采煤班”取得的成效

（1）减少了井下作业人员。综采设备实现自动化操作后，综采工作面无人跟机作业，作业人员大幅减少，每班采面作业人员由原来的 13 人以上减少到 2～3 人，初步实现了煤矿生产由劳动密集型向技术密集型、知识密集型的转变。

（2）提高了劳动生产效率。由于综采工作面实现了破碎机、转载机、采煤机三机顺序联动，割煤、移架、推溜由计算机程序化控制，劳动效率大幅提高。该设备投产以来，“大学生采煤班”创出了日产 6 985 吨、月产 18.5 万吨的新水平，累计采煤近 400 万吨，占全矿同期原煤总产量的 1/3，相当于 273 名工人采煤的总产量；人均原煤工效达到 167 吨/工，位于全国同类矿井前列。

（3）降低了设备故障率。“大学生采煤班”通过科研攻关和精细管理，实现了设备隐患排查自动化、信息化、智能化和采面搬家程序化，保证了自动化综采设备搬家一次试车成功，设备完好率始终保持为100%，杜绝了失爆，不用每年升井大修就能达到国外同类设备的使用寿命，保证了自动化综采设备的高效稳定运转。

(4) 创新了班组安全管理。面对首套完全国产的自动化综采设备，在没有任何经验的情况下，“大学生采煤班”发挥勤奋钻研、敢为人先的创新精神，先后完成了“全自动化冷却喷雾系统改造”“采煤机红外检测系统改造”等13项技术改造和革新，研发了“董刚软件”“双林加工”“香瑞制图”等一大批以“大学生采煤班”成员名字命名的革新成果，有效地弥补了自动化综采设备固有的缺陷，提高了作业安全性和设备自动化程度，成功解决了自动化综采设备维护操作中的一系列难题。

(5) 实现了安全生产。“大学生采煤班”成员素质高，安全意识强，对安全法律法规理解深、认知准，对实现安全的欲望更加强烈，做到时时想安全；大学生具有专业知识和技能，对隐患早发现、早预防、早处理，及时把隐患消灭在萌芽状态，做到处处会安全；实施“六要素”安全管理，统筹协调各要素之间关系，做到班班能安全。在采深不断增大、地质条件日益复杂条件下，没有出现一起设备事故和工伤事故，杜绝了“三违”现象，取得了安全零事故的好成绩。

第二章　班组安全教育相关知识与方法

新修订的《安全生产法》第二十五条规定：生产经营单位应当对从业人员进行安全生产教育和培训，保证从业人员具备必要的安全生产知识，熟悉有关的安全生产规章制度和安全操作规程，掌握本岗位的安全操作技能，了解事故应急处理措施，知悉自身在安全生产方面的权利和义务。未经安全生产教育和培训合格的从业人员，不得上岗作业。按照《安全生产法》的规定，企业以及班组，必须加强从业人员的安全教育，通过安全教育，保证从业人员具备必要的安全生产知识，熟悉有关的安全生产规章制度和安全操作规程，掌握本岗位的安全操作技能，从而预防各类事故的发生，保证生产安全。

第一节　班组安全教育相关知识

安全教育是为了增强企业各级领导与职工的安全意识和法制观念，提高员工安全知识和技术水平，减少人的失误，促进安全生产所采取的一切教育措施的总称。安全教育的着眼点是增强职工的安全意识，全面提高人员的安全素质，提高技术水平和操作能力，从而降低事故发生率。对职工进行安全教育也是事故预防的一个重要手段，是企业和班组安全管理工作的重要内容，因此，企业和班组要坚持执行安全教育培训制度，认真做好职工的安全教育培训。

一、安全教育的作用与基本内容

1. 安全教育的作用

安全教育与培训是一项经常性的基础工作，在企业安全管理中占有重要的地位，对于搞好安全生产发挥着重要的作用。

安全教育的作用主要体现在以下几个方面：

(1) 通过安全教育可以有效提高职工的安全意识。安全意识是指安全生产重要性在人们头脑中反映的程度，职工的行为是由其思想意识支配的，安全意识的强弱，直接关系到安全行为。通常来讲，职工的安全意识与事故发生率之间存在着密切的关系，安全意识强，事故发生的概率就低；反之，事故发生的概率就高。通过安全教育，增强企业各级领导的安全意识，增强职工的安全意识，在生产活动中真正把安全摆在首要的位置，提高企业自觉抵制“三违”现象的能力，从“要我安全”变为“我要安全”“我会安全”，做到“三不伤害”，即“我不伤害自己，我不伤害他人，我不被他人伤害”。

（2）通过安全教育能帮助职工掌握安全知识和技术。安全知识包括对生产活动中存在的各类危险因素和危险源的辨识分析、预防控制知识。安全技术包括安全操作的技巧、紧急状态的应变能力以及事故状态的急救、自救和处理能力。在生产实践中，由于不懂安全知识，没有熟练的安全操作技术而发生的事故也为数不少。因为企业职工是不断变动更新的，使用的材料、设备、工艺也会发生更新，不进行安全知识和技术的更新教育，就很难避免发生事故。通过安全教育，可以使广大职工掌握安全生产知识，提高安全操作水平，发挥自防自控的自我保护及相互保护作用，有效地防止事故。

（3）通过安全教育能促进实现全员安全管理。安全生产管理包括对全体员工的安全管理，对设备、设施的安全技术管理和对作业环境的劳动卫生管理。安全管理的效果如何，在某种意义上讲，取决于企业职工对安全的认识水平、事业心和责任感。只有职工自己确实感到搞好安全生产是他们的切身利益所在，是与自身安全和家庭幸福息息相关的大事，是自己义不容辞的责任，才会积极行动起来，自觉地参与安全管理。为此，必须通过持久而广泛的宣传教育，才能使安全生产的思想深入人心，才能唤起广大职工强烈的安全意识，安全管理才有坚实的群众基础。通过安全教育，能够提高各级领导干部的安全生产政策水平，掌握有关安全生产法规、制度，学习应用先进的安全生产管理方法、手段，提高全体职工在各自工作范围内对设备、设施和作业环境的安全生产管理能力。

2. 企业安全教育制度

要搞好企业安全教育，实现教育目的，必须建立健全一整套安全教育制度。目前企业中所建立的安全教育制度主要有三级安全教育、特种作业人员安全教育、复工教育、安全技术管理干部和安全员教育、中层以上干部教育、班组长教育、职工教育等，以及相应的安全教育管理制度，以下重点介绍几种。

（1）三级安全教育制度。三级安全教育制度是企业安全教育的基本制度。三级教育指厂级教育、车间教育和班组教育。教育对象是新进厂人员，包括新进厂的工人、干部、学徒工、临时工、合同工、季节工、代培人员和实习人员。

（2）特种作业人员安全教育制度。特种作业人员是指在生产过程中直接从事对操作者本人或他人及其周围设施的安全有重大危害的作业人员。目前特种作业人员分为两种，一种是直接从事特种作业的从业人员；另外一种是特种设备作业人员，主要是锅炉、压力容器（含气瓶）、压力管道、电梯、起重机械、客运索道、大型游乐设施、场（厂）内专用机动车辆等特种设备的作业人员及其相关管理人员。特种作业人员必须经专门的安全技术培训并考核合格，取得特种作业操作证后，方可上岗作业。

（3）复工教育。复工教育是指工伤复工教育和离岗复工教育。因工负伤痊愈之后复工，必须到安技部门接受复工教育，熟悉岗位工作情况，进一步吸取事故教训，稳定思想情绪，安全上岗。职工较长时间离开工作岗位，由于工作环境可能改变，或操作技术生疏，需要由所在车间会同安全技术人员进行一定的复工教育。离岗3个月以上6个月以下复工者，要重新进行岗位安全教育；离岗6个月以上复工者，重新进行车间、岗位安全教育。

（4）全员安全教育。全员安全教育是面向企业全体员工的定期安全教育，目的是全面落实企业的安全生产责任制，贯彻党和国家的安全生产方针政策、法律法规、标准规范，不断增强“安全第一，预防为主”的思想，提高全体员工的安全知识水平和安全技术素质。

（5）安全教育管理制度。为了按计划、有步骤地进行全员安全教育，保证教育质量，取得好的教育效果，真正有助于提高职工的安全意识和安全技术素质，就要做好安全教育管理工作。该项制度包括以下内容：一是结合企业实际情况，编制企业年度安全教育计划，每个季度应有教育重点，每月要有教育内容。计划要有明确的针对性，要适应企业安全生产的特点和需要。二是严格按制度进行教育对象的登记、培训、考核、发证、资料存档等工作，环环相扣，层层把关。坚决做到不经培训者、考试（核）不合格者、没有安全教育部门签发的合格证者，不准上岗工作。三是要有相对稳定的教育培训大纲、培训教材和培训师资，确保教育时间和教学质量。四是经常监督检查，认真查处未经培训就上岗操作和特种作业人员无证操作的责任单位和责任人员。

3. 安全教育的基本内容

安全教育的基本内容包括安全生产思想教育、知识教育和技术教育，企业应根据不同的教育对象，侧重于不同的教育内容，提出不同的教育要求。

（1）安全生产思想教育的主要内容。安全生产思想教育主要是针对教育对象的具体情况，从思想认识、安全态度、法制观念等方面，提高其对安全生产方针政策的认识，正确处理安全与生产的关系，增强其法制观念和安全生产的自觉性，主要包括安全生产方针政策教育、劳动纪律和安全法规教育、典型经验及事故案例剖析教育。

1）通过学习安全生产方针、政策，提高企业各级领导和全体员工对安全生产重要意义的认识，在日常工作中坚定地树立“安全第一”的思想，正确处理好安全与生产的关系，确保企业安全生产。

2）通过劳动纪律和安全生产法规教育，使各级领导和全体职工了解和懂得国家有关安全生产的法律、法规和企业各项安全生产规章制度，使企业各级领导能够依法组织企业的经营管理，贯彻执行“安全第一，预防为主”的方针，使全体职工依法进行安全生产，依法保护自身安全与健康权益。

3）通过典型经验和事故案例剖析教育，可以使职工了解安全生产对企业发展、个人和家庭幸福的促进作用；发生事故给企业、给个人、给家庭带来的巨大损失和不幸，从而坚定安全生产的信念。

（2）安全生产知识教育的主要内容。安全生产知识教育主要是提高员工的判断和反应能力，使职工在生产作业过程中明确哪些是危险因素，怎样消除；哪些不应该做，应该怎样做；哪些行为不正确。安全生产知识教育也是一种全员的安全教育。

安全生产知识教育内容主要包括以下方面：

1）生产过程中的不安全因素、潜在的职业危害及其发展成为事故的规律；

2）企业内部特别危险的设备和区域及其安全防范措施；

3）安全防护的基础知识和尘毒防治的综合措施；

4）有关电气设备、机械设备等基本安全知识；

5）厂内运输的有关安全知识；

6）消防知识及灭火设备的使用方法；

7）伤亡事故报告程序及发生事故时的紧急救护及自救措施等；

8）安全管理、安全技术、工业卫生规章制度等。

（3）安全生产技术教育的主要内容。安全生产技术教育是指对从事各种作业的人员进行的安全操作技术教育，教育内容主要有以下几方面：

1）岗位操作规程；

2）专业工种劳动环境改善、设备的安全、工艺操作的安全、个人防护用品的正确使用等；

3）对特殊工种人员，要实行专门的安全教育和操作训练；

4）采用新工艺，添置新技术设备，制造新产品或调换工人工作时要对工人进行新工作岗位和新操作方法的安全技术教育。

4. 企业安全教育的类型

根据接受教育对象的不同，安全教育主要有如下类型：

（1）以新进人员为教育对象的三级安全教育；

（2）以特种作业人员为教育对象的专门安全教育；

（3）以“五新”和变换工种人员为教育对象的安全教育；

（4）以复工人员为教育对象的安全教育；

（5）以管理干部为教育对象的安全教育；

（6）以安全专业技术人员为教育对象的安全教育；

（7）以全体职工为教育对象的全员安全教育等。

5. 企业安全教育的三种主要形式

目前企业对职工进行安全教育的形式，主要有新职工三级安全教育、特种作业安全教育和经常性安全教育三种形式。

（1）新职工的三级安全教育培训

1）入厂教育。对新入厂的或调动工作的职工（包括到工厂参加生产实习的人员和参加劳动的学生），在分配到车间或工作地点之前，必须进行初步的安全生产教育，称为入厂教育。入厂教育的主要内容包括：介绍本企业安全生产的形势，企业安全生产方面的一般情况，学习有关文件，讲解安全生产的重大意义；介绍企业内特殊危险地点；一般的电气和机械安全知识教育；一般的安全技术知识和伤亡事故发生的主要原因、事故教训的教育，从正反两个方面来讲解安全生产的重要性等。

2）车间教育。新入厂的工人或调动工作的职工，经过入厂教育合格分配到车间后，还必须经过本车间安全教育，才能分配到班组。车间安全教育由车间主任或副主任负责，车间专职或兼职安全员协助。车间教育的主要内容包括：①本车间的概况、生产性质、生产任务、生产工艺流程；②主要设备的特点；③安全生产管理组织形式、安全生产规程；④本车间的危险区域、有毒有害作业的情况，以及必须遵守的安全事项；⑤本车间的安全生产情况、问题，以及好坏典型事例等。

3）岗位教育。岗位教育是新工人或调动工作的职工，到了固定工作岗位后开始工作以前的安全教育。它的内容包括：①本班组的生产性质、任务，将要从事的生产岗位性质、生产责任；②将要使用的机器设备、工具的性能、特点及安全装置、防护设施性能、作用和维护方法；③本工种安全操作规程和应遵守的纪律、制度；④保持工作场所整洁的重要性、必要性及应注意的事项；⑤个人劳动防护用品的正确使用和保管；⑥本班组的安全生产情况，预防事故的措施及发生事故后应采取的紧急措施，事故案例教训。

三级安全教育时间不得少于40学时。员工经考试合格，领到安全操作证后，方可独立进行操作。没有经过三级教育以及考试不合格者绝对禁止独立操作。

（2）特种作业安全技术知识教育培训。按照不同的专业工种，进行专门、深入的专业安全技术教育，这是安全技术教育的重点。专业安全技术知识是该工种的职工必须具备的安全生产技能和知识。在取得操作合格证之前，不允许单独上岗作业。

按照国家安全生产监督管理总局公布的《特种作业人员安全技术培训考核管理规定》（国家安全生产监督管理总局令第30号）的有关规定，特种作业人员应当符合下列条件：

1）年满18周岁，且不超过国家法定退休年龄；

2）经社区或者县级以上医疗机构体检合格，并无妨碍从事相应特种作业的器质性心脏病、癫痫病、美尼尔氏症、眩晕症、癔病、震颤麻痹症、精神病、痴呆症以及其他疾病和生理缺陷；

3）具有初中及以上文化程度；

4）具备必要的安全技术知识与技能；

5）相应特种作业规定的其他条件。

特种作业包括：电工作业，焊接与热切割作业，高处作业，制冷与空调作业，煤矿安全作业，金属非金属矿山安全作业，石油天然气安全作业，冶金（有色）生产安全作业，危险化学品安全作业，烟花爆竹安全作业，安全监管总局认定的其他作业。特种作业人员必须经专门的安全技术培训并考核合格，取得“中华人民共和国特种作业操作证”（以下简称特种作业操作证）后，方可上岗作业。

按照国家质量监督检验检疫总局公布的《关于修改〈特种设备作业人员监督管理办法〉的决定》（国家质量监督检验检疫总局令第140号）规定，申请特种设备作业人员证的人员应当符合下列条件：

1）年龄在18周岁以上；

2）身体健康并满足申请从事的作业种类对身体的特殊要求；

3）有与申请作业种类相适应的文化程度；

4）具有相应的安全技术知识与技能；

5）符合安全技术规范规定的其他要求。

从事特种设备作业的人员应当按照规定，经考核合格取得特种设备作业人员证，方可从事相应的作业或者管理工作。

（3）职工的经常性安全教育。安全教育不能一劳永逸，必须经常不断地进行。经过安全教育已经掌握了的知识、技能，如果不经常使用，可能会逐渐淡忘；随着生产技术进步，生产状况变化，有新的安全知识、技能需要掌握；已经建立起来的对安全工作的浓厚兴趣，随着时间的推移会逐渐淡漠；在生产任务紧急情况下，已经树立起来的“安全第一”思想可能发生动摇，安全态度会发生变化。因此，必须开展经常性的安全教育。企业的经常性安全教育可按下列形式进行：

1）在每天的班前班后会上说明安全注意事项，讲评安全生产情况。

2）开展安全活动日，进行安全教育、安全检查、安全装置的维护。

3）召开安全生产会议，专题计划、布置、检查、总结、评比安全生产工作。

4）召开事故现场会，分析造成事故的原因及其教训，确认事故的责任者，制定防止事故重复发生的措施。

5）总结发生事故的规律，有针对性地进行安全教育。

6）组织职工参加安全技术交流，观看安全生产展览与劳动安全卫生电影、电视等。张贴安全生产宣传画、宣传标语及安全标志等，时刻提醒人们注意安全。

在安全教育中，安全思想、安全态度教育最重要。进行安全思想、安全态度教育，要采取多种多样的形式，通过各种安全工作，激发职工搞好安全生产的动机，使班组职工重视和实现安全生产。

二、安全教育的特点与效果

1. 安全教育的特点

安全教育具有政策性、群众性、知识性、持久性的特点，在进行班组安全教育的时候，需要注意这些特点。

（1）安全教育政策性。安全教育政策性表现在：安全教育必须坚持安全生产的方针政策，贯彻党和国家的各项重大安全生产决策，并以国家有关法律法规、标准规范为依据，通过安全教育，提高全体人员特别是企业各级领导者的政策水平。

（2）安全教育群众性。安全教育群众性表现在：企业安全教育的对象是全体职工，只有全体职工都能受到良好的教育，才能提高企业的整体安全素质，扎扎实实开展安全检查，排查事故隐患。同时，每一次安全教育都要有明确的针对性，使受教育职工能够掌握必要的安全知识。

（3）安全教育知识性。安全教育知识性表现在：安全教育的内容极其广泛，既包含社会科学的有关内容，如安全经济学、安全法学、安全管理学等有关理论、方法，又包括自然科学的相关内容，如安全工程技术、职业卫生等广泛知识，还包括各种生产作业的安全技能，如安全操作技能，事故的预防、预控、紧急处理和急救、自救等具体能力。

（4）安全教育持久性。安全教育持久性表现在：人们安全思想、安全观念、安全行为会因为环境的变化、条件的变化出现反复，为了巩固和强化安全思想、安全观念，必须坚持持久的安全教育。另外，随着安全法规标准及安全技术的不断增多和更新，也要求安全教育必须深入持久地开展下去，起到警钟长鸣的作用。

2. 安全教育的三个阶段

安全教育可以划分为三个阶段的教育，即安全知识的教育、安全技能的教育和安全态度的教育。一般来讲，安全知识教育和安全技能教育属于短期教育，而安全态度教育则属于长期教育。在企业的日常安全教育工作中，大多是围绕着安全态度教育进行的。

安全教育的第一阶段应该进行安全知识教育，使人员掌握有关事故预防的基础知识。对于潜藏单凭人的感官不能直接感知其危险性的不安全因素，对操作者进行安全知识教育尤为重要。通过安全知识教育，使操作者了解生产操作过程中潜在的危险因素及防范措施等。

安全教育的第二阶段应该进行所谓“会”的安全技能教育。安全教育不只是传授安全知识，虽然传授安全知识是安全教育的一部分，但它不是安全教育的全部。经过安全知识教育培训，尽管操作者已完全掌握了安全知识，但如果不把这些知识付诸实践，仅仅停留在“知”的阶段，则不会收到实际的效果。安全技能只有通过受教育者亲身实践才能掌握，即只有通过反复的实际操作、不断地摸索而熟能生巧，才能逐渐掌握安全技能。

安全教育的第三阶段应该进行安全态度教育，安全态度教育是安全教育最重要的阶段，经过前两个阶段的安全教育，操作人员掌握了安全知识和安全技能，但是在生产操作中是否实施安全技能，则完全由个人的思想意识所支配。安全态度教育的目的，就是使操作者尽可能自觉地实施安全技能，搞好安全生产。

安全知识教育、安全技能教育和安全态度教育三者之间是密不可分的，如果安全技能和安全态度教育不好，安全知识教育也会落空。成功的安全教育不仅使职工懂得安全知识，而且能正确地、认真地实施安全行为。

对班组来讲，日常安全管理工作的一个重点，是对职工进行安全教育，这种安全教育实质上就是逐渐改变职工对安全生产的态度。必须认识到，通过安全教育改变安全生产态度的过程是一个长期渐变的过程，不可能一蹴而就，而安全态度的转变，则更多地体现在个人的安全意识上。

3. 安全意识的基础是安全态度

人的意识与人的行为是密切相关的，行为由意识来支配。在安全管理上，安全意识是决定安全价值观的基础。树立正确的安全价值观，首先要有强烈的安全意识，这就要求首先要进行安全意识的教育。安全意识可以通过安全培训、事故案例分析、安全论坛、安全知识考试等方式进行。其中，事故案例分析是培育安全意识的有效途径，通过让发生事故的过来人讲述事故经过，可以起到很好的警示作用。一般来说，遭遇过事故或者受过事故伤害的人，他们的安全意识就会强一些，这是因为事故的经历已经在他们的心里深深扎根。让这些亲身经历事故的人“现身说法”，让受伤害者把所经历事故和受到伤害的真实感受向广大员工进行宣讲，会收到比较好的效果。其次选用典型的事故案例，组织事故分析会，让参加者受到教育。不管采取何种教育方式，目的就是让广大职工增强安全意识，进而树立正确的安全价值观。

将正确的安全价值观运用到实际工作中去，能够约束自己的行为，有效地避免事故的发生。在交通行业，司机有了正确的安全价值观，驾车时就会严格按照道路交通法律法规的要求，谨慎驾驶，安全行车。即使碰到有些车辆强超强占，也会采取恰当的方式给予解决。反之，有些驾驶员缺乏相应的安全意识和职业道德，违规开车，有的甚至不顾全车人的生命野蛮开车，结果造成重特大交通事故的发生。在企业的生产过程中也是一样，有些人员违章作业造成事故，他不是吸取事故教训，总结事故教训，反思自己的作业行为，而是认为自己倒霉，结果是三天两头地出事故，成了名副其实的“事故大王”。这就说明有什么样的安全价值观就会有什么样的行为，有什么样的行为就会导致什么样的结果。

谁都希望自己平平安安一辈子，不发生事故，可这一切必须建立在正确的安全价值观之上，也就是说安全价值观的本质是保障自身安全，因为人的不安全行为都是在一定的心理活动下产生的，是心理活动的外在体现。在班组安全管理中，要调动班组职工参与安全生产的积极性，形成对安全生产的认同感，培育职工正确的安全价值观。在班组中形成人人关心安全、人人向往安全、人人必须安全的良好氛围。

4. 安全态度的形成与改变

态度是人们在长期的生活环境、家庭教育、社会教育和社会实践中逐渐形成的。不同的人，由于生活环境、家庭教育、社会教育和社会经历的不同，对于同一事物往往会有不同的态度。

一般来讲，态度的形成过程是从无到有、从简单到复杂、从不稳定到稳定持久的过程。态度形成过程包括服从、同化和内化三个阶段。

（1）服从阶段。服从指个人的态度在社会生活影响下，为了获得奖励、避免惩罚，按照社会的要求、群体的规范或别人的意志而采取的表面顺从行为。在服从阶段人们的态度和行为的特征是：①态度受外部压力的影响，或是外力的胁迫强制，或是外力的诱惑；②表面上顺从，但内心并不认同；③服从行为常为暂时的，有人监督则规规矩矩，没人监督则违反纪律；④从被迫服从，逐步形成习惯，就转化为自觉服从。态度的形成和转变除从强制服从开始外，也可能从不知不觉地模仿他人的态度开始。许多人的态度形成和转变，常常是从无意识地模仿父母、教师、成人及自己崇拜的对象的态度和行为开始的，并不一定受外界强制力量的影响。

（2）同化阶段。同化指人们不是被迫而是自愿地接受某人或某群体的观点、信念、态度和行为规范，使自己的观点、信念同某人或某群体相接近的过程。在该阶段，人们不再被迫屈服，也不会产生不自觉的模仿。某人或某群体的观点、信念、态度和行为对被同化者是否有吸引力，是同化的重要条件。同化又是内化的前提，是形成个体信念和态度的重要环节。

（3）内化阶段。内化指人们真正从内心深处认同并接受某人或某群体的观点，并纳入自己的态度体系中，成为自己的态度，彻底转变自己原有的态度。其特点在于：人们把情感认同的观点和态度同自己内心的态度和价值观融为一体，以愉悦的情感在内心真正接受了新观点，彻底形成了新态度，并且久而久之稳定下来，不再轻易改变。

态度形成的三个阶段，反映了态度发展的三种不同水平。不同的人表现出的同一种态度，可能是出于服从，也可能是出于认同，也可能是内化的结果。因此，安全管理者在一定安全态度面前，要深入分析研究，把握其安全态度的真实程度，以利于对症下药、有的放矢地进行态度的形成和转变工作，使职工的安全态度符合企业的要求，使他们的行为规范真正纳入到安全第一的轨道上来。

三、班组安全教育需要注意的事项

1. 安全教育的时间性与有效性

安全教育的持久性是教育的性质决定的，安全教育主要针对的是人们安全思想、观念、行为的反复性，为了巩固和强化安全观念和动机，必须坚持持久的安全教育。另外，随着安全法规标准及安全技术的不断增多和更新，也要求安全教育必须深入持久地开展下去，起到警钟长鸣的作用。

安全教育还具有时间性和有效性特点。在安全教育的时间性上，什么时候教育效果最好，也有其内在的规律性。实践证明，在下述时机进行教育，将会收到事半功倍的效果：新职工进厂的时候；职工调岗的时候；时令季节变换的时候；逢年过节的时候；职工休假回厂的时候；下岗职工重新上岗的时候；职工受伤复工的时候；生产任务下达的时候；重大政策出台的时候；运用新原料、新设备、新工艺、新技术的时候；作业现场发生险情的时候；职工碰到重大困难的时候；安全检查发现问题的时候；发生工伤事故的时候；进行工作总结、评比的时候等。

2. 注意力在安全教育中的运用

在班组安全教育中，要了解职工接受教育的特点，有针对性地采取措施，关注注意力在安全教育中的运用，这样才能取得较好的效果。

首先，可以运用无意注意的特点来提醒人们注意安全，增强安全意识。例如在厂区危险地段或交通要道旁设置醒目的安全标志或报警器；对容易发生事故的设备涂以醒目的黄色，告诫行人和操作者要注意安全；利用上班前、午休时或下班后的广播，宣传安全生产等。此外，还可以利用无意注意来发现异常情况及故障，避免事故发生。根据实验，人对声音刺激比较容易形成无意注意，而对光线刺激除非直接照射到眼睛，往往不易产生无意注意。因此，对于危险警报，要同时采用声音和灯光报警，如果只采用灯光报警，有时效果不佳。在一般正常操作中，无意注意是不利于安全的，因为它干扰操作者的定向注意力。

其次，积极运用有意注意，确保安全生产。在生产过程的始终，要保证安全，必须掌握和运用安全知识和技能，严格遵守安全操作规程，这一切都需要有意注意。

最后，主动运用有意注意和无意注意进行安全教育。如果班组职工在安全教育活动中处于无意注意状态，则说明安全教育未能够充分吸引他。为此，安全教育的内容、形式等必须考虑到职工的兴趣和实际需要，以保持职工的持久注意和激发他们受教育的积极性。仅仅依靠无意注意进行安全教育是不可能获得成功的，还要利用有意注意。在进行安全教育时要讲明其重要性，并进行必要的考核，以激发职工学习的自觉性和用意志来掌握安全生产知识。在整个教育过程中又可运用有意注意和无意注意的相互转换规律，使安全教育达到最佳效果。

3. 记忆过程在安全教育中的运用

在生产过程中职工的记忆与安全是密切相关的。记忆过程是职工学习安全知识、掌握安全操作技能必不可少的心理活动。为了增强职工的安全意识并牢记安全生产操作规程，应采取符合记忆规律的教育措施，主要有以下几种：

（1）充分应用无意识记，保持和增强职工对安全生产知识的记忆。例如运用企业内部的广播、电视录像、板报栏等多种形式，反复播放、刊登有关安全生产的警句、常识、事故警示等；通过职工喜闻乐见的安全文艺表演、文学创作等活动，使大多数职工在无意间受到良好的安全教育。

（2）利用有意识记，强化安全教育和培训，尤其对特种作业工种和要害岗位的操作者，要认真落实岗位培训考核和复训考核，以保持对本工种安全知识和技能的识记。

（3）通过再认和回忆，加强对安全知识的识记。例如某厂在发生了一起多人死亡的事故后，决定将每年该事故发生日作为厂安全反思日，以便让所有职工通过回忆，牢记这次血的教训，提高安全意识。某些企业开展安全知识竞赛、安全操作能手大赛、消防运动会等活动，也是通过参赛人员积极的再认和回忆过程，达到增强安全知识和技能的目的。

（4）在安全培训中，必须根据遗忘的原因和特点，选择适当的学习材料，注意运用有意义的识记方法，并根据遗忘的时间特点，适时、适当安排复习，强化记忆痕迹。老工人因更易受抑制的影响，所以必须安排更多复习和背诵的时间，以减少遗忘。

遗忘在生产过程中一般起的是消极作用，例如操作设备时把操作程序遗忘或程序顺序记错，会造成不应有的损失。遗忘常常是造成事故的原因之一。在大多数情况下，一个操作者如果把操作程序完全遗忘了，他是不大可能操作机器的。最糟的是，操作者由于记忆错误，按照错误程序进行操作，而他自己却没有觉察，这种情况通常称为“心不在焉”。心理学家认为，心不在焉对于熟练的操作者较之不熟练的操作者更为危险。因为对熟练的操作者来说，熟悉或习惯了的工作干起来就像自动化一样，只需偶尔做些有意识的调整，因此，很少把意识集中在常规动作上，大部分时间都去想别的事情。心不在焉最可能发生事故。

4. 在安全教育中提高记忆能力的方法

记忆无论对于日常生活、工作和学习，还是从事安全生产，都具有重要意义。对于一般人来说，掌握并运用记忆规律，然后通过实践锻炼可以使记忆能力得以提高。下面是一些提高记忆力行之有效的方法：

(1) 在记忆时，有明确目的比没明确目的的记忆效果要好得多。这条规律的实质是在其他条件相同的情况下，有意注意优于无意记忆。为此，在生产活动中，对那些必须记住的材料，一定要给自己提出明确的记忆任务，绝不能放任自流。

(2) 要求长期记住的材料，较之只要求短期记住的材料具有更大的巩固性。对于可记可不记的东西，实际可能就记不住。因此，在安全生产活动中，对安全知识和操作规程等，应该迫使自己具有长期记忆甚至永久记忆的意向。

(3) 要求精确记忆材料，比只要求记其大概的效果要好。例如，在化工生产中，为了防止出现判断错误，对于系统显示仪表读数的正常范围值必须提出精确记忆的要求。

(4) 按顺序记忆的效果优于不按顺序的记忆。“顺序”可以使人建立某种联想，从而便于回忆。事物的顺序可分为逻辑顺序、自然顺序、历史顺序、时间顺序等。对于无规则排列的事物，可以使用编号或序号进行排序。

(5) 凡是与人的需要相符合的材料就容易记牢。在生产活动中，一个具有强烈安全意识的人具有较强的安全需要，因而对于安全有关的知识、操作等就特别注意记忆，并且也记得牢。安全技术人员因工作需要，对安全知识和安全条例也比一般人记得多、记得牢。因此，根据记忆的这一规律，强化人们的安全需要对于提高安全方面的记忆力具有重要意义。

(6) 凡能引起人的直接兴趣的材料，就记得快、记得久。在生产活动中，为了加强对安全知识的记忆，采取一些生动、活泼、有趣的方式，如举行安全知识竞赛、安全操作表演等，较之枯燥的背诵条文会产生更好的记忆效果。

(7) 激起人的情感的事物，刺激能较长久地保留在头脑中。如在厂区张贴“登高扎好安全带，献给亲人一份爱”“为了你的安全和家人的幸福，请戴好安全帽”等带感情色彩的标语，能刺激人们对家人的情感，既使人乐于接受，也容易记得住。

(8) 经过积极思考，达到深刻理解的事物，较容易记住，且记得较牢，甚至终生不忘。这一规律的实质是意义记忆优于机械记忆。因此，在情况允许时，尽量采用意义记忆，调动自己思维的积极性和主动性。但理解必须以头脑中储存的信息或经验为基础，因此要多学习、多观察，尽量丰富自己的知识。

(9) 直观的、形象的、有节奏的、有韵律的材料较容易被记住。利用图表、连环画、文艺演出等形式宣传安全知识是一种好办法；把要求记而又较难的材料编成顺口溜、打油诗等，可帮助记忆。这是因为形象、节奏和韵律等能帮助人们迅速而牢固地形成各个记忆对象之间的联系。

(10) 有多种感受器参加的活动，较之只有单一感受器参加的活动，其记忆效果要好得多。单凭听觉会话通信，每分钟仅能传达100个单词；而视觉传达的速度是听觉的2倍；视、听同时起作用则是听觉的10倍。因此，为提高记忆效果，应该做到“五到”，即眼到、耳到、口到、心到、手到。

(11) 及时复习，可以巩固记忆效果，避免遗忘。据心理学的研究，遗忘的一条基本规律是先快后慢，即识记之后，最初忘得快，而后便逐渐忘得慢了。这条规律是法国的心理学家艾宾浩斯首先发现的。他通过实验证明，在识记之后的最初20分钟内，遗忘率高达42%，1小时之后为56%，9小时后遗忘达64%，24小时后遗忘达66%，31天后遗忘达79%。由此可见，及时复习、加强巩固是非常必要的，而且复习越是及时，其记忆的保持率越高，所花时间还少。

总之，记忆是有规律的，按照记忆规律去做，可以收到事半功倍的效果，它有助于保证生产安全的需要。

第二节　班组安全教育相关方式方法

在班组安全教育中，除了要在内容上更加丰富有趣之外，还需要注意教育的方法。安全教育方法是否得当，对于教育效果有重要的影响。许多班组在安全教育中，经常采取读报纸、念材料的做法，不能引起班组职工的兴趣，大家昏昏欲睡，效果不佳。因此，必须采用一些班组职工乐于参与和普遍接受的形式，把安全教育与职工个人及家庭幸福、娱乐活动结合起来，通过有针对性的、灵活多样的安全教育，提高职工的安全意识和安全技能。在此介绍一些安全教育方法，供班组在安全教育中参考借鉴。

一、形象化岗位安全教育的方法

1. 形象化岗位安全教育的含义

目前，随着科学技术的迅速发展，电化教育方式在企业安全教育中得到普及应用。电化教育是指在教育教学过程中，运用投影、幻灯、录音、录像、广播、电影、电视、计算机等现代教育技术，传递教育信息，并对这一过程进行设计、研究和管理的一种教育形式。许多企业从传统的课堂式培训逐步向电化与课堂相结合的方式转变，使安全教育培训更加形象直观，教育效果也更加明显。

有的企业，组织安全技术人员把企业各项安全规章制度制作成安全教育片，内容涵盖各种岗位的应知应会、操作规程、岗位职责、安全警句、事故案例等内容，便于携带，方便职工学习，有利于职工的自学与互教，使职工能够在较短的时间内掌握本岗位的操作要领和安全注意事项，更好地解决工学矛盾。

2. 东方集装箱公司进行形象化安全教育的做法

天津港是专业集装箱装卸企业。几年来，东方集装箱公司结合集装箱装卸作业的机械化程度高、技术密集、装卸工艺标准和作业效率快的特点，在应用传统安全教育方法的同时，自己录制了安全操作标准录像片进行形象化安全教育，收到了较好的效果。

首先，他们根据企业所制定的有关安全操作规程和安全管理制度，结合公司集装箱装卸作业安全管理的具体特点和几年来所发生的事故或险肇事故的原因分析，编写了“东方集装箱公司安全操作标准录像片”解说词。在编写过程中充分征求了公司技术部门、业务部门负责人和一线作业人员的意见，并经局安全主管部门修改、把关，最后由公司总经理审阅定稿。

录像片的解说词定稿后，就组织进行现场录像，每一部分录像选择的示范操作人员，都是本工种的岗位明星。他们的操作动作规范，在职工中的威信高，因此用他们的标准操作来教育职工，有很强的现身教育感召力。现场录像的每一画面要求清晰、准确并与解说词相对应。最后成片的 7 盘录像带，图像清晰、配音标准、音乐动听，每盘录像带的播放时间在 15 分钟左右。这 7 盘录像带主要是分别对不同工种的作业人员进行形象化的岗位安全教育，如对装卸桥司机进行安全教育，就播放“装卸桥司机安全操作标准录像片”；对场桥司机进行安全教育，就播放“场桥司机安全操作标准录像片”。在 7 部“安全操作标准录像片”的基础上，公司又录制了一部综合性的安全操作标准录像片，播放时间为 50 分钟，主要用于对职工进行系统的入厂安全教育、回笼安全教育和全员安全教育。

公司在安全活动日、生产空余时间、安全教育培训班和“安全月”，运用录像片反复对职工进行了安全操作标准化教育，教育的范围包括全体安委会委员、班组长以上的生产骨干、一线作业的全体操作人员、新入厂的工人和有关事故责任人及现场查出的“三违”人员。通过广泛的形象化的安全教育，收到了较好的效果：一是安全操作标准录像片的内容全面、系统，使用起来很方便，省略了传统安全教育的备课、讲课、板书等重复性劳动；二是录像片的图像清晰，画面都是本公司的人操作本公司的机械，在自己的平日工作环境中演示，所以看起来亲切、真实，可视性强；三是录像的解说标准，并伴有优美动听的音乐，使受教育者能坐得住、听得清、记得牢，在欢快的音乐声中受到有针对性的安全教育，能达到开展安全教育的预期效果；四是有利于分析处理事故和教育“三违”人员。若发生事故和在现场查出“三违”现象，就播放相应的安全操作标准录像片，对照录像画面客观、公正地分析处理事故责任人和“三违”人员，改变了以往分析处理事故和处理“三违”人员的随意性，使事故责任人和“三违”人员在昭示于众的安全操作标准面前知错、认错、改错，心服口服。从而有效地规范了作业人员的安全行为，在安全教育的形式上做到了依之以法、晓之以理、动之以情，在职工中产生了积极的心理效应。

通过经常运用安全操作标准录像片对职工进行系统的安全操作标准化教育，营造了浓厚的企业安全文化氛围，提高了大家的安全意识和遵照安全操作标准作业的自觉性，使现场的“三违”现象较以前有了明显减少，作业过程中的险肇事故得到了有效的控制，公司保持了较为稳定的安全生产形势，为公司各项生产（工作）任务的顺利完成提供了可靠的安全保证，也为全局的安全生产做出了贡献。

3. 鞍钢弓长岭露天矿制作岗位规程演示录像的做法

2004 年 11 月 5 日起，一部名为《露天矿电铲技术操作岗位规程》的现场“样板操作”演示录像片在鞍钢弓长岭矿业公司露天矿开始热播。在矿山开了 20 多年电铲的詹广全看过录像后感触颇深，他以前苦于背记岗位规程，如今看了这部“样板操作”录像，不仅对岗位规程加深了理解，增强了记忆，而且还将他一直忽视的不正确操作细节一一纠正过来。这部 40 分钟的录像片涵盖了电铲司机从接班到交班的整个工作程序，对穿戴劳保品、确认作业环境、查阅交班日志、设备点检、润滑、技术操作和班后清扫等项工作都做出规范性演示，深受职工欢迎。

弓长岭矿业公司露天矿是国内最大露天作业矿山之一。随着矿山生产环境的变化及机械化程度的提高，职工能否进行规范化、标准化作业，直接影响着安全和生产发展。杜绝违规作业、习惯作业现象，成为矿领导思索的重要问题。在以往贯彻规章制度的过程中，该矿下了不少功夫，但成效不大。后来矿领导通过与职工谈心了解到，各级领导抽象化宣讲，职工被动地接受，效果不明显。为何不采取职工喜闻乐见的方式推进规章制度的落实呢？于是，该矿集思广益，采取搞“样板操作”演示并拍成录像片进行教育的方法推进岗位规程的学习贯彻。矿里选择职工熟悉的工人充当“主角”，按照生产工序，按照岗位规程要求，将日常生产操作中的每一个环节、每一个步骤都标准化样板式演示出来，拍成录像片播放。

首先拍摄的电铲司机“样板操作”录像片在 2004 年 11 月 5 日“首映”，矿机关会议室里挤满了前来观看的工人。因为录像中展示的是熟悉的环境和人，大家看得有滋有味，同时也把规范操作的每个细节都记在脑子里。在场的电铲司机说：录像编得切中实际，改变了过去“念经式”的死记硬背规程方式，体现了学习贯彻规章制度的人性化，对工人学规用规帮助很大。据了解，这个矿总结制作这部录像片的经验，陆续将牙轮钻、生产车司机、爆破等岗位的岗位规程都制作成“样板操作”录像片，并将生产工艺、企业文化、发展方向等内容融进去，为打造高素质的职工队伍，促进矿山企业安全生产创造条件。

4. 北京建工集团五建公司开发安全教育光盘的做法

农民工的教育历来是建筑业安全教育的重点和难点。如何针对农民工的特点，开发出便于农民工理解，易于农民工接受的安全教育方式和安全教育产品，是每个建筑企业的安全管理人员不得不认真思考的问题。北京建工集团五建公司自主开发安全教育光盘的做法，在农民工安全教育上产生了良好的效果，引起了业内的广泛关注。

近些年，农民工已经成为建筑行业的主要力量，除了一些技术含量特别高的如消防、弱电、烟感、通信、对讲、闭路监视等岗位可能仍然还由一些专业人士从事外，主体工程如结构工程的建设，几乎都是农民工完成的。据统计，农民工中初中及初中以下文化水平的占到60％～70％，他们放下镰刀，拿起瓦刀，成为建筑产业大军的主体，其安全意识、自保能力都远远不够，提高他们的安全素质，需要很长一个过程。加之由于用工制度的灵活性，建筑行业每年都要更换40％～50％的人员，新人多，人员流动性大，同时农民工的组织纪律性又相对较差，因此，农民工的安全管理问题一直是一件很令人头疼的事。

怎样才能减少农民工中的事故？预防为主。这是安全生产永恒的主题。进行安全教育，就是要提高农民工的自保意识和自保能力。但是，面对农民工的文化程度和知识接受能力，什么样的教育方式，才能够达到好的效果？这是企业安全教育要考虑的。为什么农民工的安全教育大家都觉得困难，为什么很多政策、制度宣传不下去，农民工不接受，就是因为在教育方式、方法和针对性上做得不够，没有对农民工的路子。

在对农民工进行安全技术教育时，由于受文化水平和技术素质的限制，许多农民工虽然很认真地听，但是效果不好，例如讲“三宝”“四口”“五临边”，讲机械“轮有罩、轴有套”，他们听起来跟听天书一样，难以真正理解和运用。成人教育要以形象教学为主，以直观的教育效果最好。有了这个想法后，北京建工集团五建公司最初采用安全漫画、教育挂图，放在农民工吃饭的餐厅，也起了一定的宣传教育作用。后来又开始制作教育光盘。最早只是用数码相机拍些照片，在计算机里编辑一下，在进行安全教育时，讲到“三宝”，就播放安全帽、安全带、安全鞋的照片，分别说明这“三宝”的作用；讲到“四口”，就播放现场楼梯口、阳台口、设备洞口、出入口的照片；又播放“五临边”的照片，分别解释这些部位的安全操作规程、注意事项。在进行安全教育的时候放给农民工看，发现效果特别好，因为一看就明白了。以后又就地取景，在农民工熟悉的施工现场，由农民工兄弟自己演自己，由他们扮演抬担架的、受伤的、指挥的、围观的，解说词也用农民工自己的语言。片子从策划、编剧都是基层安全员，他们最了解农民工作业的施工现场潜在的危险隐患和危险环节在哪儿，所以有很强的实用性和针对性。而且在编排内容上，把动起来的画面与制度条文结合起来。就是在农民工作业的施工现场，结合条文告诉他们，这个你不能动，为什么不能动，这个应该由谁动，有问题应该找谁，再加上一些事故案例的照片，告诉他们，动的结果是什么。通过这种直观真实的画面，让每个人都知道违章的结果是什么，让大家意识到，如果违章，最后的结果可能就是血淋淋的场面，让他们自己意识到危险性，这就大大提升了自我保护的意识，起到了潜移默化的教育作用。

片子拍出来了，尽管制作有些粗糙，但是总的效果还是不错。农民工一看，“这人穿的衣服是咱们公司的”，“这人是我们工地的”，“某某上电视了”，特有亲和力。农民工反映，这种教育方式最好，非常直观，一看就明白，取得了很好的效果。

二、事故案例教育的方法

1. 事故案例教育方法的含义

事故案例教育是一种最为常用而又切实有效的教育方法，在平时的安全生产活动中，有许许多多正反两方面的典型事故案例，特别是发生在职工身边的典型事故案例。一般做法是，将本单位职工身边发生的、活生生的事故编写成教材，也可以拍成事故警示录，便于随时播放。这种案例教育的特点是直观形象，更能打动职工，以此来教育员工，更能使职工从中获得启迪和收益，达到强化安全意识的目的。同时，安全管理人员还可以根据不同的季节和不同的岗位，运用典型事故案例进行有针对性的安全教育，给广大职工打好思想上的“预防针”，让职工在生产过程中自觉履行岗位职责。

2. 湖北雪飞化工有限公司用“身边教训”抓安全教育的做法

2005 年 12 月 25 日，在湖北雪飞化工有限公司（以下简称雪飞公司）的会议室内，台上演讲者声情并茂，案例令人震惊；台下 100 多名职工侧耳聆听，唏嘘声不断，此情此景教育着在场的每一名员工。这是该公司举办的“我亲历的事故教训”中，三位退休职工讲述自己在上岗期间违章操作导致发生事故的一幕。

讲一个事故案例，给全员一个震惊，用“我亲历的事故教训”警示在岗员工，是雪飞公司开展安全教育的一个重要举措。

雪飞公司是有着 30 多年生产涂料硝化棉历史的民营化工企业。近年来，该公司始终把安全生产当成企业发展的头等大事，狠抓基础设施的投入，不断改进生产装备，创造性地开展持之以恒的安全教育，探索出国内同行业安全管理和教育的“雪飞模式”，创造出连续 20 年安全生产无事故的好成绩。在多年被地方政府评为安全生产先进单位的同时，又被世界硝化棉制造商协会吸纳为 12 个常任理事单位之一。

在安全生产过程中，正面典型可以引导人，但雪飞公司决策层认为，反面典型同样可以教育人。在树立和关心正面典型的同时，雪飞公司更注重挖掘并善意地利用反面典型，并把其看作是公司安全教育的宝贵财富。他们在对照国内安全生产先进单位查思想、找差距的基础上，把最具有说服力的身边的事故案例收集起来，用身边的事教育人，用身边的案例警示人。他们定期请来曾经在工作岗位上出过事故的老工人，让他们用自己的亲身经历，说服和教育大家，并把他们的讲稿打印发放给每位职工，时刻提醒大家要精心操作，按章作业。一位上岗不到半年的职工在听了演讲后，深有感触地说："这样的安全教育，一堂课比我上半年的学记忆还深刻!"

3. 四川达竹矿业有限公司运用"事故资料库"进行安全教育的做法

四川达竹矿业有限公司在搞好日常安全管理工作的同时，特别注意收集集团公司和公司发生的安全事故。该公司现已建成一个完整的"事故资料库"，作为新工人入矿和"三违"人员再教育的必读教材。

四川达竹矿业有限公司生产建设有辉煌的历史，也有用血与泪写成的痛苦记忆。回顾过去的教训，这其中有顶板掉落造成的惨剧，有违章提升运输发生的伤亡，还有凶猛"电老虎"吞噬了年轻的生命。该公司把过去 30 多年中所发生的 39 起事故编成具体的案例，绘成图表公布于众。39 起事故是难以名状的痛苦回忆，40 名矿工虽然已经逝去，鲜血和生命的付出促使该公司的各级领导和广大员工深刻反省。该公司领导深有感触地说，苦口婆心地讲安全固然重要，但职工已习以为常，不放在心上，自从公司建立"事故资料库"和"案例展览室"以后，职工总是经常翻翻事故宣传资料，看看事故图片，对安全的态度发生了转变。现在，职工们不仅上班谈安全，休息时也聊安全，巡回检查时更是互相提醒安全。

该公司还经过充分的自省和探讨，制定出管理者和操作者"安全生产责任制"，重点抓好人的行为、安全装置、技术工艺、生产设施、工具材料、工作环境等动态条件，树立责任意识、预防意识、风险意识、安全第一的意识、安全就是最大福利的意识，着力提高安全文化素质，把安全管理送入家庭，送进现场，送到岗位，时时处处讲安全，确保矿井长治久安。

4. 天合集团塑料公司当事人现身痛述"血的教训"的做法

2003 年 10 月 30 日，天合集团塑料公司对班组长以上人员进行安全教育。这次安全教育不同于以往，教室内座无虚席、鸦雀无声，整个气氛显得那么沉重、那么酸楚。主讲台上的塑料公司三车间操作工霍师傅，不是怀着自豪和荣耀的心情宣讲安全先进事迹，而是安装着假肢流着止不住的悔恨泪水，讲述着那段给自己、给家人造成终生遗憾的痛苦经历……

"违章是魔鬼，请大家记住。那天，心存侥幸的我想走近道，便违章从正在运行的基布上跨越，由于吊装基布偏向北侧，导致自己身体倾斜，裤腿被传动轴上的卡簧挂住。当时，我无比害怕，高喊停车。我的裤腿被越卷越紧，我的手已无法拉住裤腿，只好两手紧紧抓住放卷架。机器竟然这么无情，没有停下来，而我的一条腿却被机器残忍地扯了下来。就这样，与我朝夕相伴了30多年的左腿永远永远失去了，这一切太可怕了，简直不可思议。假如……”霍师傅低头看了看那双腿，泪水盈眶，话语哽咽得更加厉害。

“我大声呼救……我强忍疼痛，看清了罪魁祸首却是一个小小卡簧。就是这么个小小的卡簧，因自己的疏忽大意永远夺去了我的左腿。”

“我爱人一到医院看到我，当时就双膝跪在地上痛哭着说，不敢相信这是事实……这一切原想隐瞒女儿一段时间，就在出院回家的第一天，爱人整理包裹时不小心，把假肢维修卡掉在地上，就在女儿迅速捡起的那一刻，我强忍的泪水再也无法控制，我们全家人抱在一起哭成了一团……”此时整个教室里静得连地上掉根针都能听见，从角落里传出细微的哭泣声听得很清，同时还能看到不少职工用纸巾擦拭眼角的泪水。

“我想通过亲身经历的这次血的事实、血的代价、血的教训，告诉在座的各位同事一定要牢记安全、杜绝违章，珍惜生命……”霍师傅以真诚的话语警示大家，呼唤安全。

5. 新疆喀什铁路工务段模拟事故分析会的做法

2004年1月起，喀什工务段在八盘磨工区试点通过模拟事故分析会的方式对职工进行警钟长鸣的安全教育。经过8个月的实践，取得了良好的效果。

(1) 开展模拟事故分析会的初衷。喀什工务段在进行事故案例教育的过程中，发现存在着以下几个缺点，导致事故案例教育的效果在很多时候不尽如人意。

一是材料简单。由于铁路企业半军事化管理的严肃性，铁路行文一般都具有严谨、务实的风格。每次上级下发的《事故通报》，都是在最精练的笔锋下介绍了事故的概况、原因、处理决定和相关要求，虽然语言简练精辟，在开展安全宣传中却略显简单。

二是形式单调。以往的事故案例教育，大部分以车间、班组组织职工学习的形式进行，站段每年最多进行一至三次的看板宣传。而宣传的内容也不外乎类似《事故通报》的文字内容，图片极少，直观冲击力不大，调动不了大家学习的积极性。

三是职工学习积极性不高。正如前面所讲，由于以行为表现的事故案例教育，大部分以车间、班组组织职工学习的形式进行，领导工区干部或工班长在上面讲，许多职工在下面并不听，长此以往，导致事故案例教育形成敷衍了事的局面。

四是重心偏移。《事故通报》的内容及相关要求重点针对单位，例如：铁路部门针对路局、路局针对分局、分局针对站段、站段针对车间。而部分车间班组由于工作方法不当或管理思想的局限，对于《事故通报》的学习照抄照搬，职工听到的要求与自身的实际有一定的差距，致使事故案例教育重心偏移。

通过对职工心理的研究和几年来开展安全教育的经验，喀什工务段把“如何提高事故案例教育效果”作为一个铁路跨越式发展的新课题研究和探索，经过几番论证，终于开展了以模拟事故分析会为载体的安全教育的有益尝试。

（2）召开模拟事故分析会的程序和方法。模拟事故分析会，是一种充分运用角色扮演的安全教育模式，可以让职工最大限度地投入到安全教育当中，全方位、多层面地分析事故，从而吸取教训，防止悲剧重演。其召开的程序和方法如下：

1）由安全员将《事故案例》中的事故概况部分，记名传达至每 1 名在岗职工。《事故案例》可选以往的典型事故，也可以选择近期发生的事故。

2）在召开模拟事故分析会之前，至少预留一天的时间，让职工自行学习，并对照相关规章、制度、措施确定问题症结所在。

3）通过自学，职工对事故概况有所了解，对事故造成的原因有了一定的认识，此时趁热打铁，由工班长（或车间干部）正式组织召开模拟事故分析会，将本起事故模拟为本单位发生的一起事故。

4）会上由安全员用职工的工号随机抽签（事故责任者有几名即抽几名），根据抽签的顺序，决定由哪位职工模拟当事人某某，进行重点分析。

5）中签人员按所抽中的角色，模拟自己为事故当事人，对照事故进行分析，分析内容如下：

①分析事故中自己所犯的错误；

②分析事故发生后，自己所应承担的责任；

③分析事故发生后，自己有可能受到的处理；

④分析自己如果处在当事人的位置，心理感受会是如何；

⑤分析自己日常工作或本工区日常作业中是否存在类似的问题；

⑥分析如何避免此类错误的发生。

6）其他职工进行补充，为鼓励大家的积极性，对于发言积极、表现突出的职工，可以在当月活工资中进行适当奖励或在“学分制”中适当加分。

7）职工补充发言结束后，工班长或车间干部可进行总结，并正式宣读事故的原因、相关责任人的处理和单位的相关要求，使大家在理解的基础上加深记忆。

8）日常作业中的继续再教育。日常作业前的班前安全讲话中，可联系分析过的事故，对职工进行简短的安全教育，巩固记忆。

（3）模拟事故分析会的优点。一是形式新颖，内容丰富。由于每名职工都有可能作为当事人进行分析，由以往的灌输式教育转变为互动式教育，使与会者不由自主地在心理上、思想上、意识上分析事故原因、吸取事故教训。由于需要自己对事故进行分析，在会前就需要对规章制度进行学习，由职工自己丰富了案例教育的内容，能够充分调动职工进行安全学习的积极性。

二是端正态度，摆正思想。由于模拟事故分析会是一种模拟行为，职工有机会站在更高的层次对事故原因、安全措施进行分析，在提高职工安全责任感的同时，更通过对不同级别责任人的分析，能够对各级领导坚定不移抓安全的态度有更深刻的理解和认识，从而消除抵制考核、抵制安全检查的消极心态。

三是方法简单，易于操作。与站段举办的事故案例看板宣传相比，模拟事故分析会具有更加鲜明、形象生动的特点，同时又不需要额外的投资、不需要其他的道具，开会的时机可利用晚点名、作业间休等，场地也不受任何限制，便于一线车间班组自行开展。

四是注重心理，强化意识。由于模拟事故分析会让职工站在当事人的角度分析问题原因、查找安全隐患、制定安全措施，使职工在一定程度上能够与事故当事人的心理和思想产生共鸣，不仅规范了职工的行为，更重要的是触动了职工的思想，从而安全意识和责任心大大加强了。

（4）开好模拟事故分析会的几个要点

1）选材要准确。模拟事故分析会的事故选择，以本系统事故案例为佳。由于职工对本系统所从事的工作较为熟悉，在分析中能更准确地击中要害，能够更有利于吸取事故教训，若工务段选择机务段、车辆段的行车事故，分析会就难以取得最好的效果。对于人身、消防、交通安全方面的事故，可以根据事故的复杂程度，在不同系统之间酌情拓展。同时，近期发生的事故，往往最具有影响力。

2）酝酿要充分。模拟事故分析会的召开，必须经过事前的充分酝酿，即：将事故概况向职工通报后，必须给职工一个理解、认识和思考的过程，这一过程即是召开模拟事故分析会的准备过程，也是职工进行自我学习的过程。如果时间过于仓促，将影响职工的学习和分析，一般以通报事故概况后一至三天时间内召开为好，一个月内可根据实际情况召开一至两次。

3）氛围要严肃。模拟事故分析会虽然是一种角色扮演式的安全教育，但绝不等同于游戏或安全宣传文艺活动。因此，组织者要做到严肃认真地对待，不可嘻嘻哈哈，否则职工们就不容易进入角色，认真、投入地对事故进行分析。

4）总结要全面。模拟事故分析会召开后，会议组织者必须认真进行总结。一是对本次分析会中，参与重点分析的职工和进行补充发言的职工的表现进行总结；二是对本起事故的官方原因分析、处理意见、相关要求进行通报；三是趁热打铁，在职工对事故有了较为深刻理解的基础上，进行安全教育，并对如何具体落实相关要求做出全面的安排部署。

5）奖惩要兑现。对于分析透彻、发言踊跃、认真参与的职工，可在当月活工资或“学分制”中进行适当奖励；对于准备不充分、不能积极参与的职工，要做相应的处罚，所有的奖励或处罚，要在会议上进行宣布，当月必须兑现，以激发大家的积极性。

6）意义要引申。模拟事故分析会的作用，不仅仅局限于一时，车间班组管理者，要将其意义引申到日常作业当中。班组长或安全员可根据具体的施工作业项目，把事故案例分类积累。在每日班前安全讲话中，提醒职工以××事故为戒，注意做好哪几个方面的自控、联控与互控，使职工的头脑中始终有长鸣的警钟。

每一起事故的教训都是惨痛而沉重的。但是对于安全工作来说，每一起事故又都是发人深省、值得引以为鉴的，如何更好地发挥事故案例的作用开展好安全宣传，是不断探索安全管理的客观规律的一个重要内容。喀什工务段以模拟事故分析会的形式开展事故案例的宣传教育，是基层安全管理的一个创新，对推进自控型班组建设、增强职工责任心、强化安全意识具有积极的促进作用。

三、互动式安全教育方法

1. 互动式安全教育方法的含义

以往的安全教育和安全技术培训都采取课堂式教学的方法，参加人员多，教育时间长，但是由于班组员工长期从事生产作业，对课堂听课的方式已经不太习惯，容易产生应付差事的学习态度，导致培训效果不理想，达不到预期的目的。“互动式”安全教育方法就是改变以往课堂授课式的教育方式，针对班组职工的知识结构和心态，让参加安全教育的职工参与教育的全过程，在教育中提出自己的需求，表达自己的愿望，身体力行参与教育，参与实际操作过程，加深印象，提高教育和培训效果。

2. 开滦集团公司采用实物及模拟教育培训的做法

安全教育培训的方式是否得当，直接影响到教育培训的效果，在煤矿安全教育培训中，采用实物及模拟教育培训是一种好的方式。实物及模拟教育培训法是通过实物、模拟（现场）方式，迅速抓住被教育培训人员的注意力，贯彻“实为主体”教学宗旨的一种教育培训方法。这种方法可以激起被教育培训人员的学习兴趣，增强接受教育培训的主动性，从而达到最佳的效果。

实物及模拟教育培训方式主要有以下特点：一是直观，解决了教育培训内容空洞、抽象的问题，使教育培训对象容易掌握所学的内容；二是有针对性，可以根据当时实际情况，突出组织某一个方面的教育培训，还可以选择教育培训项目；三是实用性强，特别是可弥补农民工基础知识不足的缺点。

在具体应用上，如果是灌输式的安全教育培训，职工不愿参加，效果也不好。如果采取实物及模拟教育培训，效果就比较好。

（1）实物教育培训。煤矿安全的重中之重是瓦斯治理。过去，瓦斯危害只是写在黑板和课本上，职工看不见、摸不着。采用实物教育培训，授课者可将采集到的瓦斯储存在容器内，按照瓦斯爆炸、燃烧的条件，在教学现场进行模拟爆炸和燃烧，同时，向职工讲解瓦斯的性质、瓦斯爆炸和燃烧的条件、瓦斯事故防治方法等。这种形式的安全教育培训使职工能够很快理解瓦斯的危害性。

(2) 问题模拟。传动机械伤人的事故通常与着装方式是否正确有关。此类事故很多是衣袖、衣角等被挂、被卷所致，而这个问题往往被职工忽视。井下着装方面的教育培训现在是一个空白点，所以，在教育培训中要增加"问题模拟"这个培训内容。教育培训时，要由指导教师对职工着装进行纠正，讲解正确着装的重要性。这种做法起到了从源头上规范职工行为的作用，是保证职工自身安全极其重要的一环。

(3) 定期实物演练。有的教育培训内容只是新工人在入矿时接触一次，以后很少再涉及，如自救器的使用，有的职工背了一辈子的自救器也可能没使用过。所以，应采取定期实物演练的教育培训方法，让职工经常练习自救器的使用方法。可以通过对实物的讲解，让职工亲自动手，体会自救器的使用，掌握正确的使用方法。

(4) 现场演示。参加安全教育培训的职工，其文化程度、工作经验参差不齐，认识问题、理解问题的能力也有较大差别，模拟现场教育培训可弥补其不足。顶板是煤矿三大管理重点之一，许多顶板事故的直接原因是支护质量差。许多职工认为，井下工作是粗活，没必要那么认真。针对这种情况，在教育培训中运用模拟作业现场方式，可使员工真正理解支护质量的重要性。如在场地（或硐室）设置工作面、巷道场景，使职工置身其中，由教师讲解支护的受力情况，组织职工动手操作，以此来激发职工的学习兴趣。

(5) 模拟事故。煤矿事故案例在教育培训中对职工有极大的震撼力、说服力。因此，模拟教育培训要选择典型事故案例。如模拟井下火灾事故，通过设置火灾场景，让职工亲身体验火灾，并学习选择避灾路线、避灾方式、避灾动作等。又如模拟机电事故，可模拟工作现场，组织职工分析机电事故发生的原因，查找线路、设备的故障点，制定预防措施。虽然这种教育培训方式比较麻烦，但是对职工的影响力是其他形式不能比的。

(6) 采用实物及模拟教育培训应注意的问题。一是避免简单地把模拟式教育培训理解为现场操作，模拟式教育培训应该是理论知识与实践的结合。二是不要把"模拟式"变成"观摩式"。模拟式教育培训最大的特点是教师与职工共同参与教学，要求教师利用现场场景，把职工的思维引入某一知识领域，提高职工主动学习的兴趣，实现课堂教学所不能达到的效果。三是组织者要克服怕麻烦的思想。开展实物及模拟教育培训，相对来讲要比照本宣科复杂得多，因为找实物、设置场景要花费一些人力、物力，这对教育培训部门来讲比较困难。所以，教育培训部门要本着由简到繁、不断延伸的原则，逐步增加实物及模拟培训的项目。可以考虑建立实物及模拟教育培训基地，为提高教育培训效果起到促进作用。

3. 兰州石化公司化肥厂运用“互动式”安全培训的做法

兰州石化公司是中国石油天然气股份有限公司的地区分公司。兰州石化公司集炼油、化工和化肥生产为一体，是中国西部地区最大的石化企业。兰州石化公司化肥厂在进行安全培训中，运用“互动式”安全培训的做法取得了很好的效果。

运用“互动式”安全培训，主要采取以下做法：

(1) 了解培训对象，因材施教。目前，兰州石化公司化肥厂员工文化水平差别较大。岗位员工由于年龄和教育程度的差异，安全意识和安全技能千差万别，主要表现在以下几个方面：

1) 混沌型。认为目前的安全水平还过得去，浑浑噩噩地从事生产工作，思想深处存在“生死由命”的想法，这种安全意识与文化水平低下有直接关系。

2) 自恃型。此类型员工多为技术熟练、专业工作年头多的“老”字辈员工，自恃“久经沙场”，经验丰富，在工作中无所顾忌，他们发生事故的可能性也很大。

3) 任务型。为了保生产，赶任务，加班加点连续作业，超负荷运转，以致安全意识每况愈下，导致发生事故。

这些由于文化层次的差别造成安全意识的差别，在一定程度上影响了安全教育过程中接受知识的态度，其中难免存在一些抵触情绪，这就需要对症下药，因材施教。

(2) 培训结合实际，突出重点，注重效果。化肥厂采用一种新的教育方式，即互动式安全教育。互动式安全教育通过现场、实物或模拟演练迅速抓住学员的注意力，使学员有一种身临其境、课堂与现场零距离的感觉。这种培训方法可以最大限度地激发学员的学习兴趣，增强学员接受培训的积极性和主动性，从而达到最佳培训效果。其特点和作用有以下三点：一是直观形象，解决了、培训内容抽象空洞问题，寓教于乐，使学员容易掌握学习内容；二是有针对性，可以根据工作或生产实际情况，突出组织某一个方面的培训，还可以灵活地选择培训项目；三是实用性强，能加深认识，特别是能弥补员工文化水平低、基础知识不足的缺点。

(3) 寓教于乐，增强培训效果。以前对于器材使用都采用授课的形式，特别是员工应急处理能力的培训采用课堂授课或观看录像片的形式，虽然取得了一些效果，但是给员工的印象不够深刻，未达到培训的预期目的。为此，化肥厂组织了“安全技能大赛”，比赛一共有 5 个项目，分别是佩戴空气呼吸器进入有毒区救人，佩戴防护用具进入装置区处理泄漏，使用消防带现场用水灭火，使用便携式灭火器灭火，穿戴防护用具进入现场接蒸汽管。与其说是个安全技能比赛——安全器材培训，不如说是一场别开生面的运动会，让员工在愉快的活动中学会了消防器材的使用，提高了个人安全技能。

(4) 树立榜样，以点带面，全面发展。俗话说，榜样的力量是无穷的，对学员培训工作来说也是如此。在教学过程中，可以让一些“过来人”亲自登台，谈经验、说教训，这样可以达到事半功倍的效果。譬如班组长培训班，让一些做得好、工作业绩突出的班组长当讲师，编写教案，进行授课。他们用自己的亲身经历和身边发生的事情，深入浅出、言简意赅地说明了班组长怎样树立人格魅力。另外，化肥厂还在全厂开展了“安全管理模范班组”和“先进个人”评比活动，每个季度由每个车间申报一个“安全管理模范班组”和“安全管理先进个人”。然后把评选出的“安全管理模范班组”的班长和“先进个人”组织起来，深入各个车间，介绍本班组在安全管理上的好做法和个人做好安全工作的具体想法与做法，起到以点带面、带动全局的作用。

多年以来，传统式员工安全教育培训效果低是困扰企业安全教育培训的难题，在进行“互动式”安全培训的尝试之后，安全培训效果明显，员工的安全意识、安全技能、应急处理能力得到了进一步提高，事故发生率明显下降。

四、强化安全知识教育的方法

1. 强化安全知识教育方法的含义

强化安全知识教育方法，就是通过通俗易懂的方式、反复温习的方式、不断重复的方式等，强化职工对安全知识的记忆，并将相关安全知识运用于生产作业中。例如，北京建工集团五建公司在进行农民工安全教育时，针对农民工喜欢玩扑克牌的特点，着手策划安全教育扑克牌。扑克牌上不仅包括了建筑施工作业的安全知识，还包括了交通安全知识、公共卫生知识、社会公共安全常识，以及火灾自救、紧急避险知识等，让农民工在玩的过程中，时时强化这些安全知识，收到了实效。

强化安全知识教育方法也符合人的记忆特点。记忆是一个复杂的心理过程，它包括识记、保持、再认和重现这三个基本环节。记忆的这三个基本环节是相互联系、相互制约的。识记和保持是再认和重现的前提，再认和重现则是识记和保持的结果，又能进一步巩固和加强识记与保持。

2. 金湖电力公司推出的网络安全扑克牌的做法

“朝辞妻儿挥手间，平安出门平安还；耳畔叮咛牢记心，全家幸福安如山。”“习惯违章危险极，谁说此事是小题；涓涓不塞成大河，小小蚁穴溃大堤”……2005 年 5 月 31 日下午下班后，位于将乐县的金湖电力公司里，几名职工正在公司内部网络上玩安全漫画扑克游戏。念上几句顺口溜，开开心心玩上几个回合，不知不觉就记住了安全警言——这就是金湖电力公司刚刚推出的网络扑克牌。

金湖电力公司不断创新安全教育形式，加大安全生产宣传力度，在小小的扑克牌上做

"文章"。他们将日常工作中容易被生产人员忽视的安全事故隐患以漫画的形式表现，并印在 54 张扑克牌上，配上简单易记、风趣幽默的安全警言顺口溜，制作成网页，通过公司内部网络，举办"网上安全漫画扑克展"，对职工进行形象生动的安全教育，这种新形式也得到了职工的普遍欢迎与认可，取得良好的效果。

为提高公司全员安全意识，促进安全管理水平的提高，金湖电力公司开展了安全月活动，以"简单安全文化、完善创新机制"为主题，以"交流、简化、演习、竞赛"为内容，营造丰富多彩的安全文化活动形式，促进"关爱生命，远离违章"安全价值观的形成。"网上安全漫画扑克展"的举办的目的在于让每位职工进一步增强自身的安全生产防范意识，时刻敲响警钟，从而更加有效地促进企业的安全生产工作。

3. 柏林矿将《煤矿安全规程》编成"顺口溜"的做法

"装药前，要注意，必须找个安全地。要避开，危险地，导电物体和电器。爆破工，要牢记，一炮三检是规矩。班组长，瓦检员，三人联锁保安全……"

四川达竹柏林矿业有限公司政工部、安监处人员将新版的《煤矿安全规程》等安全操作注意事项编成了"顺口溜"，在公司内广为传唱，收到了良好的教育效果。

四川达竹柏林矿业有限公司现有 700 余名农民工，占采掘职工总数的 82%，农民工文化基础比较弱，理解、记忆能力差，拿着《煤矿安全规程》《操作规程》《作业规程》看半天，要么不理解，要么记不住，影响了安全知识的有效普及和公司的安全生产。为了提高职工的现场操作技术水平和自觉按规程操作的安全意识，公司政工部、安监处人员将入井须知、电工、钳工、打眼工、爆破工、攉煤工、挂钩工、小绞车司机、耙矸机司机、皮带运输机司机等 20 个工种的作业规程和注意事项，编成了通俗易懂、朗朗上口的"顺口溜"，汇编成册，发给区队、班组及每一位职工，组织职工利用周五安全活动日、班前会等进行集中学习。采煤二队农民工曹乾文高兴地说："自从有了'顺口溜'以后，我们对新版《煤矿安全规程》更了解了，对现场安全操作注意事项也更熟悉了。2005 年以来，我班没发生轻伤以上事故。"

4. 北京汇源饮料食品集团公司开展"百问百答"活动的做法

汇源集团是一家大型现代化民营企业，拥有上万名职工。集团工会认识到，只有把维护职工生命安全和身体健康放在首位，才是对职工权益的最大保护。为此，工会开展了"百问百答"合理化建议活动，企业职工积极参与此项活动，提出安全生产方面的合理化建议 6 500 多条，为企业创造价值 2 730 万元。

此项活动旨在引导职工树立主人翁意识，关心企业发展，关注企业安全生产工作，不断增强自我保护意识和能力。通过职工对公司的安全生产规划、安全生产管理、劳动保护等方面提出问题，企业解答、解决这些问题，最终达到维护职工安全健康权益、促进企业安全生产的目的。

自“百问百答”活动开展以来，解决了许多涉及安全生产的实际问题，使企业的安全生产迈上了新台阶。有的职工提出，外单位来提货的汽车司机在等待装货的时候在厂区内乱跑，容易发生事故，企业立即决定为这些司机安排休息室。有的职工提出，包装分厂车间粉尘浓度超标，企业派人确认后，不出几天时间，就给车间安装了 30 多个无动力换气扇，改善了工作环境。

5. 山东鲁中冶金矿业集团公司开展“每周一题”活动的做法

山东鲁中冶金矿业集团公司（以下简称鲁矿集团）是一家集采矿、选矿、轧钢、建筑及机械修理等为一体的高危行业企业。为了提高职工的安全生产素质，鲁矿集团在安全生产学习中开展“每周一题”活动，组织职工每周学习、解答一个与安全生产工作有关的问题，收到了良好的效果。

鲁矿集团规定，班组安全员负责选题，选题要切合本班组的生产实际。学习题目确定后，由班组长组织职工答题，可以翻阅相关书籍、上网查询、交流讨论，对疑难技术问题，通过模拟演练解决。为加强对“每周一题”安全生产学习活动的管理，各车间都成立了学习辅导小组，成员包括车间党政工团负责人和专业技术人员。该小组每周检查班组答题情况，并写出评语。每次检查完毕，各班组都将答题簿悬挂于班组学习园地，组织职工交流心得体会。各车间每季度开展一次安全生产学习分析会，要求每名职工写一份学习心得。

在活动中，鲁矿集团各下属单位根据自身情况组织学习，尽量使每道题都“出在职工的心眼儿里”。鲁矿集团供电部门在每年历时三个多月的春季电气预防性试验中，以电气试验项目为重点，每周出一道题，组织职工学习、解答，以确保电气安全。鲁矿集团采暖部门根据冬季采暖工作的特点，从锅炉操作和突发故障处理等方面选题。有的班组还在“每周一题”活动中采取故事会、演讲会等形式，寓教于乐，使职工受到教育，提高处理实际问题的能力。如今，“每周一题”这种安全生产学习形式备受鲁矿集团职工的喜爱，有效提高了职工队伍的安全生产素质，确保了企业的生产安全。

五、亲历事故征文活动的方法

1. 亲历事故征文活动方法的含义

亲历事故征文活动方法，就是采取征文的形式，介绍自己在生产作业中亲身经历的事故，包括未遂事故和已发生事故，从事故中吸取的教训，从而增强班组人员的安全意识，促进预防事故的能力。

事故本身包括未遂事故和已发生事故（有人身伤亡）两种。根据国际劳工局的调查资料，无伤害事故（未遂事故）为200；轻伤事故为20；重伤死亡事故为1。按“伯努利大数定律”规律，应该收集尽可能多的资料进行统计处理，以便更接近实际，统计面越窄，所得到的结论就越容易出现偏差。单纯重视已发事故，忽视了未遂事故显然是偏颇的。如果发生坠落伤人事故，若发生10次落物的事故，只有1次伤人，有9次没有伤人，然而这9次同样对下面的作业人员的人身安全构成威胁。如果仅重视了出现1次的伤亡事故，而忽视了另外9次可能发生人身伤害的未遂事故，那么最后统计分析的结果也只可能是一种假象，它掩盖了对人构成危险的这类伤害事故的矛盾。相反，只有掌握全部的、对作业者构成人身威胁的事故，才能通过这些事故，总结出可靠的依据，使领导和作业人员对这种作业引起足够的重视，并采取相应的预防措施，避免意外事故的发生。

吸取未遂事故教训，能够提高全员的安全意识，使职工人人都重视未遂事故，使大家都能充分认识到任何一起未遂事故都是对人身安全的严重威胁，使每一位职工都能从提高自我防护能力出发，积极主动地报告未遂事故，从而促进全员重视未遂事故，为做好超前预防打下坚实的基础。

2. 山东莱钢特殊钢厂开展亲身经历事故征文的做法

2005年10月，山东莱钢特殊钢厂安全环保委员会组织开展了亲身经历的事故征文活动。在活动之后，安全环保委员会把征文汇编成书，作为班组安全教育的教材。在书的前言中写道：

本书所记录的是职工自己讲述的、发生在身边的真实安全事故。

事故的发生普遍遵循“海因里希法则”，即：死亡（重伤）：轻伤：无伤害=1：29：300。这一事故规律告诉人们：个别严重伤害事故发生的前提是频繁发生无伤害事故；要控制严重伤害事故的发生必须从控制无伤害事故入手。本书记录的事故中，有的是对人身造成了伤害，有的只是虚惊一场。仔细分析和思考这些事故，我们就会惊讶地发现：每起事故都潜伏着严重伤害的可能，都是令人十分后怕的。每一个事故都蕴含着一份特殊的宝贵财富，“前事不忘，后事之师”。在广大职工的充分配合下，我们编辑这份安全警示材料，它既是学习材料，又是学习笔记本，目的在于启迪思维、唤醒安全意识，使每一位职工了解并掌握事故教训和经验，提高安全意识，提高安全技能和自我防范能力，确保实现生产过程的健康和安全。

我们来看几篇征文：

(1) 没有按照规定穿高温鞋的教训

我是一名有十几年工龄的老工人了，记得那是在十几年前的一次违章行为，使我至今记忆犹新。那时我刚参加工作不久，刚刚来到工作岗位，干什么都很新鲜，我成了一名酸洗工。干酸洗是成天和盐酸、硫酸打交道，厂里为了安全给我们配备了雨靴，就是这一双雨靴差一点要了我的左脚（雨靴只能在兑酸时穿）。记得有一天兑完酸后，我没有换鞋就去干别的活，这时带钢过来了，一下子把大剪推倒，重重地砸在了我的左脚上，顿时我觉得我的左脚麻木了。这时工友连忙过来把我送到了医院，在医院里我的脚肿得连雨靴也脱不下来了，只有用剪刀剪开，我的左脚骨折了，躺了20多天。虽然厂里并没有按违章处理我，可我当时要穿高温鞋就不会伤得这么重了，所以一定不要违章作业，一定要按规定穿戴好劳动保护品。

（2）气割时没有戴专用手套烧伤的教训

那是在一次检修作业中，当时我的工作是用气割割联轴器，在使用气割时，发现带子有些漏气，但是想到工作比较急，便没有在意，正在使用过程中，突然漏气处被溅起的钢渣点燃，导致我的手腕被烧伤。当时我非常后悔，因为没有及时捆好带子，而且没有戴气割专用的手套。这件事情对我的触动很大，以后存在安全隐患的工具不使用，正确穿戴劳动保护品，再也不能违章操作了。

（3）幸亏戴着安全帽的教训

2004年夏天的一个午后，我上班时，班长安排我去排空压机蓄能罐积水，由于设计不合理，蓄能罐的阀门在罐底部，如果我趴下伸手去开的话，就会溅一身水，于是我找了一个长木棍去敲球阀的手柄，阀门挺紧的，我敲了两下没敲动，最后我一使劲球阀一下子就开到底了。水哗哗地喷射而出，我爬起来就跑，由于太紧张一头就撞到蓄能罐的管子上了。撞得我眼冒金星，感觉就像有五六只小鸟绕着脑袋转着圈飞。当时心想，幸亏戴着安全帽，要不然这一下子不晕倒才怪，现在想想还心有余悸。以后干活不管室内还是室外，一定戴好安全帽，穿戴齐全劳动保护品。类似的例子数不胜数，亡羊补牢为时晚矣，为了自己和家人，牢记安全吧！

（4）电焊时没有戴电焊眼镜的教训

2004年6月的一天，我值夜班，此时正处于生产运行中，我和工友正巡检走到中轧区机旁，突然有生产工人喊叫“钳工”声，我们急忙跑到520轧机升降台处问清事由，发现有一只辊道传动链条断了。我和工友拖来电焊机找到链销，穿上就准备焊接，当时工友告诉我找电焊眼镜，我说“不用”就焊了起来，当时为确保生产无热停，就没有时间去找电焊眼镜，强烈的电弧伤害了我的眼睛。第二天早晨眼睛痛得睁不开，我心想，当时如果能使用好安全防护自己就不会被伤害了。无论哪起伤亡事故，都能找到其发生的必然，全是违章作业造成的后果，希望大家不要像我，侥幸违章作业给自己带来伤害。

（5）工作服袖口纽扣掉了烫伤的教训

往事如梭，岁月如歌。每当看到我胳膊上那道烙印，就想起那刻骨铭心的教训。那是在一次测温的时候，由于我的工作服袖口纽扣掉了一个，因为自己懒惰没有及时缝上，测温溅起的钢花，正好落在没系扣的手腕上，当时就是一阵钻心的疼痛，测温枪险些被我扔掉。我撩起袖子闻到了烧焦的味道，在手腕的背部有一个不大不小的烙印，过了一会儿就起了一个小水泡，过了一个多星期才长好了。这件事让我真正体会到了安全无小事。在上班的时候劳保护品一定要穿戴整齐，不要存在侥幸心理，同时做到“三不伤害”，安安全全生产，平平安安回家。严格遵守安全操作规程，真正体会到了“没有安全，就没有一切”的含义。

3. 山东莱钢公司锻压厂型钢车间生产事故处置案例征文的做法

2004年上半年，山东莱钢公司锻压厂型钢车间开展了生产事故案例征文活动，征文本着“前事不忘，后事之师”“问题就是资源”的认知，职工们积极参与，讲述自己所遇到的各种生产事故，取得了很好的效果。征文之后，型钢车间将征文汇编成书。在该书“编者的话”中，对这次征文做了总结：

经过车间广大职工的共同努力，凝聚着型钢人聪明才智的《锻压厂型钢车间生产事故案例汇编》终于和大家见面了。型钢车间有一台主体设备为其他生产线替换下来的旧设备，设计年生产能力4万吨，发展成年生产50万吨型材的莱钢主要产材车间之一，可谓是我们锻压人、我们型钢人创造出的骄人奇迹。型钢的十年是车间跨越式发展的十年，是广大职工精神、理念快速提升的十年，也是我们技能才干大幅增长的十年。

本着“前事不忘，后事之师”“问题就是资源”的认知，车间征集编印出本书，以此推进我们技术技能的提升，拓展本岗位技术技能之外的视野。在此，我们要感谢为了锻压、为了型钢发展积极投稿的职工，是你们的才智和汗水，催生了《锻压厂型钢车间生产事故案例汇编》；我们还要感谢多年来一直参加、支持、帮助、关注型钢车间发展的领导和同志们，正是由于你们，型钢车间才有了骄人的过去和灿烂的今天。让我们发扬型钢人“直面挑战，超越自我”的精神品格，为更加辉煌的明天而奋斗。

我们来看几篇征文：

(1) 出钢机压轮事故案例

2003年10月15日早班，加热炉出钢机在使用中，出现出钢杆进退不灵活，压轮也时转时不转现象。初步判断为弹簧松，压轮压下量小，立即调整弹簧，加大压下量，可是问题依然没有解决。接着从传动系统去找原因，检查减速机轴承和齿轮，状况还好，观察皮带也不打滑，正常运转。最后把问题集中到压轮的四个轴承上，立即拆开压轮闷盖，检查轴承发现压轮北头轴承保持架损坏，轴承滚珠有的立起、有的碎裂。立即组织人员拆除旧压轮，更换新件，更换后使用正常。

这一故障的原因是因为压轮轴承缺油。造成缺油的原因有以下几点：一是点检不到位，长时间不加油。二是环境恶劣，加热炉辐射热造成该处温度高。三是密封存在问题，出现进水。预防措施：①加强点检，定期加轴承脂。②改善环境，用隔热板挡住炉口辐射热，降低温度。③透盖加密封，杜绝进水。

（2）煤气放散管误操作事故案例

2003年12月26日下午，型钢车间年修改造接近尾声，加热炉改造已完成了炉体和水管系统，只剩高炉煤气管道与烧嘴接口。此时，需要点炉烘炉。当时，我安排调火工吴××点混合煤气，在准备让调火工开混合煤气放散时，突然想起矿建公司正在焊接高炉煤气管道，由于加热炉用两种煤气，在2002年10月改造时，把两个放散管连接在一起，在正常放散时，可能不会发生问题，但在当前情况下，一旦混合煤气窜入高炉煤气，会造成管道的爆炸和有关人员的中毒、伤亡，后果非常可怕。几乎是在开混合煤气同时立即让调火工停止作业，采取了紧急措施。

事故处理经验教训：①加热炉岗位操作人员必须熟练掌握加热炉的管路系统布置和安装。②专业管理人员、技术人员对加热炉从设计、施工，到煤气系统从安全上做细。③岗位操作人员加强岗位知识学习，与实践紧密结合，提高综合能力。④不论工作再忙、再乱，我们每个人都要多注重细节，不要只顾大事，忘了小事，不然会一事无成。

建议：这起事故给我深刻的教训，到现在还记忆犹新，我向车间提出了把混合煤气与高炉煤气放散管分开的建议，消除不安全因素，得到车间采纳。

（3）加热炉鼓风机轴承烧损事故

2004年1月4日早班，加热炉值班人员在对新上鼓风机进行盘车后，确认没有阻卡现象，送电启动新电动机工作，几秒钟后，电动机进入高速运转状态，减速箱轴承端盖处冒出白烟。发现异常后，值班人员迅速关掉了电源，并通知维修人员进行维修，将损坏的轴承进行更换。

故障原因分析：①对新设备开机前准备工作不够，没有通知专业维修人员对新风机运转所必须具备的条件加以核实，盲目开机，造成轴承烧损，是设备事故的直接原因。②开机前对箱体内油位检查不到位，油液的高度低于轴承低面时，擅自开机是造成事故的重要原因。

通过对事故的处理认识到，新设备在开始使用前，必须在开机前由机械和电气专业人员进行确认，再送电开机。

（4）推钢机失控故障

2004年1月21日夜班，推钢机出现故障，后退不能停止，急停主回路控制系统才使推钢机停止，这种现象很少见。根据推钢机控制图，后退回路包括接触器线圈、限位继电器、操作台控制继电器、操作开关及电缆。先检查设备表面，没有疑点，接触器无机械卡死现象，只是吸合不能释放，此现象出现的可能是线圈正常的接通电压是380伏，另一种可能是线圈出线段后部电路接地故障，电压220伏，经检查接触器吸力达到要求，排除接地故障。满足线圈380伏通电条件主要有两处，一处是开关，另一处是线路，采取分段查找法，将操作台部分与控制缆分开，这样只有控制缆与控制柜相连，此时故障仍然存在，排除操作台开关故障，只能是线路问题，把控制柜后退接触器控制线拆下，接触器释放，更进一步证明是控制电缆故障。为减少热停时间不影响正常生产，接临时控制电缆使推钢机正常工作后继续查找故障点。电缆敷设在电缆沟内经过弯处较多，不能将盖板全部掀开，先查找存水且高温的地方，检查中发现一段电缆有烧损迹象，此处有一些杂物和积水，此电缆正是推钢机的控制电缆，这样终于找到了造成此次故障的源点。

原因分析：推钢机的控制电缆短路是造成推钢机后退失控的直接原因，间接原因是电缆沟内有积水、杂物从而加快了电缆的老化。此次故障从出现到排除用了10分钟，查找出故障点用了近2小时。通过这个故障案例，使我更清楚地认识到，遇到问题一定要冷静，全面考虑。

六、创造安全环境警示教育的方法

1. 创造安全环境警示教育方法的含义

环境造就人，环境影响人。如果一个人在一个积极向上、团结奋进的群体里，受到周围人的感染，他也会努力勤奋起来。相反，如果在一个工作散漫、不思进取的群体里工作，同样也会让一个优秀的人变成一个庸人。因此，建设良好的工作环境，用良好的工作环境来激发员工的工作积极性和创造力，是提高职工工作效率、改进工作作风一个有效的措施。安全生产环境也是如此，不同的生产环境（即工作环境）在客观上影响着职工的生理和心理。从心理角度讲，环境所影响的主要是人的情绪反应，在企业生产中，这种情绪反应会直接影响到职工对企业的态度，进而影响职工的行为取向。因此，创造良好的安全环境，进而在安全环境中强化警示教育，对于增强班组职工的安全意识，改变违章行为有积极的意义。

2. 工作环境对人的心理影响

工作环境是由诸多因素构成的，如物理因素（光线、颜色、声音、通风、振动等）、化学因素（致敏性、致癌性、致畸性、刺激性因素等）、生物学因素（微生物、寄生虫、动物、植物等）、社会心理因素（人际关系等）。总体来讲，工作环境的改善能够直接激励职工的积极性，减少失误，增加工作的安全性，有助于职工的身心健康和愉快，也能提高劳动效率。

一些常见的影响职工心理的环境因素主要有：

（1）光线。光线对人类有着非常重要的意义，在正常人的各种感觉器官中，眼睛承担了约85%的信息接收任务。光线强度是影响职工心理最明显的一个方面。光线强度是否合适，对安全生产的影响很大。不少工伤事故是直接或间接地因照明不良所致。光线过强或过弱均不利于安全操作：过强的光线容易令人疲劳、烦躁，具挑衅性和攻击性；昏暗的环境容易使人产生疲倦感，造成精神萎靡。

（2）颜色。不同的颜色也会对人的生理和心理产生不同的影响，例如，红色能够刺激和兴奋神经系统，具有警示的作用；蓝色能够降低脉搏、调整体内平衡；黑色能够导致精神压抑，诱发心理疾病等。在心理学上，一种感觉兼有另一种感觉的心理现象叫联觉现象。人们的颜色感觉容易引起联觉，因此，颜色容易对人的心理产生这样或那样的影响。

（3）气候。气候变化不仅可影响人们的生理功能，而且还会影响人的情绪，使心理状态发生改变。温度对人的情绪影响很大。通常，20～22℃的气温使人心情舒畅；在18～20℃时工作和学习效率最高。当环境温度超过34℃时，人容易心情烦躁，并产生过激行为；当温度降到10℃以下时，人会感到沉闷，情绪低落。低于4℃的温度可严重影响思维效率、反应速度与准确性，使工作质量下降并容易导致事故发生。

（4）噪声。从心理学观点看，噪声是使人感到不愉快的声音。长期生活在充满噪声的环境中，容易引起各类神经官能症。在严重噪声环境中工作的职工比在安静环境中工作的人，更具有侵犯性、多疑易怒，从而更易产生不安全行为。

（5）空间。美好的工作空间对人具有不可忽视的吸引力。优雅的厂区环境、现代化的设备、干净整洁的作业场所潜移默化地作用于职工，影响员工的心理状态。实验结果表明，优美的生产环境对提高生产效率是十分有效的。例如，工厂门窗安置适当、漂亮可提高劳动效率4%以上，照明符合标准可提高生产效率10%左右，车间内外环境整齐、清洁可提高生产效率6%以上等。相反，工作在污秽、混乱的环境中，不仅使人有厌恶的感觉，长期受刺激后，使人情绪烦躁不安，容易激动，以至举止粗暴。

3. 要注意安全标语的作用

安全标语是安全宣传的一个重要内容，它可以起到警示、鼓动和激励作用。然而，从目前大多数安全生产标语来看，还存在诸多问题，主要表现在以下几点：一是标语内容更新慢，流传时间较长，人们看后感到司空见惯，已经起不到应有的警示与鼓动作用，如“安全生产，人人有责”等。二是有的标语缺少人情味，板着面孔训人，如“违章操作，就是自杀、杀人”；“不讲安全，下岗回家”等。标语如果总是用威胁式的口吻，则难以令职工接受，有时会适得其反。三是有的标语大而空，缺乏指导作用。如有的标语写“杜绝隐患”“杜绝三违”，但是没有写怎样才能达到这些要求。安全标语上存在的问题，实质上是企业不重视安全文化建设、不重视安全环境的结果。

企业应从以下几点做好安全标语设计和环境布置工作：

(1) 企业领导要充分认识安全标语的重要性。安全生产标语是一种职工喜闻乐见的形式，能够满足职工对安全生产知识的需求，企业员工比较容易接受。因此，企业领导要把安全标语设计和布置作为企业的一项重要工作，充分发挥其在安全生产中的特殊作用。

(2) 在设计安全标语时要更新观念，从人的需求出发，把关心人、理解人、尊重人、爱护人作为安全标语设计的基本出发点，要采用动之以情、晓之以理的方法，增强安全标语亲和力和感染力，避免居高临下的空洞式说教，使职工想看、爱看。如“居安还要思危，永远从零起步”“亲人盼你平安归来”等，使人容易接受。

(3) 加大安全标语的宣传力度。企业要开展多种多样的安全标语宣传活动，寓教于活动中。如开展安全标语创作评比活动、制作标语牌、印制宣传单、出黑板报等，调动员工的积极性，引导和启发职工从生命价值的角度体会安全生产工作的重要性。同时，企业要注重环境的影响，努力营造安全氛围，使职工的思想潜移默化地发生转变。

4. 山东裕兴化工总厂“零容忍安全管理”摄影活动的做法

一条化工管道被一条方形钢支撑着，它们都是沿着墙壁安装的，方形钢的下方有一块不规则的石块支撑着……这是山东裕兴化工总厂宣传栏上看到的一张照片上的内容，底下还有一个标题《管道支架怎能这样加装?》。在裕兴化工总厂举办的“零容忍安全管理”安全生产摄影活动中，这张照片被评为一等奖。在宣传栏内共有 16 张照片展出，这些照片的内容大多是“安全隐患”，如厂区内渗井塌陷、道路转角处的镜子转头、电闸无盖等，还有职工在半截楼梯处系着一条细绳作业等违章行为。

违章行为和事故隐患是企业安全事故发生的根源。为了有效纠正违章行为和消除事故隐患，该厂举办了安全生产摄影活动，每月评选一次，通过这种形式，鼓励员工查找隐患，消除违章行为。为此，该厂还专门下发了《安全生产摄影活动实施细则》，并成立了活动领导小组，下设办公室，具体负责活动的组织实施。各下属单位也成立了活动领导小组，车间领导小组成员名单报安全环保处。该厂要求摄影作品必须紧密结合企业的安全生产实际，以反映人的不安全行为及物的不安全状态为主题，也可以是反映生产过程中遵章守纪、精细操作的摄影图片。每月由该厂活动领导小组对报送的作品进行评选，对获奖作品，分别给予 200 元、100 元、60 元、30 元不等的奖励。自活动开展以来，该厂共有 199 幅作品参加评选，每个月参加评选的作品数量递增，16 个参与单位中最多的已累计有 31 幅作品参加评选。通过活动，促进了员工遵章守纪的好习惯，安全意识也得到增强。

七、安全知识竞赛活动的方法

1. 安全知识竞赛活动方法的含义

安全知识竞赛活动是企业经常开展的群众性活动，目的是提高广大职工的安全技能与自我保护意识，降低重大伤亡事故及职业病发生率，达到以人为本、预防为主、全员参与、持续改进的效果。

开展安全知识竞赛活动，需要在竞赛内容上不断创新，丰富教育与活动内容，使竞赛贴近广大职工，调动全员参与积极性和主动性。为了增强“以人为本”观念，在竞赛活动中把员工摆在主体地位，时时处处关注职工的安全，多用鼓励、表扬、引导、沟通和认同等方式激励职工，少用简单的处罚，最大限度地创造和谐的安全生产氛围，实现由“要我安全”到“我要安全”，再深入到“我会安全”的转变。

2. 齐鲁石化公司烯烃厂开展班组安全知识对抗赛的做法

2007 年 6 月 20 日，一个阴雨绵绵的夏日午后，天空的阴霾与齐鲁石化公司烯烃厂会议中心内掌声雷动的热烈形成鲜明的对比。这里，容纳 300 人的大厅座无虚席，“我与企业双平安”班组安全知识对抗赛决赛正在紧张、激烈地进行中。

近年来，该厂在全体职工当中开展以“职工身边无事故，我与企业双平安”为主题的“安康杯”竞赛，逐步构建、完善企业安全文化。为迎接全国“安全生产月”，他们从 2007 年 5 月初开始，着手组织发动这次班组安全知识对抗赛，向员工进行法律法规、企业规章和安全知识普及教育。基层各车间经过认真选拔，推荐 10 个班组参加，厂工会、安全环保部对参赛班组进行现场考核，最终选拔出 6 个班组进入对抗赛决赛。

在安全知识对抗赛决赛现场，经过必答题、抢答题、“你来比画、我来猜”的互动题 3 轮比赛，场上气氛被充分调动起来，台下的观众们不时以欢呼和掌声配合选手们答题，许多人在台下小声念叨着题目、答案，跃跃欲试，希望参与到比赛中来。

这时，进入图解题竞赛环节，大屏幕上打出一张高空施工现场作业图，要求选手们在 5 分钟内找出存在的安全隐患。主持人趁机将一些问答题“抛给”现场的观众：“请问：‘三违’的内容是什么?”有一位供水车间的青工太急于回答问题，高高地举起双臂，身体不由自主地站了起来，主持人将机会给了他：“‘三违’的内容是：违章作业、违章指挥、违反劳动纪律!”“回答正确！请给这位员工发纪念品。”有人开玩笑：“这样举手好像不太守纪律啊！”但大家还是对这位青工报以善意的笑声和掌声。

台上，各组选手亮出题板，公布本组答案，第四组仪表车间油品班在宣读出电焊作业无灭火器、作业平台无挡脚板、电线凌乱、高空作业没系安全带等十余条隐患之后，又有选手补充：作业者穿化纤衣服！台下又是一阵笑声：一张黑白施工图片，能看出衣服是纯棉还是化纤吗？评委给予点评：尽管不在标准答案内，但不能穿化纤衣服现场作业的意识是正确的。

3. 四川白腊坪矿业分公司开展安全知识竞赛的做法

喝彩声、掌声，吸引人走进了四川达竹白腊坪矿业分公司采煤一队会议室，原来该队正在利用周五安全学习日举行安全知识有奖竞赛活动。

“王海，抽到第15题。”安全队长李强说，“工作面倾角在多少度以上，必须有可靠的防滑装置？”“这太简单了！”王海立刻流利地回答，“15度以上。”“回答正确，奖励香皂一块。”“王典胜，抽到第6题。煤矿安全生产的16字方针是什么？”“是……是……”王典胜支吾了一会儿，最终放弃了。“谁能回答？”安全队长李强话音未落，刘邦军一下子站起来回答道：“安全第一、预防为主、综合治理、总体推进。”“回答得非常正确，奖励一条毛巾！”刘邦军从队长钟运兵手中接过毛巾，美滋滋地回到原座位。

“按井下同时工作的最多人数计算，每人每分钟供风量不得少于多少立方米？请小刘回答。”小刘羞涩地站起来，惹得大伙儿哈哈大笑。“安静，请安静”，队长钟运兵急忙维持会场秩序，“请回答！”小刘慢吞吞地说：“好像是4立方米。”“对，就是4立方米，错了也不改。”他最终肯定了自己的答案“回答正确，奖励牙膏一支。”会场立刻响起了热烈的掌声。四名队干部一边听着，一边不时地发出安全题，整个活动在轻松愉快的氛围中进行，“瓦斯的性质和危害是什么？”“敲帮问顶制度是什么？具体方法是什么？”……一道道问答题被职工正确回答，一件件奖品被职工领走，四名队干部感到十分满意，风趣地连声说：“OK，OK，我们破点财，职工提高安全意识，值得！”

4. 石板选煤发电厂进行业务知识对抗赛的做法

“锅炉燃烧事故分为哪几种？请对方5号队员回答。”“分为：灭火、结焦、沸腾层穿孔、沸腾层分层及烟道内可燃物再燃烧。”“回答正确。”场上响起了一片掌声。5号队员接着便问“水冲击的现象有哪些？如何处理？”“锅炉严重满水或减温器内部水管破裂……还有……还有……这个我不太清楚。”场上又是笑声一片。这是近日在四川达竹煤电集团石板选煤发电厂发电车间业务知识对抗赛上的精彩一幕。

过去，石板选煤发电厂发电车间的业务知识学习都采取发放学习资料然后组织考试的方式，结果职工掌握业务知识不牢，不能很好地满足安全生产的需要。为了更好地促进职工掌握业务知识，该车间把职工的业务知识掌握情况分为学习和检测两部分，检测又分为理论考试和实际操作，避免学而不测的现象。在实际操作中，被检测人员要处理车间人为设置的运行故障，检测职工发现问题、分析问题和解决问题的能力。

在理论考试方面，该车间把被检测人员分成两个组，开展业务知识对抗赛。对抗赛又设置了业务知识必答、业务知识抢答，以及两组队员结合生产现场实际相互提问等环节，车间最后按理论和实际操作的总成绩进行奖励。

该车间通过这种新的学习形式，激发了职工学习业务知识的积极性，并相互交流了实际工作经验。对抗赛结束后，职工们高兴地说“这种学习方式我喜欢”。

八、亲属督促保安全的方法

1. 亲属督促保安全方法的含义

家庭是社会的基本单元，也是生活的避风港，良好的婚姻家庭对职工的身心健康和生活、事业关系极大，对能否在工作中保障安全也关系极大。

影响安全心理的家庭环境因素往往是一些“鸡毛蒜皮”的小事，例如夫妻关系、亲子关系、生活方式等，但它们的“能量”却不小。以夫妻关系为例，夫妻关系和谐，能彼此支持体谅，就易产生良好的情绪，而积极、乐观的情绪可以使人心情愉快地全身心投入到生产活动中，这不仅能提高生产效率，而且有利于安全生产。如果夫妻关系不协调，导致家庭关系紧张，必然会增加彼此的心理负担，影响工作情绪，注意力分散，对安全生产是一个潜在的威胁，并且容易导致事故的发生。亲属督促保安全的方法，就是运用亲属、亲情的关系，增强职工的安全意识，促进职工自觉遵守规章制度，保证安全生产。

2. 家庭生活变化与事故发生的关系

在生活中常常可以发现这样一种现象：一个人如果发生某些事件——不完全是不幸的事件，就会干扰他的“生物钟”节律和正常的生活规律，或者造成他的思想负担，从而降低对疾病的免疫能力或引起情绪波动，那么这个人就有可能在不久的将来导致疾病或者工伤事故的发生。

国外安全工程研究人员很早以前就注意到生活变化与疾病或事故之间存在着很密切的关系，并对此关系进行了深入的研究。他们的研究证明，可以依据一个人近期所发生的某些事件即生活变化，判断他是否可能发生疾病或者工伤事故，而且生活事件对人发生疾病或事故所造成的负面作用的程度，可以用一种称为生活变化分值（Life Change Unit，简称LCU）的数据来定量地确定（见表2—1）。

表 2—1 常见生活事件的变化分值（LCU）

生活事件	平均值	生活事件	平均值
配偶死亡	100	离婚	73
夫妻分居	65	近亲属死亡	63
怀孕	40	患性病	39
恋爱受挫	39	密友死亡	37
借贷超过 10 000 美元	31	儿女离家	29
配偶停止工作	26	与上级争吵	23
乔迁新居	20	睡眠习惯改变	16
度假	13	过圣诞节	1

列入统计范围的生活事件，一般只限于统计日之前 18 个月内发生的事件。一个人在统计期内发生多起生活事件，他的生活变化分值通过各个事件的生活变化分值相加来求得。如果一个人在过去 18 个月内生活变化分值累计达到或者超过 150 分，那么他在未来两年发生疾病或者事故的可能性大约为 37%；如果生活变化分值达到 200 分，上述可能性将增至 51%；如果生活变化分值达到 300 分，上述可能性将继续增至 79%。

生活变化分值在安全工程中的应用，是通过研究对象过去一个时期的生活状况，来预测其发生事故的可能性，从而有针对性地采取一些预防措施。例如，对于一个生活变化分值达到或者超过 150 分的工作人员，就可以采取提出安全警告、安排休息或者休假、调整工作岗位等预防性措施避免工伤事故的发生。

与人体生物节律理论不同的是，生活变化分值是根据对象过去发生的生活事件的详细记载来进行研究的。因此，要注意收集、记录研究对象的近期个人生活资料，并注意各个生活事件之间的关联性。

生活变化分值理论在事故预防中所起的作用，其科学机理以及准确性，目前仍在进一步研究和探讨之中。但是这一概念和方法的提出，对安全系统工程的发展、对控制人的不安全行为、预防事故发生，无疑都是一个贡献。

3. 与安全有关的情绪和情感

情绪和情感是一种常见的心理现象，它不仅对人的工作成绩、劳动效率等产生影响，同时也会给生产安全带来积极的或消极的影响。班组职工在生产过程中的情绪，不仅直接影响工作效率，而且与安全生产有密切关系。积极的情绪可使人干劲倍增，提高和加强人的活动能力，使人焕发出惊人力量去克服困难；反之，消极情绪会降低人的活动能力，分散人的注意力，极大地妨碍生产活动的正常进行，容易出事故。例如，某厂有一名冲压工，平时很内向，干活较敏捷，后因其母亲病故，欠了一大笔债。他料理完母亲丧事后第一天上班，情绪十分低落，一开始干活就被冲床冲去一节拇指。

引起心境变化的原因很多，其中有：①社会因素，如生活中的重大事件、家庭纠纷、事业的成败、工作的顺利与否、人际关系的干扰等；②生理因素，如健康状态、疲劳、慢性疾病等；③气候因素，如阴天易使人心情郁闷，晴好天气则使人心情开朗；④环境因素，如工作场所脏乱、昏暗，粉尘烟雾弥漫，易使人产生厌烦、忧虑等负面情绪；⑤主观因素，有时对过去生活片断的回忆、无意向的浮想、偶然获悉的信息等也会导致与之相应的心境。

在生产劳动中，保持职工良好的心境，避免情绪的大起大落是非常重要的。心境与生产效率、安全生产有很大关系。心理学家曾在一家工厂中观察到，在良好的心境下，工人的工作效率提高了0.4%～4.2%；而在不良的心境下，工作效率降低了2.5%～18%，而且事故率明显增加。这是因为工人在心境不佳时进行作业，认识过程和意志行动水平低下，因而反应迟钝，神情恍惚，注意力不集中，除了工作效率下降外，还极易出现操作错误和事故。

家庭是社会的细胞，家庭中的每个人与家庭的其他成员都有血缘的或抚养的亲密关系。无论家庭哪个成员发生伤亡事故，都会给其他成员带来心灵上的痛苦和经济上的负担。对自己的家庭有着深厚感情的职工，在生产过程中保持遵章守纪的行为，安全无事故，不仅是对自己负责，也是对家庭负责，是家庭情感的最好体现。许多企业在安全管理实践中，都采用了亲情教育的方式，例如，由职工家属给职工写平安祝福信，由伤亡职工的家属现身述说事故给家庭造成的痛苦和不幸等，以激发职工的家庭亲情感。

4. 双环化工集团有限公司开展“小手拉大手”活动的做法

不久前，湖北双环化工集团有限公司不少干部职工都收到了一封自己正在上学的子女从学校发出的“安全信”，不少父母还提笔给孩子回信，对生产、生活中存在的安全问题进行探讨。

孩子们在信中谈安全，虽然语言稚嫩，但发自内心。不少家长边流泪边给自己的孩子回信，在工作中也加倍注意安全生产。

11岁的钟妍玮是双环子弟学校五年级的学生，她给父亲写的安全信不仅上了学校的墙报栏，还被评为一等奖。这位小姑娘很懂事地告诉笔者：“我爸爸当电工，因为电是看不见、摸不着的，所以很危险，爸爸每次加班的时候，我就在家想爸爸会不会出什么事故啊。老师布置了这篇作文，我就把妈妈在外打工、爸爸抢修的事写下来了，他如果不注意安全，把自己搞伤了，就会给家里人带来痛苦。”

该公司机械厂结构车间的工人钟伟刚谈起女儿的信就激动不已：“有一次我上夜班到深夜2点，由于担心我的安全，那么冷的天气，女儿披件棉衣站在阳台上等我回来，我上楼后很激动，流下了眼泪。我收到女儿的信后，内心受到很大触动，不仅我自己要注意安全，也随时提醒班组的同事们注意安全。”

湖北双环化工集团有限公司是湖北省一家以生产纯碱、氯化铵为主的国有大型企业。走进工厂，高温高压的设施随处可见，生产中产生的氯气、硫化氢等有毒有害气体稍有不慎就会危害职工的安全。集团公司每年都组织子弟学校学生给父母写信，通过各种方式对全员进行安全教育，提高员工的安全意识。

5. 中煤一建公司开展“安全协管好矿嫂”活动的做法

“安全生产，这是大家伙儿的事儿。俺不懂什么大道理，俺就是希望老公在一线每天都平平安安的。”中煤一建公司 63 处女工张春香朴实的话语表达了自己的心声。她的丈夫杨书箱在一线工作，多年来与妻子早已没有书信交流的习惯了，突然有一天杨书箱接到了一封情真意切、朴实无华的家书，一时间感动得泪流满面。他很快给妻子写了回信，并寄了照片，表示一定会注重安全，让妻子放心。这是发生在中煤一建公司 63 处一件真实的事。

作为施工企业，如何让全体职工都参与安全生产管理，真正实现上下齐抓、里外共管？大家知道，人都是有感情的，有些人在单位可能对规章制度满不在乎，对领导的要求不加理会，但他可能特别在意妻子的话。全公司分布在各个岗位上的 2 496 名女职工，是做好安全工作不可忽视的力量。该公司充分调动职工和职工家属的力量，共同为安全管理工作尽心出力。

2006 年 3 月，该公司工会女职工委员会为紧密配合公司安全生产工作，在女职工中广泛开展了“安全协管好矿嫂”活动，向工作在生产一线的职工发出了安全嘱托倡议书。工作在机关、后勤辅助岗位的女职工积极主动地投入到公司的活动中来，有的写安全叮嘱信，有的打安全叮嘱电话，有的发安全短信，提醒、告诫生产一线的职工。她们常敲安全钟，常吹安全风，用女性最真挚的情感感染亲人，同时，积极承担起照顾好老人、教育好子女等繁杂的家务，使工作在生产一线的亲人没有后顾之忧，能够安心搞好生产。亲情的力量是无穷的。这项活动的开展，有力地促进了安全工作。

第三章　班组安全生产标准化建设知识与要求

企业安全生产标准化建设是指通过建立安全生产责任制，制定安全管理制度和操作规程，排查治理隐患和监控重大危险源，建立预防机制，规范生产行为，使各生产环节符合有关安全生产法律法规和标准规范的要求，人、机、环、管处于良好的生产状态，并持续改进。安全生产标准化体现了“安全第一，预防为主，综合治理”的方针和“以人为本”的科学发展观，强调企业安全生产工作的规范化、科学化、系统化和法制化，强化风险管理和过程控制，注重绩效管理和持续改进，符合安全管理的基本规律，代表了现代安全管理的发展方向。

第一节　安全生产标准化建设相关知识

安全生产标准化建设以提高企业安全管理水平，建设本质安全型企业为目的，通过安全生产工作的持续改进和自我完善，实现安全生产的长治久安，是做好企业安全管理工作的一个有效手段，也是推动企业强化基础管理的有效途径。班组作为企业的基层作业单位，在企业安全管理工作中是预防事故、控制风险的前沿阵地，因此，企业安全生产标准化建设离不开班组，而且需要首先从班组抓起，通过班组的安全生产标准化创建活动，促进企业的安全生产。

一、实施安全生产标准化建设的意义

1. 实施安全生产标准化的重要意义

对于企业来讲，实施安全生产标准化的重要意义主要体现在这样几个方面：

（1）落实安全生产主体责任的基本手段。通过实施安全生产标准化建设活动，企业以管理标准化、操作标准化、现场标准化为核心，制定符合自身特点的各岗位、工种的安全生产规章制度和操作规程，能够形成安全管理有章可循、有据可依、照章办事的良好局面，规范和提高从业人员的安全操作技能。通过建立健全企业主要负责人、管理人员、从业人员的安全生产责任制，将安全生产责任从企业法人落实到每个从业人员、操作岗位，强调了全员参与的重要意义，进行全员、全过程、全方位的梳理工作，全面细致地查找各种事故隐患和问题，落实各项整改措施，从而将安全生产的主体责任落实到位，促使企业安全

生产状况持续好转。

（2）建立安全生产长效机制的有效途径。开展安全生产标准化活动重在基础、重在基层、重在落实、重在治本。安全生产标准化要求企业各个工作部门、生产岗位、作业环节的安全管理、规章制度和各种设备设施、作业环境，必须符合法律法规、标准规程等要求，是一项系统和长期的工作，克服了工作的随意性，做到用法规抓安全，用制度保安全，实现企业安全生产工作规范化、科学化。

（3）防范降低安全生产事故发生的有效办法。安全生产事故多发的原因之一就是安全生产责任不到位，基础工作薄弱，管理混乱，“三违”现象不断发生。安全生产标准化是以隐患排查治理为基础，强调任何事故都是可以预防的理念，将传统的事后处理，转变为事前预防。开展安全生产标准化工作，就是要求企业加强安全生产基础工作，建立严密、完整、有序的安全管理体系和规章制度，完善安全生产技术规范，使安全生产工作经常化、规范化和标准化。要求企业建立健全岗位标准，严格执行岗位标准，杜绝违章指挥、违章作业和违反劳动纪律现象，切实保障广大人民群众生命财产安全。

2. 开展安全生产标准化工作四项原则

安全生产标准化的重点是系统管理，所倡导的是全面、全员、全方位和全过程的控制和治理事故隐患。根据安全生产标准化的概念和内涵，企业在开展安全生产标准化工作中，坚持了分级管理、系统管理、有效性管理和综合治理的四项原则，这些管理原则也是控制和治理事故隐患的基本点，为“治理隐患，防范事故”奠定了基础。

（1）“分级管理，分线负责”的原则。这一原则是将企业中涉及安全生产的职责按照其行政职能分工，落实到相关部门、员工的工作职责中。按照“分级管理，分线负责”的原则建立起来的企业安全生产管理体系，可以形成自上而下、纵横交错的安全管理网络，将企业安全生产的主体责任，分划落实到企业的各级管理层和员工中，使安全责任真正落实到位，该项原则为实现治理隐患提供了组织保障基础。

（2）系统管理是应用系统工程的方法，分析、评价并控制“人—机—环境”系统中可能发生的事故隐患，调整各种因素，使系统发生事故的概率减少到最低限度。“系统管理”的原则还包含应用系统工程的方法，分析、评价并控制系统中不安全、不稳定因素，为科学决策提供依据。系统管理的核心是根据现代管理学的原理，建立一个“P（计划）、D（实施）、C（检查）、A（处理）”的动态管理框架。该项原则是实现治理隐患的理论基础。

（3）有效性管理是一种创新务实具有普遍性的管理理论，管理者在管理中要特别注意“人、事情、时间”三个主要要素。主要包括管理者必须学会管理自己的时间，必须重视下属的“长处”，管理者必须集中精力于少数主要的领域，同时管理者必须做有效的决策。

（4）综合治理是安全生产方针的创新内涵，同时也是企业开展安全生产标准化工作中应坚持的工作方法。坚持综合治理，要求企业正视安全工作的长期性、艰巨性和复杂性，抓住其主要矛盾和关键环节，综合运用经济、法律、管理和技术等手段，人管、法治、技防多管齐下，有效解决安全生产领域的问题。该项原则是实现治理隐患的方法基础。

3. 实施安全生产标准化能够增强企业的活力

企业如同人一样，处于不断的发展变化之中。人有生老病死，企业有开张与破产；人有童年时期、少年时期、青年时期、壮年时期以及老年时期，企业实际上也有这样的不同阶段。因此，不断地给企业注入活力，增强企业的生命力、创新能力，是很有必要的。一个体系是否有生命力，是否有生机，是否有活力，就看是否始终保持永远向上的运动状态。正如人一样，一旦不能活动，生命就会停止。如果一个体系毫无生机，无所作为，其生命也会停止。这就要求企业领导层不断地提出和发起一个又一个的改善活动，不断营造浓厚的安全意识氛围。管理者的意志才会逐步深入人心，才能调动广大员工积极参与，才能形成由少数人倡导广大员工参与的群体行为，这就是安全文化。

依据安全生产标准化的要求，企业在管理标准化，设施设备本质安全化，作业活动的规范化，生产条件安全舒适化等方面，仍然存在着相当大的差距，企业仍有大量工作要做。只有不断发起和开展一个又一个支持性的改善活动，使员工的行为逐渐符合行为准则和养成良好的习惯，物态符合相关的安全标准，企业的职业安全健康才能真正实现和保持最佳状态。这些活动一般都体现在企业的中长远规划中，年度计划和工作目标中，以及相关的管理方案和措施中。

持续改进的思想同样也适用于安全生产标准化，通过周而复始的进行“计划—实施—监测—评审”活动发现问题，提出新一轮的整改方案，不断前进和完善，最终达到预防和控制工伤事故、职业病及其他损失的目标。通过不断地复评以及改进，就体现了持续改进的思想，同样也能验证企业是否保持了已经建立起的职业安全管理体系，帮助企业发现新的问题。

4. 企业安全管理标准化的操作实施

企业安全生产管理的落脚点是企业的操作层。企业要搞好安全生产，就必须从基层做起，以标准的贯彻和落实来保护员工在生产中的安全与健康，以此实现企业效益最大化。

(1) 实施标准化操作的切入点。实施企业基层安全管理标准化操作应从哪里切入呢?事故致因理论告诉我们，事故的发生大都是“人、机、环、管”四个方面中的一个或者几个原因的综合造成的。即：人的不安全行为、物的不安全状态、管理的缺陷和环境的不良造成的。所以，只要从这 4 个方面入手，使人、机、环、管按照标准加以规范，就能最大限度地避免事故发生。

1）人的生产作业行为标准化。主要包括三个方面的内容：一是要制定完善的标准化的各种操作规程。并使员工学懂学会，全面系统掌握，灵活方便应用。二是员工要对本岗位的生产工艺、生产设备、设施，工具、用具等按照标准进行全面的危害识别，在危害识别的基础上制定出岗位风险提示卡。通过危害识别，使员工全面掌握本岗位存在的风险及防范风险的措施，且能熟练应用这些防范措施，防止事故发生。三是要制定《员工安全手册》，用企业的安全理念、安全价值观等安全文化教育员工，提高员工安全意识；用消防器材使用，呼吸器使用，员工受伤后的止血、包扎、固定、搬运，人工呼吸，心肺复苏等员工必须掌握的应急技能教育员工，提高员工应急技能等。

2）物的状态标准化。主要包括两方面的内容：一是硬件标准化。生产区和生活区要严格区分，保持安全距离，安全通道要畅通无阻，同样性质的岗位、工种作业环境要做到同一标准；生产作业现场的各种设备、设施要符合标准要求且完好率达100%，其中，特种设备更要符合标准，且每年都要经检验部门检验合格。这些设备、设施还要按照规范标准，合理地布置、安装；生产作业使用的各种设备、设施的安全防护装置、连锁装置要齐全且符合标准要求，各种安全监控装置，仪器、仪表等要合理布局、合法使用，电器的接零接地符合标准要求且每年进行检测；生产中使用的各种工具用具都要归类摆放，方便拿放，使用得心应手，做到人适机、机宜人。二是软件标准化。员工要学习掌握按标准制定的各种规章制度、操作规程；安全提示标志、安全告知标志要针对性强，放置规范，具有较强的警示和告知作用；生产作业场所基础设施要齐全完善、整洁卫生。

3）生产作业环境的标准化。主要包括三方面的内容：一是要按照标准配齐配全必要的照明、取暖、避暑、通风等设备、设施，给员工创造良好舒适的工作环境。二是周围环境无任何污染，大气、水、噪声等符合国家标准。三是要严格按照国家标准给员工配齐劳动防护用品，且要按规范穿戴。

4）安全管理标准化。主要包括五方面的内容：第一要按标准建立健全安全管理组织网络，形成安全工作事事有人管、时时有人抓的格局。第二要建立以安全生产责任制为核心的各项安全生产管理制度，这些制度中最重要的是安全生产责任制和安全生产考核奖罚办法。第三要建立健全基层HSE管理体系。主要包括《基层安全生产手册》《基层生产作业指导书》《基层特殊作业审批表》《基层应急预案》《基层安全生产记录》等。第四是建立健全安全生产标准化管理的各种保障体系，主要是按照标准要求对各种风险进行评估，进行保险投入等。第五要创建基层安全生产文化。包括安全生产价值观、员工安全生产理念、员工安全生产行为准则等，用安全文化武装员工头脑。

（2）实施方法及应注意的问题。企业基层安全管理标准化是一项系统工程，具有专业性、技术性强的特点，必须分类实施。实施方法主要如下：

1）成立组织，全面负责。通过成立基层安全管理标准化建设领导机构，负责建设的组织策划、运行控制、过程监督、检查考核、持续改进等工作。

2）全员培训，提高认识。通过对全体员工基层安全管理标准化建设相关知识的培训，提高员工对建设的必要性、必然性和实用性的认识。使员工都能支持、参与到基层安全管理标准化建设中来，实现全员参与，形成我要安全管理标准化的管理氛围。

3）编制方案，明确职责。通过实施方案在时间、内容上，人力、物力、财力支持准备上做出合理的安排，使这项工作责任落实、方法得当、步骤清晰、目的明确。

4）试点运行，总结经验。选择管理基础较好、员工素质较高、安全基础较扎实的单位，进行基层安全管理标准化建设试点。在试点单位要投入足够的人力、物力、财力，全力支持基层安全管理标准化试验。在试验过程中边实施、边总结、边改进，通过实践—总结—再实践—再总结，最后形成一套可操作性强的符合本企业基层安全管理标准化建设的规范。

5）持续改进，全面推广。在试点的基础上在本企业全面推广，以提高整个企业的安全管理水平，实现企业生产的“本质安全”。

二、班组安全生产标准化建设的内容与重点

1. 班组开展安全生产标准化建设的主要内容

以某机械制造企业为例，班组开展安全生产标准化建设的主要内容可以分为这样几个方面：

（1）班组安全组织标准化。建立健全班组安全生产责任制，明确班组长、每个员工的安全职责及安全分工。班组长是班组管辖区域安全生产第一责任人，也是班组安全员，必须履行“管生产必须管安全”的职责。每年年初，公司针对每位班组长管辖人数及作业风险和公司年度安全生产规划，向其下达本年度安全事故控制指标、工作目标及奖惩办法，每位班组长再将三项内容分解至班组员工，并组织每位员工签订安全生产责任状，使班组的安全生产工作处处有人管、事事有人抓、通报有回应、整改有结果。班组安全组织和职责标准化保障了班组安全生产工作的顺利开展。

（2）班组安全制度、规程标准化。依据机械制造企业考评标准，公司组织创标工作组、班组长对公司的安全健康基础管理、设备设施、作业环境和职业健康等方面进行多次的自评、自纠和评审，并在此基础上进一步完善了班组安全管理制度、岗位安全操作规程、作业指导书、事故应急措施等。在生产作业中，结合班组岗位作业特点，将各个班组存在的不同岗位危害和预防措施、适用的岗位安全操作规程、适用的安全健康法律法规主要条款等装订成册，统一格式并定位至各班组现场；公司技术部门在生产现场统一设置了看板，将各岗位作业指导书、机电设备（工具）的安全操作规程、规范和工艺要求进行公示，完

善的制度、规程保障了班组作业流程化和活动规范化。

(3) 现场安全管理标准化。按照相关考评标准的要求，不断完善作业环境、机电设备、工具、车辆、劳动防护用品、员工的行为及操作等考核标准，通过标准规范现场班组职工的安全行为。班组依据标准，每日自行检查，整理整顿作业现场，自行整改现场存在的隐患。在公司创建安全生产标准化企业过程中，约60%的隐患整改是通过班组自行进行的。通过创建安全生产标准化企业，使班组全员的“我要安全”意识明显提高，在班组内形成了自主查找隐患、自主整改预防、自主整理整顿的长效机制。

(4) 班组安全活动与教育标准化。班组每日的早会在落实生产任务的同时，必须同时布置、落实安全工作，早会结束后，全员要集中大声呐喊班组“安全口号”。各生产厂房在每日8点20分前后都会传出不同班组的安全呐喊声，形成了良好的安全生产氛围。

根据班组安全生产标准规定，公司的班组安全活动已形成自主的良好惯例，且形式多样。例如岗位危险预知活动、班组应急预案桌面演练、现场安全隐患改善、班组安全口号征集、典型事故案例分析、手机群发安全口号等。

班组长负责按标准对新员工、复工员工、变换工种员工、“四新”员工进行教育；对新入厂、转岗员工教育合格后，必须安排有经验的老员工帮带3个月，经组长实际考核合格后方可独立操作。公司每周编辑一期安全学习资料，并通过邮件形式发给各班组，各班组每周至少一次组织员工进行集中安全教育，其中发给员工的安全资料是必学内容。

(5) 安全检查与班组安全台账标准化。统一编制了设备、工具、构筑物自检表，班组长坚持一班三查（班前、班中、班后），现场员工作业前进行自检，检查发现的隐患按规定程序上报和整改，并对检查和隐患整改情况按统一格式记录存档。每个现场班组都有一套完整的、统一格式的安全管理台账。班组安全活动、安全教育、安全检查与隐患整改、设备每日自检、班组交接班记录、班组适用的安全管理制度、规程及法规、公司发放的安全学习资料等是每个班组必备的安全台账，并保持了安全相关记录的日常化。

(6) 安全考评与奖惩标准化。班组安全标准化建设需要有严格的考核办法来“保驾护航”。为了保障班组安全标准化的制度化、规范化，公司严格实施了班组安全标准考评和奖惩制度，旨在保证班组安全标准化的持续和改善。每年公司和班组签订安全生产责任状，并根据事故控制和工作指标的完成情况，年底对班组予以考评奖惩，其中工作指标主要是将班组安全标准化建设的贯彻结果纳入目标考核。对所有班组每月按照班组安全生产标准进行考核，每月将考核结果通报全公司，每季度对排名第一的班组进行全员奖励。

通过安全生产标准化创建活动，企业提高了综合安全管理水平、本质安全程度，同时，将在巩固和保持开展安全生产标准化工作成果的基础上，持续强化班组安全标准化建设，建立和保持班组安全生产的长效机制，保障企业安全、健康、可持续发展。

2. 生产班组安全生产标准化管理的重点

在班组的生产作业过程，班组成员的行为由于受各种因素的影响，常出现各种“异常”而导致事故。这种“异常”包括：暂时遗忘、精力分散、配合失误、缺乏协调等。作业标准化就是通过对作业过程的操作程序和作业动作进行分解，筛选出安全、经济、优化的操作程序、作业动作、作业组织程序等，把它们规范化、标准化，并严格执行，从而克服和避免作业人员因“异常”而导致的事故。

（1）作业标准化的概念及意义。作业标准化是在总结实践经验和进行科学分析的基础上，对作业方法加以优选优化，制定标准和贯彻标准的活动过程。按照标准化要求进行作业就是标准化作业。推行作业标准化具有如下意义：

1）作业标准化是生产安全的客观需要。人的不安全行为不论是有意还是无意的，最终多数都可归结为错误的操作。由于每个人所受的教育训练、工作经历、技术水平等可能存在很大的差异，因而造成失误的原因也各异。为了减少操作人员的失误，就必须针对不同的生产条件给他们提供具体的操作方法与程序的标准，即作业标准。由于作业标准是经验和科学的总结，体现了安全、舒适、优质、高效的客观规律，因此只要按照它进行作业就能有效地防止错误操作。

2）作业标准化是管理规范化的基础。标准化是以制定和贯彻标准为主要内容的有组织的活动过程。把标准化的方法应用于管理领域，通过制定和贯彻管理标准，使企业生产过程各环节、各要素达到有机、合理的配合，使管理定量化、科学化，这就是管理的标准化。在管理标准化基础上，以各种岗位工作标准为依据，从组织行为角度，确定职工必须遵守的行为准则，并用于约束、指导和激励职工的行为，就是管理的规范化。无论是管理的标准化，还是管理的规范化，都是以岗位工作标准为依据的。一个生产系统的产品生产，是生产系统各要素和各个生产过程环节协作完成的，每一个环节都必须按一定的方法、程序和标准来运行，否则生产系统就无法形成其特定目标。所以，要实现管理的规范化，首先必须实现各生产过程作业的标准化。

3）作业标准化是安全规章制度的具体化。作业标准是安全生产规章制度的具体化，安全操作规程和岗位责任制等制度对消除或防止生产活动中的危险因素进行了限制性的规定，但一般都并不指明保证安全的具体做法。安全技术操作规程主要是解决“干什么、不该干什么”的问题，而“怎么干、先干什么、正常情况下怎么做、特殊情况下怎么做”这些问题，就必须通过具体作业程序来回答。如果用从宏观到微观的思想方法来说明，安全规章制度、操作规程对安全的规定是针对较一般性的，相对较宏观的，对于作业中比较具体的程序方法只能通过作业标准来加以补充和完善。所以，作业标准属于更微观层次的安全规定。另一方面，由于生产过程有很多随机的因素，条件千变万化，有时现有的规章制度与所处的条件差别很大且不适用，这时就必须以作业标准作为依据。因此，从这个意义来说，作业标准又是规章制度的基础。

（2）作业标准化的内容。从作业标准化的内涵来看，它主要是作业过程中的标准化问题，包括作业程序的标准，作业方法及手段的标准。但是，作业过程实际是在人机系统中进行的，也就是说作业过程涉及从事操作的人、运行的设备、使用的器具、作业环境以及对作业过程的管理。因此，要做到作业标准化，必须同时使作业过程所涉及的各要素也标准化。由此可见，广义的作业标准化除了作业程序、方法、手段的标准化外，还包括人的行为、作业环境整治、设备检查维修、工器具放置使用、劳保用品穿戴、个体防护设施准备以及共同作业的指挥联络等各方面的标准化。有关作业标准化的内容见表3—1。

表3—1　作业标准化的内容

作业标准化构成	作业标准类型	作业标准化内容
作业过程	程序	作业程序标准，交接班标准
	方法手段	作业方法标准，作业手段标准，使用器具标准等
人的行为	动作	操作动作标准，指挥动作标准等
	交流	交流手势（即体态语言）标准，语言、口令标准等
	穿戴	劳保用品穿戴标准，自身穿戴标准
作业环境	材料	材料堆放标准
	工器具	工器具放置标准
	标志	安全标志布设标准，防护装置布设标准
作业设备	监护	设备运行过程监护标准
	检查	设备检查标准
	维修	设备维护标准，定期修理标准等
作业管理	制度	管理制度标准
	活动	管理活动过程标准，活动内容、形式标准
	信息	管理信息标准，管理信息传递标准

1）作业过程标准化。从时间因素来看，任何一个作业过程都是由一定的要素在一定的空间和时间里交替作用的结果。因此，作业过程标准化首先体现在作业程序的标准化，这种程序标准包括宏观方面和微观方面。宏观方面如工序衔接的标准，作业人员轮班（交接班）的标准等；微观方面主要是某个操作的程序，如起吊作业中对某个物件起吊过程应包括准备、开动行车、开到吊物位置、落钩挂吊、起吊、运行、指定位置、落钩、升钩等程

序。作业方法标准比作业程序标准更为综合，它主要是指完成某项任务过程中各要素的配置情况如人员、手段、器具、材料、运作方式、作业组织等的配置。

2）人员行为标准化。人员行为的标准化对安全具有重要意义，因为很多事故是人为失误引起的。人既是作业过程的一个参与要素，同时又是控制作业进程和运作方式的主人。首先从操作者自身来说，穿戴应符合作业规范，当使用劳保用品时，穿戴也应标准化。当他作为作业过程的指挥者时，其指挥动作应标准化（对不同的作业应有不同的标准）。指挥动作的标准应符合安全、准确、经济原则。例如指挥的位置、姿势、动作幅度、速度、动作要素和运动轨迹范围和安全要点等都应标准化，满足安全、舒适、准确、高效的要求。安全要点是作业标准中对安全工作的重点提示，即防止作业中发生危险、出现意外的操作要领。

作业中的交流也应标准化，包括交流手势（即体态语言）标准，语言、口令标准，交流方式标准等，一般应使用普通话；操作中具体使用语言、口令应按一定的规则设计，尤其对险情信号的交流更应标准化，并且每一个人都应进行训练。

3）作业环境标准化。即应做到标准化的作业现场，要求作业设备装置性能良好，安装合格；按标准配备性能良好的安全设施，装设安全标志及安全标志牌；工具材料摆放整齐、标准化；作业环境卫生标准化；文明生产等。

4）作业设备运行监护及检修标准化。设备运行过程应按一定的要求进行监护，这种监护应程序化、标准化。对各种类型的设备，应根据其特点制定出检查、维护、定期修理的标准。同时，对于检查维修过程也应标准化。

5）作业管理标准化。包括管理制度标准化、安全信息标准化、安全业务活动标准化。管理制度标准化就是使安全管理各项制度的执行标准化，包括安全检查制度、安全教育制度、事故分析制度、隐患处理制度、紧急事故处理程序、职工安全准则、班组安全工作制度等。这些制度要求内容齐全、职责分明、具体可行，形成事故预测预防体系。

6）安全信息标准化。这是对信息类型、格式、项目含义的理解，相对指标的计算方法，统计分析方法等方面符合统一规定。安全信息标准化工作应遵循以下原则：①信息准确、全面，适用范围广；②为信息加工处理创造条件；③有利于提高安全管理水平；④实事求是。

7）安全业务活动标准化。这是指安全活动的程序、内容要求有较固定的模式和优化的方法，如危险预知活动、安全竞赛活动、安全文化建设等，都应做到活动规范化、内容具体化并有针对性。

（3）作业标准制定的原则

1）符合政策。作业标准应贯彻国家有关安全生产的政策和法规，符合上级的有关制度、标准、文件和规定，不得与国家和上级发生抵触。

2）保持连续。要充分考虑过去的安全生产管理基础，总结经验，吸取教训。要把安全操作规程、岗位技术规程、设备维护检修规程以及其他有关的法规、制度等作为制定作业标准的主要依据。

3）立足科学。要以安全作业分析作为制定作业标准的主要方法，使作业标准建立在科学分析的基础上。标准要力求定量化，只能定性时，表述也要力求准确简练。标准的内容、表达方式、书写格式、语言文字，使用的名词、术语、符号等均应符合标准化原理的要求，做到精简、统一、协调、优化。

4）总结经验。要重视总结操作人员的实践经验，特别是技术熟练人员的操作经验。制定的作业标准要经受实际操作的检验。

5）结合实际。制定作业标准要从实际出发。同类型作业的作业标准应力求协调统一，但不同岗位若条件情况不同应允许适当变动。

(4）制定作业标准的程序和方法。作业标准的制定可按以下程序进行：

1）调查了解生产过程、作业种类；

2）制定作业分类体系，系统反映出各种作业类型（通用作业、专项作业）；

3）对每种作业进行安全作业分析并总结实践经验；

4）初步制定作业标准；

5）上下协商讨论，反复修改完善；

6）付诸实施，反复实践修改，直至定型。

(5）作业标准化的落实。作业标准化的推进，必然促进作业人员教育培训和生产、安全管理水平的提高。但是要使作业标准化能够顺利进行，最关键的是要改变企业员工的思想观念，使他们认识到作业标准化符合他们的根本利益。同时，应使他们明确，标准是法规的一种形式，具有强制执行的性质。企业自定的作业标准虽然不是国家立法，同样具有法规的性质。在企业内部它是每位职工必须遵守的行动准则，如果因违反而导致事故，就要明确地承担责任。因此，应加强宣传，统一企业职工对实施作业标准化的认识；并通过组织培训，使广大职工掌握制定作业标准的科学方法，特别是要重点培训一批骨干力量；在此基础上，就可按上述方法与内容具体制定作业标准。制定好的作业标准，应组织岗位练兵，推广实施，使职工逐步掌握标准化作业的方法。为了保证作业标准能真正发挥作用，必须制定相应的奖惩制度，并严格考核。

三、企业安全生产标准化基本规范

1. 制定和实施《企业安全生产标准化基本规范》的目的与意义

为进一步落实企业安全生产的主体责任，全面推进企业安全生产标准化工作，深入贯彻落实国家关于安全生产的方针政策和法律法规，有必要制定规范企业安全生产工作的基本规定，使企业的安全生产工作有据可依、有章可循。2010年4月15日，国家安全生产监督管理总局发布《企业安全生产标准化基本规范》（AQ/T9006—2010），自2010年6月1日起施行，这意味着我国广大企业的安全生产标准化工作将得到规范。

《企业安全生产标准化基本规范》（以下简称《基本规范》）适用于工矿企业开展安全生产标准化工作以及对标准化工作的咨询、服务和评审；其他企业和生产经营单位可参照执行。有关行业制定安全生产标准化标准应满足这一标准的要求；已经制定行业安全生产标准化标准的，优先适用行业安全生产标准化标准。《基本规范》对安全生产标准化的定义是：通过建立安全生产责任制，制定安全管理制度和操作规程，排查治理隐患和监控重大危险源，建立预防机制，规范生产行为，使各生产环节符合有关安全生产法律法规和标准规范的要求，人、机、物、环处于良好的生产状态，并持续改进，不断加强企业安全生产规范化建设。

制定和实施《基本规范》的重要意义主要体现在以下几个方面：

（1）有利于进一步规范企业的安全生产工作。《基本规范》涉及企业安全生产工作的方方面面，提出的要求明确、具体，较好地解决了企业安全生产工作干什么和怎么干的问题，能够更好地引导企业落实安全生产责任，做好安全生产工作。

（2）有利于进一步维护从业人员的合法权益。安全生产工作的最终目的都是为了保护人民群众的生命财产安全，《基本规范》的各项规定，尤其是关于教育培训和职业健康的规定，可以更好地保障从业人员安全生产方面的合法权益。

（3）有利于进一步促进安全生产法律法规的贯彻落实。安全生产法律法规对安全生产工作提出了原则要求，制定了各项法律制度。《基本规范》是对这些相关法律制度内容的具体化和系统化，并通过运行使之成为企业的生产行为规范，从而更好地促进安全生产法律法规的贯彻落实。

《基本规范》分为范围、规范性引用文件、术语和定义、一般要求、核心要求五个部分。

2.《基本规范》一般要求

（1）原则。企业开展安全生产标准化工作，遵循“安全第一，预防为主，综合治理”的方针，以隐患排查治理为基础，提高安全生产水平，减少事故发生，保障人身安全健康，保证生产经营活动的顺利进行。

（2）建立和保持。企业安全生产标准化工作采用“策划、实施、检查、改进”动态循环的模式，依据《基本规范》的要求，结合自身特点，建立并保持安全生产标准化系统；通过自我检查、自我纠正和自我完善，建立安全绩效持续改进的安全生产长效机制。

（3）评定和监督。企业安全生产标准化工作实行企业自主评定、外部评审的方式。

企业应当根据《基本规范》要求和有关评分细则，对本企业开展安全生产标准化工作情况进行评定；自主评定后申请外部评审定级。

安全生产标准化评审分为一级、二级、三级，一级为最高。

安全生产监督管理部门对评审定级进行监督管理。

3.《基本规范》核心要求

（1）目标。企业根据自身安全生产实际，制定总体和年度安全生产目标。按照所属基层单位和部门在生产经营中的职能，制定安全生产指标和考核办法。

（2）组织机构和职责

1）组织机构。企业应按规定设置安全生产管理机构，配备安全生产管理人员。

2）职责。企业主要负责人应按照安全生产法律法规赋予的职责，全面负责安全生产工作，并履行安全生产义务。企业应建立安全生产责任制，明确各级单位、部门和人员的安全生产职责。

（3）安全生产投入。企业应建立安全生产投入保障制度，完善和改进安全生产条件，按规定提取安全费用，专项用于安全生产，并建立安全费用台账。

（4）法律法规与安全管理制度

1）法律法规、标准规范。企业应建立识别和获取适用的安全生产法律法规、标准规范的制度，明确主管部门，确定获取的渠道、方式，及时识别和获取适用的安全生产法律法规、标准规范。

企业各职能部门应及时识别和获取本部门适用的安全生产法律法规、标准规范，并跟踪、掌握有关法律法规、标准规范的修订情况，及时提供给企业内负责识别和获取适用的安全生产法律法规的主管部门汇总。

企业应将适用的安全生产法律法规、标准规范及其他要求及时传达给从业人员。

企业应遵守安全生产法律法规、标准规范，并将相关要求及时转化为本单位的规章制度，贯彻到各项工作中。

2）规章制度。企业应建立健全安全生产规章制度，并发放到相关工作岗位，规范从业人员的生产作业行为。

安全生产规章制度至少应包含下列内容：安全生产职责、安全生产投入、文件和档案管理、隐患排查与治理、安全教育培训、特种作业人员管理、设备设施安全管理、建设项目安全设施“三同时”管理、生产设备设施验收管理、生产设备设施报废管理、施工和检维修安全管理、危险物品及重大危险源管理、作业安全管理、相关方及外用工管理、职业健康管理、防护用品管理、应急管理、事故管理等。

3）操作规程。企业应根据生产特点，编制岗位安全操作规程，并发放到相关岗位。

4）评估。企业应每年至少一次对安全生产法律法规、标准规范、规章制度、操作规程的执行情况进行检查评估。

5）修订。企业应根据评估情况、安全检查反馈的问题、生产安全事故案例、绩效评定结果等，对安全生产管理规章制度和操作规程进行修订，确保其有效和适用，保证每个岗位所使用的为最新有效版本。

6）文件和档案管理。企业应严格执行文件和档案管理制度，确保安全规章制度和操作规程编制、使用、评审、修订的效力。

企业应建立主要安全生产过程、事件、活动、检查的安全记录档案，并加强对安全记录的有效管理。

（5）教育培训

1）教育培训管理。企业应确定安全教育培训主管部门，按规定及岗位需要，定期识别安全教育培训需求，制订、实施安全教育培训计划，提供相应的资源保证。

应做好安全教育培训记录，建立安全教育培训档案，实施分级管理，并对培训效果进行评估和改进。

2）安全生产管理人员教育培训。企业的主要负责人和安全生产管理人员，必须具备与本单位所从事的生产经营活动相适应的安全生产知识和管理能力。法律法规要求必须对其安全生产知识和管理能力进行考核的，须经考核合格后方可任职。

3）操作岗位人员教育培训。企业应对操作岗位人员进行安全教育和生产技能培训，使其熟悉有关的安全生产规章制度和安全操作规程，并确认其能力符合岗位要求。未经安全教育培训，或培训考核不合格的从业人员，不得上岗作业。

新入厂（矿）人员在上岗前必须经过厂（矿）、车间（工段、区、队）、班组三级安全教育培训。

在新工艺、新技术、新材料、新设备设施投入使用前，应对有关操作岗位人员进行专门的安全教育和培训。

操作岗位人员转岗、离岗一年以上重新上岗者，应进行车间（工段、区、队）、班组安全教育培训，经考核合格后，方可上岗工作。

从事特种作业的人员应取得特种作业操作资格证书，方可上岗作业。

4）其他人员教育培训。企业应对相关方的作业人员进行安全教育培训。作业人员进入作业现场前，应由作业现场所在单位对其进行进入现场前的安全教育培训。

企业应对外来参观、学习等人员进行有关安全规定、可能接触到的危害及应急知识的教育和告知。

5）安全文化建设。企业应通过安全文化建设，促进安全生产工作。

企业应开展多种形式的安全文化活动，引导全体从业人员的安全态度和安全行为，逐步形成为全体员工所认同、共同遵守、带有本单位特点的安全价值观，实现法律和政府监管要求之上的安全自我约束，保障企业安全生产水平持续提高。

(6) 生产设备设施

1) 生产设备设施建设。企业建设项目的所有设备设施应符合有关法律法规、标准规范要求；安全设备设施应与建设项目主体工程同时设计、同时施工、同时投入生产和使用。

企业应按规定对项目建议书、可行性研究、初步设计、总体开工方案、开工前安全条件确认和竣工验收等阶段进行规范管理。

生产设备设施变更应执行变更管理制度，履行变更程序，并对变更的全过程进行隐患控制。

2) 设备设施运行管理。企业应对生产设备设施进行规范化管理，保证其安全运行。

企业应有专人负责管理各种安全设备设施，建立台账，定期检维修。对安全设备设施应制订检维修计划。

设备设施检维修前应制定方案。检维修方案应包含作业行为分析和控制措施。检维修过程中应执行隐患控制措施并进行监督检查。

安全设备设施不得随意拆除、挪用或弃置不用；确因检维修拆除的，应采取临时安全措施，检维修完毕后立即复原。

3) 新设备设施验收及旧设备拆除、报废。设备的设计、制造、安装、使用、检测、维修、改造、拆除和报废，应符合有关法律法规、标准规范的要求。

企业应执行生产设备设施到货验收和报废管理制度，应使用质量合格、设计符合要求的生产设备设施。

拆除的生产设备设施应按规定进行处置。拆除的生产设备设施涉及危险物品的，须制定危险物品处置方案和应急措施，并严格按规定组织实施。

(7) 作业安全

1) 生产现场管理和生产过程控制。企业应加强生产现场安全管理和生产过程的控制。对生产过程及物料、设备设施、器材、通道、作业环境等存在的隐患，应进行分析和控制。对动火作业、受限空间内作业、临时用电作业、高处作业等危险性较高的作业活动实施作业许可管理，严格履行审批手续。作业许可证应包含危害因素分析和安全措施等内容。

企业进行爆破、吊装等危险作业时，应当安排专人进行现场安全管理，确保安全规程的遵守和安全措施的落实。

2) 作业行为管理。企业应加强生产作业行为的安全管理。对作业行为隐患、设备设施使用隐患、工艺技术隐患等进行分析，采取控制措施。

3) 警示标志。企业应根据作业场所的实际情况，按照GB2894及企业内部规定，在有较大危险因素的作业场所和设备设施上，设置明显的安全警示标志，进行危险提示、警示，告知危险的种类、后果及应急措施等。

企业应在设备设施检维修、施工、吊装等作业现场设置警戒区域和警示标志，在检维修现场的坑、井、洼、沟、陡坡等场所设置围栏和警示标志。

4）相关方管理。企业应执行承包商、供应商等相关方管理制度，对其资格预审、选择、服务前准备、作业过程、提供的产品、技术服务、表现评估、续用等进行管理。

企业应建立合格相关方的名录和档案，根据服务作业行为定期识别服务行为风险，并采取行之有效的控制措施。

企业应对进入同一作业区的相关方进行统一安全管理。

不得将项目委托给不具备相应资质或条件的相关方。企业和相关方的项目协议应明确规定双方的安全生产责任和义务。

5）变更。企业应执行变更管理制度，对机构、人员、工艺、技术、设备设施、作业过程及环境等永久性或暂时性的变化进行有计划的控制。

变更的实施应履行审批及验收程序，并对变更过程及变更所产生的隐患进行分析和控制。

（8）隐患排查和治理

1）隐患排查。企业应组织事故隐患排查工作，对隐患进行分析评估，确定隐患等级，登记建档，及时采取有效的治理措施。

法律法规、标准规范发生变更或有新的公布，以及企业操作条件或工艺改变，新建、改建、扩建项目建设，相关方进入、撤出或改变，对事故、事件或其他信息有新的认识，组织机构发生大的调整的，应及时组织隐患排查。

隐患排查前应制定排查方案，明确排查的目的、范围，选择合适的排查方法。排查方案应依据：有关安全生产法律、法规要求；设计规范、管理标准、技术标准；企业的安全生产目标等。

2）排查范围与方法。企业隐患排查的范围应包括所有与生产经营相关的场所、环境、人员、设备设施和活动。

企业应根据安全生产的需要和特点，采用综合检查、专业检查、季节性检查、节假日检查、日常检查等方式进行隐患排查。

3）隐患治理。企业应根据隐患排查的结果，制定隐患治理方案，对隐患及时进行治理。

隐患治理方案应包括目标和任务、方法和措施、经费和物资、机构和人员、时限和要求。重大事故隐患在治理前应采取临时控制措施并制定应急预案。

隐患治理措施包括：工程技术措施、管理措施、教育措施、防护措施和应急措施。

治理完成后，应对治理情况进行验证和效果评估。

4）预测预警。企业应根据生产经营状况及隐患排查治理情况，运用定量的安全生产预测预警技术，建立体现企业安全生产状况及发展趋势的预警指数系统。

（9）重大危险源监控

1）辨识与评估。企业应依据有关标准对本单位的危险设施或场所进行重大危险源辨识与安全评估。

2）登记建档与备案。企业应当对确认的重大危险源及时登记建档，并按规定备案。

3）监控与管理。企业应建立健全重大危险源安全管理制度，制定重大危险源安全管理技术措施。

（10）职业健康

1）职业健康管理。企业应按照法律法规、标准规范的要求，为从业人员提供符合职业健康要求的工作环境和条件，配备与职业健康保护相适应的设施、工具。

企业应定期对作业场所职业危害进行检测，在检测点设置标识牌予以告知，并将检测结果存入职业健康档案。

对可能发生急性职业危害的有毒、有害工作场所，应设置报警装置，制定应急预案，配置现场急救用品、设备，设置应急撤离通道和必要的泄险区。

各种防护器具应定点存放在安全、便于取用的地方，并有专人负责保管，定期校验和维护。

企业应对现场急救用品、设备和防护用品进行经常性的检维修，定期检测其性能，确保其处于正常状态。

2）职业危害告知和警示。企业与从业人员订立劳动合同时，应将工作过程中可能产生的职业危害及其后果和防护措施如实告知从业人员，并在劳动合同中写明。

企业应采用有效的方式对从业人员及相关方进行宣传，使其了解生产过程中的职业危害、预防和应急处理措施，降低或消除危害后果。

对存在严重职业危害的作业岗位，应按照 GBZ158 要求设置警示标识和警示说明。警示说明应载明职业危害的种类、后果、预防和应急救治措施。

3）职业危害申报。企业应按规定，及时、如实向当地主管部门申报生产过程中存在的职业危害因素，并依法接受其监督。

（11）应急救援

1）应急机构和队伍。企业应按规定建立安全生产应急管理机构或指定专人负责安全生产应急管理工作。

企业应建立与本单位安全生产特点相适应的专兼职应急救援队伍，或指定专兼职应急救援人员，并组织训练；无须建立应急救援队伍的，可与附近具备专业资质的应急救援队伍签订服务协议。

2）应急预案。企业应按规定制定生产安全事故应急预案，并针对重点作业岗位制定应急处置方案或措施，形成安全生产应急预案体系。

应急预案应根据有关规定报当地主管部门备案，并通报有关应急协作单位。

应急预案应定期评审，并根据评审结果或实际情况的变化进行修订和完善。

3）应急设施、装备、物资。企业应按规定建立应急设施，配备应急装备，储备应急物资，并进行经常性的检查、维护、保养，确保其完好、可靠。

4）应急演练。企业应组织生产安全事故应急演练，并对演练效果进行评估。根据评估结果，修订、完善应急预案，改进应急管理工作。

5）事故救援。企业发生事故后，应立即启动相关应急预案，积极开展事故救援。

（12）事故报告、调查和处理

1）事故报告。企业发生事故后，应按规定及时向上级单位、政府有关部门报告，并妥善保护事故现场及有关证据。必要时向相关单位和人员通报。

2）事故调查和处理。企业发生事故后，应按规定成立事故调查组，明确其职责与权限，进行事故调查或配合上级部门的事故调查。

事故调查应查明事故发生的时间、经过、原因、人员伤亡情况及直接经济损失等。

事故调查组应根据有关证据、资料，分析事故的直接、间接原因和事故责任，提出整改措施和处理建议，编制事故调查报告。

（13）绩效评定和持续改进

1）绩效评定。企业应每年至少一次对本单位安全生产标准化的实施情况进行评定，验证各项安全生产制度措施的适宜性、充分性和有效性，检查安全生产工作目标、指标的完成情况。

企业主要负责人应对绩效评定工作全面负责。评定工作应形成正式文件，并将结果向所有部门、所属单位和从业人员通报，作为年度考评的重要依据。

企业发生死亡事故后应重新进行评定。

2）持续改进。企业应根据安全生产标准化的评定结果和安全生产预警指数系统所反映的趋势，对安全生产目标、指标、规章制度、操作规程等进行修改完善，持续改进，不断提高安全绩效。

第二节　安全生产标准化建设相关规定与要求

在各类企业中积极推行并实施安全生产标准化建设，是实现企业安全生产、可持续发展的一项重要工作。为了全面推进企业安全生产标准化建设，进一步规范企业安全生产行为，改善安全生产条件，强化安全基础管理，有效防范和坚决遏制重特大事故发生，国务院从2004年至2011年的几个相关重要文件中，都做了明确的规定。按照国务院的安排部署，国务院安委会出台《关于深入开展企业安全生产标准化建设的指导意见》文件，充分阐明了深入开展企业安全生产标准化建设的重要意义和目标任务要求，也明确规定了企业安全生产标准化建设达标的实施措施和时间节点，是企业开展安全生产标准化建设的纲领性文件，对搞好安全生产质量标准化，建设本质安全型企业有着现实的指导意义。

一、《深入开展企业安全生产标准化岗位达标工作的指导意见》相关要点

2011年5月30日，国家安全监管总局、中华全国总工会、共青团中央联合印发《深入开展企业安全生产标准化岗位达标工作的指导意见》（安监总管四〔2011〕82号）。其目的，是为贯彻落实《国务院关于进一步加强企业安全生产工作的通知》（国发〔2010〕23号）和《国务院办公厅关于继续深化“安全生产年”活动的通知》（国办发〔2011〕11号）精神，更加有效地推进企业安全生产标准化建设工作，指导各地企业深入开展岗位达标，强化安全生产基层基础工作。

该指导意见的主要内容和要求如下：

1. 岗位达标的重要性

（1）岗位达标是企业安全生产标准化的基本条件。岗位是企业安全管理的基本单元，在安全生产标准化建设过程中，应当通过考核、评定或鉴定等方式，对每个岗位作业人员的知识、技能、素质、操作、管理及其作业条件、现场环境等进行全面评价，确认是否达到岗位标准。只有每个岗位，尤其是基层操作岗位，将国家有关安全生产法律法规、标准规范和企业安全管理制度落到实处，实现岗位达标，才能真正实现企业达标。

（2）岗位达标是企业开展安全生产标准化建设工作的重要基础。目前工矿商贸行业中大部分企业为中小型企业，这些企业安全管理基础薄弱、事故隐患多，在开展安全生产标准化建设工作时，面临人才短缺、投入不足等实际困难，在逐步完善作业条件、改良安全设施和提高安全生产管理水平的同时，应从开展岗位达标入手，加强安全生产基础建设，重点解决岗位操作问题和作业现场管理问题，为实现企业达标奠定基础。

（3）岗位达标是企业防范事故的有效途径。据统计，企业生产安全事故多数是由“三违”（违章指挥、违规作业、违反劳动纪律）造成的。有效遏制较大以上事故、减少事故总量，必须落实各岗位的安全生产责任制，提高岗位人员的安全意识和操作技能，规范作业行为，实现岗位达标，减少和杜绝“三违”现象，全面提升现场安全管理水平，进而防范各类事故的发生。

2. 岗位达标的目标

企业开展岗位达标工作，以基层操作岗位达标为核心，不断提高职工安全意识和操作技能，使职工做到“三不伤害”（不伤害自己、不伤害别人、不被别人伤害）；规范现场安全管理，实现岗位操作标准化，保障企业达标。

3. 实现岗位达标的途径

（1）制定岗位标准，明确岗位达标要求。企业要结合各岗位的性质和特点，依据国家有关法律法规、标准规范制定各个岗位的岗位标准。岗位标准是该岗位人员作业的综合规范和要求，其内容必须具体全面、切实可行。岗位标准主要要求如下：

1）岗位职责描述。

2）岗位人员基本要求：年龄、学历、上岗资格证书、职业禁忌证等。

3）岗位知识和技能要求：熟悉或掌握本岗位的危险有害因素（危险源）及其预防控制措施、安全操作规程、岗位关键点和主要工艺参数的控制、自救互救及应急处置措施等。

4）行为安全要求：严格按操作规程进行作业，执行作业审批、交接班等规章制度，禁止各种不安全行为及与作业无关行为，对关键操作进行安全确认，不具备安全作业条件时拒绝作业等。

5）装备护品要求：生产设备及其安全设施、工具的配置、使用、检查和维护，个体防护用品的配备和使用，应急设备器材的配备、使用和维护等。

6）作业现场安全要求：作业现场清洁有序，作业环境中粉尘、有毒物质、噪声等浓度（强度）符合国家或行业标准要求，工具物品定置摆放，安全通道畅通，各类标识和安全标志醒目等。

7）岗位管理要求：明确工作任务，强化岗位培训，开展隐患排查，加强安全检查，分析事故风险，铭记防范措施并严格落实到位。

8）其他要求：结合本企业、专业及岗位的特点，提出的其他岗位安全生产要求。

企业要定期评审、修订和完善岗位标准，确保岗位标准持续符合安全生产的实际要求。在国家法律法规和标准规范、企业的生产工艺和设备设施、岗位职责等发生变化时，及时对岗位标准进行修订、完善。

（2）建立评定制度，确定达标评定程序。企业要建立岗位达标评定工作制度，对照岗位标准确定量化的评定指标，明确评定工作的方式、程序、评定结果处理等内容。企业岗位达标评定可以采用达标考试、岗位自评、班组互评、上级对下级评定、成立评定小组统一评定等方式进行。安全生产标准化评审单位在现场评审时，要按有关规定将岗位达标作为安全生产标准化的重要内容进行考评，对重要岗位和关键岗位的达标情况进行抽查。

（3）切实加强班组建设。将班组安全管理作为岗位达标的重要内容，从规范班前会、开展经常性的安全教育等班组安全活动入手，将各项安全管理措施落实到班组，将安全防范技能落实到每一个班组成员，强基固本，真正把生产经营筑牢在安全基础上。

（4）丰富达标形式，推动岗位达标创新。企业可采取开展班组建设活动、危险预知训练、岗位大练兵、岗位技术比武、全员持证上岗、师傅传帮带等切合实际、形式多样的活动，营造“全员参与岗位达标，人人实现岗位安全”的活动氛围，不断提升职工的安全素质，推动岗位达标工作。

4. 岗位达标的保障措施

（1）落实企业责任，规范岗位达标。企业是岗位达标的主体，要切实加强对岗位达标工作的领导，紧密结合生产经营实际，突出重点岗位和关键环节，组织制定本企业推进岗位达标工作的方案，并建立有关岗位达标工作制度，定期组织开展岗位达标工作检查，做到“岗位有职责、作业有程序、操作有标准、过程有记录、绩效有考核、改进有保障”，提高达标质量，确保岗位达标工作持续、有效地开展。

（2）加大宣教力度，提升岗位技能。各企业要增强岗位教育培训尤其是基层岗位教育培训的针对性，使职工具备危险预知能力、应急处置能力、安全操作技能等，自觉抵制“三违”行为。企业要充分利用班前班后会、安全讲座、安全知识竞赛和安全日活动等各种方式，开展经常性、职工喜闻乐见的安全教育培训，不断强化和提升职工安全素质。

（3）制定奖罚措施，促进岗位达标。各企业要建立并完善企业岗位达标工作的激励和约束机制，制定具体的奖罚措施，将岗位达标与职工薪酬福利、职位晋升、评先评优等挂钩；对规定期限内不达标的，采取重新培训、调岗、待岗等措施。

（4）加大安全投入，创造达标条件。各企业要加大安全投入，为开展岗位达标工作提供人、财、物等方面的条件，确保作业环境、安全设施、人员防护等方面符合国家有关法律法规和标准规范的要求，为岗位达标以及现场标准化创造条件。

（5）树立典型示范，引领岗位达标。各企业要在岗位达标工作中，积极总结经验，学习借鉴其他企业岗位达标工作的经验和做法，在企业内树立岗位达标的典型，鼓励职工互帮互学，开创你追我赶、争创岗位达标的局面，进一步推动和促进岗位达标。

（6）加强工作指导，推动岗位达标。各级安全监管部门要把岗位达标作为安全生产标准化建设的一项重要内容，抓好企业负责人的业务培训；加强指导和组织协调，强化对企业岗位达标工作的监督检查，指导督促企业落实岗位达标的要求；适时总结和推广岗位达标工作中的成功经验和做法，为企业之间相互交流学习提供渠道和平台；充分利用电视、广播、报纸等新闻媒体，加强岗位达标的宣传，营造良好的舆论氛围。

各级工会组织要充分发挥引导职能，组织技能比赛、技术比武、师徒帮教、岗位练兵等活动，推广选树“金牌工人”“首席职工”“创新能手”“创新示范岗”的经验，结合创建“工人先锋号”“安康杯”竞赛等活动，不断提高员工安全意识和安全技能；要发挥安全生产监督检查职能，加强对岗位达标的检查，推动岗位达标。

各级团组织要深入推进青年文明号、青年岗位能手、青工技能振兴计划，开展“争创青年安全生产示范岗”活动，激励引导广大青年职工强化安全生产意识，提高安全生产技能，促进岗位达标。

二、《加强企业安全生产规范化建设的指导意见》相关要点

2010 年 8 月 20 日，国家安全生产监督管理总局印发《关于进一步加强企业安全生产规范化建设严格落实企业安全生产主体责任的指导意见》（安监总办〔2010〕139 号），目的是为了认真贯彻落实《国务院关于进一步加强企业安全生产工作的通知》（国发〔2010〕23 号）精神，进一步加强企业安全生产规范化建设，严格落实企业安全生产主体责任，提高企业安全生产管理水平，实现全国安全生产状况持续稳定好转。该指导意见的主要内容有：

1. 总体要求

深入贯彻落实科学发展观，坚持安全发展理念，指导督促企业完善安全生产责任体系，建立健全安全生产管理制度，加大安全基础投入，加强教育培训，推进企业全员、全过程、全方位安全管理，全面实施安全生产标准化，夯实安全生产基层基础工作，提升安全生产管理工作的规范化、科学化水平，有效遏制重特大事故发生，为实现安全生产提供基础保障。

2. 健全和完善责任体系

（1）落实企业法定代表人安全生产第一责任人的责任。法定代表人要依法确保安全投入、管理、装备、培训等措施落实到位，确保企业具备安全生产基本条件。

（2）明确企业各级管理人员的安全生产责任。企业分管安全生产的负责人协助主要负责人履行安全生产管理职责，其他负责人对各自分管业务范围内的安全生产负领导责任。企业安全生产管理机构及其人员对本单位安全生产实施综合管理；企业各级管理人员对分管业务范围的安全生产工作负责。

（3）健全企业安全生产责任体系。责任体系应涵盖本单位各部门、各层级和生产各环节，明确有关协作、合作单位责任，并签订安全责任书。要做好相关单位和各个环节安全管理责任的衔接，相互支持、互为保障，做到责任无盲区、管理无死角。

3. 健全和完善管理体系

（1）加强企业安全生产工作的组织领导。企业及其下属单位应建立安全生产委员会或安全生产领导小组，负责组织、研究、部署本单位安全生产工作，专题研究重大安全生产事项，制订、实施加强和改进本单位安全生产工作的措施。

（2）依法设立安全管理机构并配齐专（兼）职安全生产管理人员。矿山、建筑施工单位和危险物品的生产、经营、储存单位及从业人员超过 300 人的企业，要设置安全生产管理专职机构或者配备专职安全生产管理人员。其他单位有条件的，应设置安全生产管理机构，或者配备专职或兼职的安全生产管理人员，或者委托注册安全工程师等具有相关专业技术资格的人员提供安全生产管理服务。

（3）提高企业安全生产标准化水平。企业要严格执行安全生产法律法规和行业规程标准，按照《企业安全生产标准化基本规范》（AQ/T9006—2010）的要求，加大安全生产标准化建设投入，积极组织开展岗位达标、专业达标和企业达标的建设活动，并持续巩固达标成果，实现全面达标、本质达标和动态达标。

4. 健全和完善基本制度

（1）安全生产例会制度。建立班组班前会、周安全生产活动日，车间周安全生产调度会，企业月安全生产办公会、季安全生产形势分析会、年度安全生产工作会等例会制度，定期研究、分析、布置安全生产工作。

（2）安全生产例检制度。建立班组班前、班中、班后安全生产检查（即“一班三检”）、重点对象和重点部位安全生产检查（即“点检”）、作业区域安全生产巡查（即“巡检”），车间周安全生产检查、月安全生产大检查，企业月安全生产检查、季安全生产大检查、复工复产前安全生产大检查等例检制度，对各类检查的频次、重点、内容提出要求。

（3）岗位安全生产责任制。以企业负责人为重点，逐级建立企业管理人员、职能部门、车间班组、各工种的岗位安全生产责任制，明确企业各层级、各岗位的安全生产职责，形成涵盖全员、全过程、全方位的责任体系。

（4）领导干部和管理人员现场带班制度。企业主要负责人、领导班子成员和生产经营管理人员要认真执行现场带班的规定，认真制订本企业领导成员带班制度，立足现场安全管理，加强对重点部位、关键环节的检查巡视，及时发现和解决问题，并据实做好交接。

（5）安全技术操作规程。分专业、分工艺制定安全技术操作规程，并在生产条件发生变化时及时重新组织审查或修订。对实施作业许可证管理的动火作业、受限空间作业、爆破作业、临时用电作业、高空作业等危险性作业，要制定专项安全技术措施，并严格审批监督。企业员工应当熟知并严格执行安全技术操作规程。

（6）作业场所职业安全卫生健康管理制度。积极开展职业健康安全管理体系认证。依照国家有关法律法规及规章标准，完善现场职业安全健康设施、设备和手段。为员工配备合格的职业安全卫生健康防护用品，督促员工正确佩戴和使用，并对接触有毒有害物质的作业人员进行定期的健康检查。

（7）隐患排查治理制度。建立安全生产隐患全员排查、登记报告、分级治理、动态分析、整改销号制度。对排查出的隐患实施登记管理，按照分类分级治理原则，逐一落实整改方案、责任人员、整改资金、整改期限和应急预案。建立隐患整改评价制度，定期分析、评估隐患治理情况，不断完善隐患治理工作机制。建立隐患举报奖励制度，鼓励员工发现和举报事故隐患。

（8）安全生产责任考核制度。完善企业绩效工资制度，加大安全生产挂钩比重。建立以岗位安全绩效考核为重点，以落实岗位安全责任为主线，以杜绝岗位安全责任事故为目标的全员安全生产责任考核办法，加大安全生产责任在员工绩效工资、晋级、评先评优等考核中的权重，重大责任事项实行“一票否决”。

（9）高危行业（领域）员工风险抵押金制度。根据各高危行业（领域）特点，推广企业内部全员安全风险抵押金制度，加大奖惩兑现力度，充分调动全员安全生产的积极性和主动性。

（10）民主管理监督制度。企业安全生产基本条件、安全生产目标、重大隐患治理、安全生产投入、安全生产形势等情况应以适当方式向员工公开，接受员工监督。充分发挥班组安全管理监督作用。

保障工会依法组织员工参加本单位安全生产工作的民主管理和民主监督，维护员工安全生产的合法权益。

（11）安全生产承诺制度。企业就遵守安全生产法律法规、执行安全生产规章制度、保证安全生产投入、持续具备安全生产条件等签订安全生产承诺书，向企业员工及社会做出公开承诺，自觉接受监督。同时，员工就履行岗位安全责任向企业做出承诺。

各类企业均要建立以上基本制度，同时要依照国家有关法律法规及规章标准规定，结合本单位实际，建立健全适合本单位特点的安全生产规章制度。

5. 加大安全投入

（1）及时足额提取并切实管好用好安全费用。煤矿、非煤矿山、建筑施工、危险化学品、烟花爆竹、道路交通运输等高危行业（领域）企业必须落实提取安全费用税前列支政策。其他行业（领域）的企业要根据本地区有关政策规定提足用好安全费用。安全费用必须专项用于安全防护设备设施、应急救援器材装备、安全生产检查评价、事故隐患评估整改和监控、安全技能培训和应急演练等与安全生产直接相关的投入。

(2) 确保安全设施投入。严格落实企业建设项目安全设施“三同时”制度，新建、改建、扩建工程项目的安全设施投资应纳入项目建设概算，安全设施与建设项目主体工程同时设计、同时施工、同时投入生产和使用。高危行业（领域）建设项目要依法进行安全评价。

(3) 加大安全科技投入。坚持“科技兴安”战略。健全安全管理工作技术保障体系，
技术管理机构的安全职能，按规定配备安全技术人员。切实落实企业负责人安全
管理负责制，针对影响和制约本单位安全生产的技术问题开展科研攻关，鼓励员
新，积极推广应用先进适用的新技术、新工艺、新装备和新材料，提高企业

训。落实校企合作办学、对口单招、订单式培养等政策，大
的高危行业企业可通过兴办职业学校培养技术人才。结
培训计划和实施方案，针对不同岗位人员落实培训
高员工安全生产素质。
员必须按规定接受培训并取得相应资格
岗员工换岗前要进行岗位操作技能
特种作业人员必须取得特种

贯彻，做到安全宣传教
安全生产技术方法、
员工安全风险辨

把先进的
企业。

监控整改、应急救援等工作机制和管理办法。

设立重大危险源警示标志，并将本单位重大危险源及有关管理措施、应急预案等信息报告有关部门，并向相关单位、人员和周边群众公告。

（3）利用科学的方法加强预警预报。企业应定期进行安全生产风险分析，积极利用先进的技术和方法建立安全生产监测监控系统，进行有效的实时动态预警。遇重大危险源失控或重大安全隐患出现事故苗头时，应当立即预警预报，组织撤离人员、停止运行、加强监控，防止事故发生和事故损失扩大。

8. 加强应急管理，提高事故处置能力

（1）加强应急管理。要针对重大危险源和可能突发的生产安全事故，

组织、应急队伍、应急预案、应急资源、应急培训教育、应急演练

急管理办法，并注重与社会应急组织体系相衔接。加强应急预

预案及其执行中存在的问题并有针对性地予以修改完善，防

造成事故扩大。

（2）提高应急救援保障能力。煤矿、非煤矿山

或兼职人员组成的应急救援队伍；不具备单独建

兼职应急救援队伍外，还应当与邻近建有

联合建立专业应急救援队伍。根据

伍配备必要的应急救援器材

（3）做好事故报告和

告方式、报告对象等要

发生事故的企业主

救，防止事故扩

（4）严

对于事故

落实

改和监控、安全技能培训和应急演练等与安全生产直接相关的投入。

（2）确保安全设施投入。严格落实企业建设项目安全设施“三同时”制度，新建、改建、扩建工程项目的安全设施投资应纳入项目建设概算，安全设施与建设项目主体工程同时设计、同时施工、同时投入生产和使用。高危行业（领域）建设项目要依法进行安全评价。

（3）加大安全科技投入。坚持“科技兴安”战略。健全安全管理工作技术保障体系，强化企业技术管理机构的安全职能，按规定配备安全技术人员。切实落实企业负责人安全生产技术管理负责制，针对影响和制约本单位安全生产的技术问题开展科研攻关，鼓励员工进行技术革新，积极推广应用先进适用的新技术、新工艺、新装备和新材料，提高企业本质安全水平。

6. 加强安全教育培训

（1）强化企业人员素质培训。落实校企合作办学、对口单招、订单式培养等政策，大力培养企业专业技术人才。有条件的高危行业企业可通过兴办职业学校培养技术人才。结合本企业安全生产特点，制订员工教育培训计划和实施方案，针对不同岗位人员落实培训时间、培训内容、培训机构、培训费用，提高员工安全生产素质。

（2）加强安全技能培训。企业安全生产管理人员必须按规定接受培训并取得相应资格证书。加强新进人员岗前培训工作，新员工上岗前、转岗员工换岗前要进行岗位操作技能培训，保证其具有本岗位安全操作、应急处置等知识和技能。特种作业人员必须取得特种作业操作资格证书方可上岗。

（3）强化风险防范教育。企业要推进安全生产法律法规的宣传贯彻，做到安全宣传教育日常化。要及时分析和掌握安全生产工作的规律和特点，定期开展安全生产技术方法、事故案例及安全警示教育，普及安全生产基本知识和风险防范知识，提高员工安全风险辨析与防范能力。

（4）深入开展安全文化建设。注重企业安全文化在安全生产工作中的作用，把先进的安全文化融入企业管理思想、管理理念、管理模式和管理方法中，努力建设安全诚信企业。

7. 加强重大危险源和重大隐患的监控预警

（1）实行重大隐患挂牌督办。企业应当实行重大隐患挂牌督办制度，并及时将重大隐患现状、可能造成的危害、消除隐患的治理方案报告企业所在地相关政府有关部门。对政府有关部门挂牌督办的重大隐患，企业应按要求报告治理进展、治理结果等情况，切实落实企业重大隐患整改责任。

（2）加强重大危险源监控。企业应建立重大危险源辨识登记、安全评估、报告备案、监控整改、应急救援等工作机制和管理办法。

设立重大危险源警示标志，并将本单位重大危险源及有关管理措施、应急预案等信息报告有关部门，并向相关单位、人员和周边群众公告。

（3）利用科学的方法加强预警预报。企业应定期进行安全生产风险分析，积极利用先进的技术和方法建立安全生产监测监控系统，进行有效的实时动态预警。遇重大危险源失控或重大安全隐患出现事故苗头时，应当立即预警预报，组织撤离人员、停止运行、加强监控，防止事故发生和事故损失扩大。

8. 加强应急管理，提高事故处置能力

（1）加强应急管理。要针对重大危险源和可能突发的生产安全事故，制定相应的应急组织、应急队伍、应急预案、应急资源、应急培训教育、应急演练、应急救援等方案和应急管理办法，并注重与社会应急组织体系相衔接。加强应急预案演练，及时分析查找应急预案及其执行中存在的问题并有针对性地予以修改完善，防止因撤离不及时或救援不适当造成事故扩大。

（2）提高应急救援保障能力。煤矿、非煤矿山和危险化学品企业，应当依法建立专职或兼职人员组成的应急救援队伍；不具备单独建立专业应急救援队伍的小型企业，除建立兼职应急救援队伍外，还应当与邻近建有专业救援队伍的企业或单位签订救援协议，或者联合建立专业应急救援队伍。根据应急救援需要储备一定数量的应急物资，为应急救援队伍配备必要的应急救援器材、设备和装备。

（3）做好事故报告和处置工作。事故发生后，要按照规定的报告时限、报告内容、报告方式、报告对象等要求，及时、完整、客观地报告事故，不得瞒报、漏报、谎报、迟报。发生事故的企业主要负责人必须坚守岗位，立即启动事故应急救援预案，采取措施组织抢救，防止事故扩大，减少人员伤亡和财产损失。

（4）严肃事故调查处理。企业要认真组织或配合事故调查，妥善处理事故善后工作。对于事故调查报告提出的防范措施和整改意见，要认真吸取教训，按要求及时整改，并把落实情况及时报告有关部门。

第三节　班组安全生产标准化建设做法

安全生产标准化建设是从企业的安全管理基础入手，制定各工种、各岗位的安全操作规范和工作标准，使每个从业人员、每项作业都有章可循，从根本上消除人的不安全行为。

对于班组来讲，进行安全生产标准化建设，就是要规范班组安全管理的各个环节，通过高标准、严要求、勤检查等手段，搞好班组的现场安全管理，确保安全生产。

一、长龙山铁矿主井班创建安全生产标准化班组的做法

马钢（集团）控股有限公司桃冲矿业公司位于安徽省繁昌县境内，是一个有近百年铁矿石开采历史的矿山，现有职工 1 105 人，下设 7 个车间（含厂、矿）。公司所属长龙山铁矿为国家一级安全标准化企业，主井班隶属于长龙山铁矿，班组位于长龙山铁矿井下 93 米分层，主要担负竖井提升井下矿石（150 米）任务，是井下矿石生产系统的重要工序。

1. 长龙山铁矿主井班基本情况

长龙山铁矿主井班班组成立于 1993 年，20 年来，该班组始终坚持“安全第一，预防为主，综合治理”的安全方针，加强班组建设，不断完善各项安全管理制度，建立健全安全考核机制，将“一岗双责”落实到每个岗位、每位员工，在班组上下共同努力下，先后获得“安徽省模范班组”等荣誉称号。

该班组主要设备有缠绕式卷扬机、电气控制柜、主井井筒机械设施等；工艺为主、副双罐式垂直提升，班组成员共 17 人，其中卷扬机操作工 8 人、卷扬信号工 9 人。

该班组所担负的矿石提升运输的工作，卷扬机运转设备、井口设施、信号等在工作中不得出现任何差错，需要对危险因素准确识别，并采取有效防范措施。按照桃冲矿业公司的统一安排，班组每年进行一次危险源辨识，运用“MES”进行风险评价，并制定防范措施。积极开展安全合理化建议活动，动员每位员工为安全生产献计献策，为安全生产筑牢每一道防线。

2. 主井班生产中存在的主要危险源

主井班在生产中存在的主要危险源与控制措施有：

（1）卷筒转动时，人员横跨钢丝绳，易造成人员被钢丝绳带到摔伤；控制措施：禁止横跨钢丝绳。

（2）设备运行时加油，易造成火灾、人身伤害；控制措施：禁止加油。

（3）人员进入高压柜内部，易造成人员触电；控制措施：停电、验电。

（4）制动盘上有油污，制动效果不好、刹车不灵，易造成过卷；控制措施：经常使用洁布擦拭。

（5）信号不明，易造成卷扬机蹲罐、过卷；信号不明时，控制措施：必须取得联系。

（6）罐门、摇台和阻车器未及时动作，易造成矿车坠落；控制措施：保持设备运行良好，严格确认。

（7）主井处理掉道时，未确认安全开关是否处于关闭状态，易造成开车时伤人；控制措施：提前确认。

该班组在生产中还存在的职业危害主要有粉尘、噪声，通过检测全部达标。班组同时也加强员工的个人防护，积极做好职业危害防控措施。

3. 主井班安全生产标准化创建过程

自 2013 年 4 月该矿进行创建安全标准化示范班组以来，主井班在原有的基础上，按照国家的标准，对班组各类安全管理制度、各类操作及检查标准、各类设备、安全检查表格等进行了修订和补充完善，共计 49 项。在班组范围内进一步普及安全标准化的有关制度和要求，同时更加严格地要求班组员工按照安全标准化操作规范进行日常操作，不断提高员工岗位安全技能与操作技能。

在创建过程中，该班组分别修订和补充完善了安全生产责任制、交接班制度、班组会议制度、班组安全生产检查制度、班组安全生产培训教育制度、班组安全生产确认制度、班组安全生产联保互保制度、班组安全生产奖惩制度等。并且要求班组成员都能熟悉掌握。班组员工在作业时严格遵守《卷扬机工安全技术操作规程》《卷扬信号工安全技术操作规程》。秉承科学、合理、适用的原则，同时修订和完善了现场管理标准、员工行为标准、岗位作业标准、设备点检标准、质量控制标准。班组每半年实施一次主井罐笼断绳、脱钩试验，在施工之前，由长龙山铁矿安全组制定安全作业指导书，报批矿业公司安环科后组织施工人员学习，最后才进行施工。班组 8 名卷扬机操作工均取得了特种作业资格证书，并按照规定时间要求及时年审，证书复印件保存在班组。

该班组每月定期制订安全宣传教育培训计划，并利用每周一的班组安全会时间进行学习。班组对操作岗位人员进行定期安全教育和操作技能培训，使其熟悉有关安全生产规章制度、安全技术操作规程，员工必须经考核合格并取证后方可上岗。新员工在上岗前经过三级安全教育培训，安排老师傅与其签订“师徒合同”，制订系统的培训计划，并进行指导和考核。

该班组按要求建立了静态管理制度类台账，如班组人员基本情况表、主要作业内容及危险因素一览表、年度安全工作目标及工作计划、安全承诺书、岗位职责、各项管理制度、作业指导书、安全设施登记、劳保用品管理。同时建立了动态原始记录类台账，如安全活动（会议）记录、安全教育记录、安全检查记录、隐患整改记录、危险源（点）监控记录、危险作业和非常规活动班组安全技术交底记录、班组自主点检记录、事故预想与应急演练记录、安全考核记录。

该班组对管辖区域内的安全护栏、灭火器、梯子等安全设施定期进行维护保养，确保其齐全和完好有效。对检维修临时拆除安全设施的，班组还制定安全防范措施，传达到每一个职工，严格执行措施中的各项规定，检修结束立即恢复安全设施。

4. 作业活动标准化的创建与完善

该班组在作业之前，进行工器具和操作规程的准备、班前安全检查和生产现场的安全巡视，掌握安全状况。班前安全检查内容包括：设备运转情况、作业现场隐患、班组成员劳动纪律、精神状态、劳保用品的配备与穿戴情况等，并在安全检查表中记录。

班次交班时，交班人员与接班人员在一起研究讨论当班安全生产情况，并进行现场确认，同时在安全检查表中记录。每班人员在作业前，先进行危险源辨识并填写危险源检查表。每班班前对班组安全情况进行检查，发现问题及时处理，并在点检表与安全检查表上记录。针对特殊作业如主井罐笼断绳脱钩试验则制定了专门的“安全作业指导书”，同时制定了“井下突然停电现场应急处置方案”。

班组通过开展日常安全教育培训、职工行为观察、“反三违”活动等对作业方式不正确、操作动作不合理、站位不当等行为隐患采取纠正和控制措施。并采用计算机视频的方式展示岗位安全标准化作业流程，指导员工作业。

班组对作业现场的整理、整顿、清扫和清洁工作，明确分工、落实责任，严格做到现场整洁、有序、物流顺畅、标识规范。作业现场的照明、通风、噪声、温度、湿度、安全通道、梯子、护栏、安全标识标志等均符合相关法律法规的要求。

5. 安全生产标准化支撑的创建与完善

该班组确定每周一为安全活动日，围绕作业安全和班组安全管理开展安全活动，全员参加，明确活动内容和活动主题，同时在一起研讨交流班组安全生产事宜，大家踊跃发言，献计献策，活动时间保持在45分钟以上。班组每月召开一次安全专题会，研究解决作业安全中存在的主要问题。班组每周一召开安全专题会议，班组每个员工每周进行一次提案活动，日常开展合理化建议活动。

班组作业场所环境和条件符合职业健康有关法律法规、标准规范的要求。矿业公司定期邀请具有资质的机构进行作业场所的职业危害检测，各项有害因素均符合国家标准。岗位职工熟练掌握职业危害防护的基本知识和基本技能。矿业公司每两年对职工进行职业病健康体检。

班组的灭火器、梯子、安全护栏、绝缘手套等各种防护器具均定点存放在安全、便于取用的地方，并有专人负责保管，定期校验和维护，确保其处于正常状态。岗位职工正确佩戴和使用劳动防护用品、器具。作业场所职业危害检测点设置标识牌予以告知，并将检测结果存入职业健康档案。职工明确岗位工作过程中可能产生的职业危害及其后果和防护措施。

该班组按照企业应急救援体系和预案体系，结合本班组特点，针对岗位存在的薄弱环节和可能发生的事故，编制了“井下突然停电现场应急处置方案”。班组成员熟练掌握紧急情况下的处置方法、处理程序、应急联络电话和联络方式。班组每年参加一次专项预案的培训和演练，每半年组织一次现场应急处置方案的培训和演练，对演练效果进行评估，提出改善提案，并对应急处置方案进行修改和完善。

2013 年，主井班严格按照安全管理标准化的要求，稳步推进班组各项安全管理工作，取得了安全无事故的优异成绩，达到安全生产标准化安全绩效一级标准。

二、重油加氢车间五班将安全标准化融入日常工作的做法

中国石化齐鲁石油化工公司是特大型石油化工联合企业，位于山东省淄博市临淄区，北距胜利油田 40 千米，现有职工 4.8 万人。经过几十年的建设，已发展为能够生产 120 多种石化产品的特大型石油化工联合企业，是我国主要的原油加工基地和塑料、化肥、合成橡胶、烧碱及沥青生产基地之一。

齐鲁石化公司所属胜利炼油厂重油加氢车间五班，针对石化切眼所存在的高温高压、易燃易爆、连续性生产等特点，在班组操作层面进行安全预防控制管理，围绕“职工职业卫生、班组安全”“如何进行班组自我管理”“如何在现有的安全规章制度上建立安全标准化班组”等内容，于 2012 年年底启动了安全管理标准化示范班组创建活动。在创建活动中，重油加氢车间五班作为最先开展创建活动的班组之一，积极投入创建工作，努力以新的工作标准规范日常行为，以安全标准化理念促进安全习惯养成，以实际行动确保企业本质安全，有效筑牢了安全风险防线，形成了良好的安全文化氛围。2013 年，重油加氢五班荣获了全国“安康杯”竞赛优胜班组称号，被评为齐鲁石化公司“三好”班组。

1. 注重职工思想引导，树立安全标准化先进理念

为了开展好这项活动，该班组从思想入手，及时引导职工转变思想观念，树立安全标准化先进理念，激发参与活动的积极性和主动性，带动起了班组创建活动的热情。

（1）宣贯安全标准化理念。有效推动班组创建活动，班长是关键。通过积极参与车间创建活动的启动工作，做到要求职工掌握的首先班长要掌握，要求职工落实的首先班长要落实。在参与创建活动中，该班组结合近年来开展的“我要安全”主题活动，通过各种场合认真宣贯安全标准化理念，使职工明白安全标准化建设是在原有安全规章上再规范、再梳理，形成更适合班组、更有利于职工掌握的形式，是有效保证安全的非常有意义的一项

活动，也使职工认识到安全标准化是一种趋势，是企业管理水平进步的标志，不仅不会额外增加工作负担，还会使原来的工作要求更加具体化、规范化、标准化，有利于提高安全水平和工作效率，这样就将安全标准化的理念传递到了每一个班组成员心里。

（2）实施安全标准化培训。在车间的牵头组织下，该班组集思广益，整合资源，编写了“安全标准化班组”创建活动实施方案，明确了各岗位职工的HSE责任制，对班组职工接班前、当班和交班的安全标准做出了明确的规定，对“三道防线”和“今天我是安全员”活动的管理办法进一步细化，并建立了行之有效、贴近实际的考核激励机制。在此基础上，该班组简明实用的标准作业规范很快得到了职工的高度认可，大家开始按照各项标准规范自己的行为。比如，要进行采样作业，职工首先会想到准备工作是否符合要求（要系好工作服袖口、领口，戴好手套），同时会联想到有哪些安全环保注意事项（防止烫伤、着火，作业一定要缓慢；注意现场清洁，备好采样污油桶……），大家都说：“作业安全标准化使工作更加具体、严谨，可以规范安全地完成作业，干起活来心里更有底，职工的本质安全更能得到保证。”

（3）推行“安全故事会”。2013年以来，该班组开展了“安全故事会”活动，改变了以前班组安全活动时“领导台上讲，职工台下听”的枯燥教育模式，让职工讲述自己亲身经历或身边的安全案例，分享感悟和教训，形成了职工间思想的同频共振。通过班组职工讲自己的“惊魂一刻”“危险瞬间”“多亏了安全帽”等亲身感受和体会，不仅增强了安全意识，也为落实安全标准化行为、消除隐患、处理事故提供了借鉴。

2. 认真落实工作机制，将安全标准化融入日常工作

安全标准化关键在于安全行为的规范。为达到安全标准化创建的要求，该班组认真参与各项安全活动，严格落实有关安全工作规范，履行好每名职工的职责，形成了人人学安全、会安全、管安全的良好氛围，保证了各项工作的顺利进行。

（1）开展“安全喊话”活动。班组上班时由轮值安全员进行安全喊话，提醒大家注意精神风貌、劳保穿戴、工作提示、安全措施等，安全生产只有“规定动作”，没有“自选动作”。班长对班组的安全管理实行八小时上挂下联，执行安全“四部曲”，即上班之前给职工发温馨短信，叮嘱班员：“今天降温，注意增加衣物防寒，班前预检注意检查防冻凝”；班前会上对职工进行安全提醒，班中做好安全叮嘱，班后进行安全总结。最重要的就是八小时之内的安全管理，班长就通过“安全喊话”形式，发动班组员工开展行之有效的互查互帮、相互提醒，对事故苗头、违章行为及时发现、互相监督，有效提升了班组成员的安全意识和安全防护能力，确保了班组安全生产的顺利进行。

（2）开展“今天我是安全员”活动。“今天我是安全员”活动是班组引领安全的一个亮点，班组人员轮流当值“安全员”，当班与上班轮值“安全员”需要进行交接，了解上个班

组的安全形势、生产及现场施工作业状态等。接班时，“安全员”带领班组人员进行安全学习、安全喊话，学习安全制度、安全生产禁令等。当班期间对各项施工作业进行全面安全监管，班后要进行安全总结。在持续开展“今天我是安全员”的活动中，每个人都尽心尽力地当好“安全员”，形成了人人保安全、事事讲安全的风气，班组成员的安全意识、责任意识不断增强，很好地促进了各项安全工作的深入落实，涌现出了一批安全卫士。

（3）实施“当班作业安全标准流程”。车间制定了“当班作业安全标准”，从班前的预检，到班中操作，再到交班，每个岗位、每个职工需要做什么、应该怎么做，都有了严格的规定，职工只要按照统一的标准做好“规定动作”，就能确保安全。班长带领班组成员从准备上班到接班前预检，从每一项标准作业执行，到记录交接班安全回家，都做得一丝不苟，认真执行了安全标准流程，多次及时发现处理重大隐患，控制了风险，保证了安全生产，班长和机组岗长都被评为了厂级季度“安全之星”。

（4）实施班组安全“两卡”制度。“标准作业卡”和“安全监护卡”是安全生产和检维修的两大“法宝”。“标准作业卡”是车间根据作业性质、技术要求、安全风险而制定的工作标准和程序，已经成为比较成熟的做法，班组各种作业时严格执行标准卡，就不会出现安全问题。“安全监护卡”是车间将安全监护工作标准化，梳理了各种作业监护期间风险控制的注意事项，使职工进行监护作业时有规范可依。2013 年 3 月重油加氢装置实施检修和节能改造，五班职工严格执行“两卡”制度，配合车间圆满完成了检修任务，实现了零事故、零排放、一次开车成功的目标，车间也被评为公司检修现场安全样板车间。

3. 着眼安全习惯养成，催生安全标准化行为文化

“安全标准化”创建工作没有止境，班组安全管理没有止境。该班组不局限于做制度规范的单纯执行者，更积极领悟和应用标准化的理念，在工作中互相监督、互相交流、互相帮助，在潜移默化中使“安全标准化”融入工作各环节，化为职工安全习惯，形成“安全小家”的班组行为文化，成为工作不可或缺的一部分。

（1）对照标准的贴心提醒。活动开展以来，该班组职工更多地参与到各项安全工作之中，不仅认真学习掌握所制定的安全标准化班组管理规定，规范自己的日常工作行为，还在作业时主动提醒同事遵守标准规范，防范安全风险。例如班组在处理仪表放空时，职工不仅会自觉佩戴好防毒口罩，站在上风口，还互相提醒在介质冷却后再放空，防止烫伤。班长在班前、班后会上，会有针对性地点评安全工作，提出需要改进的地方及下次工作注意事项。轮值安全员也时时刻刻进行安全提醒，同事的安全提醒比车间领导、管理人员的说教更容易让人接受，使得班组成员安全标准化理念互相渗透，形成了浓厚的安全文化氛围。

（2）营造“班组安全屋”。按照创建安全标准化示范班组的要求，“班组安全屋”应运

而生，屋内悬挂企业班组“安全屋”宣教挂图，图文并茂，安全标准简明易懂，“岗位HSE职责”“今天我是安全员活动流程”“空气呼吸器佩戴步骤”等安全标准化规章制度都形象地展现在看板上，职工之间亲人般的安全箴言标语也传递着暖暖真情，“幸福是棵树，安全是沃土”等富有哲理的语句时时给大家安全感悟。职工在“班组安全屋”学习安全知识，交流安全体验，在处处体现家庭文化的氛围下，会自觉规范作业行为，更加重视作业安全，生产作业时可以随时提醒自己养成按章作业的好习惯，努力实现“三违”为零、伤害为零、职业病为零的安全目标。

（3）天天定装自我警示。装置操作室门镶嵌了真人般大小的巡检定装照和提示镜，为职工巡检提供了劳动保护着装标准。该班组结合自身实际，提出了巡检工具标准化。每次出门巡检，职工都要带齐硫化氢报警仪、手套、安全帽、手电、巡检仪和对讲机六种安全装备。定装照和提示镜不仅提醒大家按规范整理着装，更重要的是暗示每个人要从小事做起，自觉提高自我保护的意识，养成良好的安全行为习惯，以实际行动做到为企业安全负责，为家庭幸福负责，为自己和他人安全负责。

随着创建活动的不断深入，该班组职工全面强化了安全意识，牢牢树立起安全标准化的先进理念，增强了安全管理的积极性和主动性，形成了良好的工作习惯，提高了工作精细化程度，增强了风险预防控制能力，提升了安全管理水平，实现了正常生产和检维修期间的安全目标。

三、枣庄供电公司二次检修班安全生产标准化建设的做法

国网山东电力枣庄供电公司二次检修班现有职工 23 人，担负着枣庄市 61 座 110 千伏及以上变电站等设备检修、维护及故障应急处置工作。近年来，该班组认真开展安全管理标准化创建活动，以“塑造本质安全型员工、打造本质安全型班组”为目标，以“保人身、保电网、保设备”为根本，以防止人身伤亡、大面积停电和重大设备损坏事故发生为重点，结合班组工作中容易发生的安全风险和职业危害，结合实际，大力推进安全建设，促进了班组安全管理水平，先后荣获国家电网公司先进班组（工人先锋号）、山东省青年安全生产示范岗、全国电力行业优秀质量管理小组等荣誉称号。

1. 坚持四个到位，夯实班组安全管理基础

（1）全员齐参与，确保岗位职责落实到位。成立安全管理标准化示范班组创建工作小组，制定活动方案和推进计划，明确各个阶段的重点工作和推进措施。严格落实安全生产责任制，组织全员签订年度安全承诺书，明确班组长、安全员、现场工作负责人和工作班成员的安全职责，实行班组安全管理“日沟通、周分析、月考核”。创新开展“我当一天安

全员”体验活动，让每名员工都成为班组安全生产的参与者、明白人、监督员，促进了安全生产“一岗双责”要求在班组落地。

(2) 编制口袋书，促进制度规程执行到位。严格执行电力安全工作规程，健全班组安全管理46项制度规程，规范班组保护装置校验、设备缺陷管理等12项作业标准流程，汇编成《变电二次制度规程手册》《变电二次检修关键工序风险点分析手册》等四本“口袋书”，做到人手一册、随身携带、随时使用，增强了全员“守规程、讲工艺、保安全”意识。

(3) 管好四本账，实现台账记录管理到位。建立班组安全管理制度台账、安全活动记录台账、设备检修维护台账、安全工器具检查试验台账“四本账”，指定专人负责维护管理，做到静态台账及时修订完善，有效版本完整保存；动态台账记录及时，内容齐全，数据闭环。做到“工作有标准、过程有记录、考核有依据、改进有保障”。

(4) 设立大讲堂，助力全员素质提升到位。针对班组新进员工逐年增多、业务技能亟待提高等实际，创新设立班组“安全大讲堂”，采取“人人备课，抽签上台”“每周一讲”等方法，大力开展安全培训、技能竞赛、师徒竞技等活动，形成“人人上讲台、个个当专家”的浓厚氛围，促进了全员安全意识和业务技能不断提升。班组夺得枣庄市第五届职工职业技能大赛维修电工（高压组）个人、团体“双第一”。班组中有1人荣获枣庄市“五一劳动奖章”，3人被评为优秀专家人才，10人被授予优秀员工、优秀班组长、优秀共产党员等荣誉称号。目前，“安全大讲堂”已在国网山东省电力公司近3 000个班组中推广应用。

2. 健全安全风险防范机制，建立班组安全管理支柱

(1) 岗位风险全员分析。结合学习人身事故、电网事故、设备事故和职业危害等典型案例，组织全员对每个岗位存在的风险进行梳理排查，特别是针对继电保护“三误”（即误碰、误接线、误整定）、人身触电、高处坠落、机械伤害等严重危及人身、电网、设备安全的风险，对照岗位标准规定的应知应会内容，找出欠缺的知识和工作短板，逐项进行整改，堵塞漏洞，化解风险。

(2) 人员风险每日评估。每日早例会上，由班长对每位员工的业务素质、工作能力、思想情绪、健康状况进行综合评估，根据工作需要合理分配任务、安排人员，避免因人员无法胜任工作或状态不佳给现场作业带来风险。

(3) 现场风险超前辨识。对计划停电工作，每次都由工作负责人提前深入现场进行实地勘察，对照工作任务，认真核实停电范围、带电设备，现场找出危及作业安全的风险点，制定针对性安全措施，做到风险辨识在前、安全措施可靠。

3. 健全现场作业管控机制，做好现场安全管理措施

(1) 安全措施落实到位。现场作业一律提前办理工作票，提前做好悬挂标识牌和装设遮拦（围栏）等安全措施，并严格遵守工作许可、工作监护及工作间断、转移和终结制度，切实把好开工关、间断关、转移关和收工关。

（2）关键事项提前交底。每次作业前，均由工作负责人在开工会上对照安全看板，向工作班成员详细讲解工作任务、停电范围、带电设备、危险点等内容，提前交底、签字确认，确保每人都清楚工作任务、作业程序、危险点和安全措施。切实做到“四个防止”。即防止误入运行间隔、防止误碰带电设备、防止高空作业失去安全防护、防止各种误操作，有效杜绝作业人员触电、高空坠落、运行设备跳闸等事件发生。

（3）“一书三卡”规范作业。建立以二次检修标准化作业指导书和工序质量控制卡、作业风险控制卡、临时安全措施记录卡等“一书三卡”为主要内容的标准化作业管控模式，实现了作业行为可控、检修质量在控、安全风险能控，确保了继电保护及自动装置接线无差错、校验无漏项、定值执行无遗漏和错误。

（4）三道防线从严把关。一是专防，对作业现场的风险点和“老虎口”，一律实行专人、专职监护。二是互防，工作班组成员相互提醒、监督，及时纠正不安全行为。三是全防，应用无线视频监控系统，对作业过程实行全员、全方位、全时段监控，促使员工时刻绷紧“安全弦”，自觉杜绝“三违”行为，变“反习惯性违章”为“习惯性反违章”，确保现场作业安全。

（5）工作终结“四清查”。一是清查临时安全措施是否全部恢复到位；二是清查物料和工器具是否整理收回；三是清查现场环境卫生是否整洁有序；四是清查作业人员是否全部撤离工作现场。做到“工完料尽场地清，人齐物全平安归”。

近年来，班组出色完成每年高考、春节保电等任务，同时班组的继电保护及自动装置正确动作率、严重及以上缺陷及时消除率、工作票合格率等核心业务指标始终保持100％。班组未发生一起人身触电、高处坠落、机械伤害等安全风险和职业危害事件，实现了全员“三违”现象为零、伤害事故为零、职业病事故为零目标。截至2013年4月10日，班组实现连续安全生产5 589天。

四、武钢炼铁厂七号高炉甲班安全生产标准化建设的做法

武汉钢铁股份有限公司炼铁厂七号高炉是武钢重点工程，担负着公司重点工程产能配套、炼铁厂技术经济指标提升的重任，高炉有效容积3 200米^3，运用复合碳砖炉底、薄炉衬铜冷却壁炉身、联合软水密闭循环冷却系统、紧凑式并罐无钟炉顶等多项21世纪初炼铁先进技术，于2004年破土动工，2006年6月18日投产，年产290万吨优质铁水。七号高炉车间现有在岗职工96人（包括两名实习大学生），设有车间职能组，甲、乙、丙、丁四个倒班班组和综合班（白班）。

七号高炉甲班现有员工 19 人，平均年龄 35 岁，全部具有大专以上学历，其中 1 人具有硕士研究生学历。该班自 2006 年 6 月 18 日高炉设立班组以来，全班成员勤勤恳恳、脚踏实地地对待每一项工作任务，班组产量及各项经济技术指标经常位居车间第一，获得公司级红旗班组、安全信得过班组及厂部各项荣誉，并且投产 8 年，班组安全生产实现了零事故、零轻伤、零职业病的好成绩。

该班组开展安全管理标准化示范班组创建活动的主要过程是：

1. 巩固管理基础，把工作做“细”

在企业，班组是企业管理最小的单位，岗位是班组管理最小的基本单元，这个“根”要落在每个员工的身上。针对考评细则中 5 个安全基础工作要求，结合每个员工的岗位职责和责任区域进行了细化分解，并将内容纳入到《甲班班组安全管理细则》中。

(1) 通过宣讲、培训、考试，使每个员工熟知厂《安全生产责任制度》、炼铁厂《岗位工作〈作业〉标准》《安全操作规程（安全作业指导书）》等制度、标准的要求，明确本岗位的职责；通过巡查、互查监督落实岗位职责的落实；通过开展各种文体活动，使岗位职责“内化于心”。本班组员工积极参与《最美武钢人》安全题材节目，赢得武钢职工小型文艺节目会演金奖。

(2) 积极承接和严格落实公司《班组主要安全管理制度》和炼铁厂《安全操作规程〈安全作业指导书〉》《安全生产确认制》，认真对照《甲班班组安全管理细则》，在执行相关制度、标准的同时，定期组织员工对各项制度的适用性进行评价，总结在执行过程中出现的问题，并积极向上级反馈和提出修改建议，做到制度的实效性。2013 年，甲班班组对车间经济责任制中安全相关部分提出了 3 条修改意见并被采纳实施；在厂内组织的全员“双考”活动中，全员合格率达 100%。

(3) 班组每年制订安全教育与培训计划，开展“班前五分钟”和“班后五分钟”安全活动、班组安全日活动、专题教育培训、观看影片、家庭走访等各种教育。对新入职员工及优秀员工，班组向车间提出了“一个徒弟两个师傅”的建议，先在车间内试行，后推广到全厂。同时为全班组人员创建了职工信息库，开展班组、员工和家属三方安全互诺共建，增强了班组人员及家属的安全意识，提高了班组人员的综合安全技能水平，营造了“班组小家”氛围，实现了“共同促进、家厂一体”。2012 年，甲班班组被厂评为“模范职工之家”。

(4) 为实现安全动态管理，班组制定了班组人员登记表、班组安全互保对子登记签名表、班组工伤事故登记表、班组隐患整改记录表、各级安全检查人员登记表等 15 项管理台账，公开摆放，及时记录，实现安全全面有效监控，不留死角。并将员工安全表现记人工作档案，每半年对员工工作进行安全评价，并与安全绩效挂钩，实行安全“一票否决”制。

（5）结合厂部“三级点检、操检合一”的要求，员工重点落实岗位点检，在岗位实行操作与检查合一，定期对岗位设备设施进行维护保养，及时发现各类不安全因素并及时向车间或厂部汇报，积极提出技术改造和现场改善提案。班组对日常发现的安全问题，实行“四定三不交”，力争立足班组自身完成（四定：定项目、定措施、定责任人、定完成时间；三不交：班组能整改的不交车间、车间能整改的不交厂部、厂部能整改的不交公司）。

2. 规范作业行为，把标准做“精”

（1）在接班和作业之前，由班组长对现场工器具、现场情况进行巡视，了解上一班安全生产状况及遗留的安全问题，并在“班前五分钟”安全活动及作业之前及时向全班人员和作业人员进行危害因素告知和安全交底，做到班前会有交代，并能交代清楚，做到心中有数。

（2）每班进行“班前五分钟”和“班后五分钟”活动，查看本班出勤情况及身体精神状况并签字；安排好临时互保对子；交代好当班生产设备情况、工作现场情况、异常情况及其他工作安排；督促本班组各岗位成员在岗位现场进行交接班，并交清相关物品或事项；班后进行安全和工作总结，并向下一班提出整改和改善意见。做到班前有布置，班后有总结。在班前会上，组织全班员工一起高声喊口号“安全为我，我为安全”，提高员工上班“精、气、神”，让安全入脑入心。

（3）利用班前班后会、安全日活动、安全专题会、作业前安全交底等活动，开展危害辨识活动，严格落实“两必须”要求，识别每个作业中的危险因素，并针对作业进行风险分析，采取有效措施，确保作业安全。制定危害因素辨识表，并于每年 10 月进行统计修订。班组还实行五项要求：每天进行“班前五分钟”和“班后五分钟”安全活动、每周开展安全日活动、每月进行安全风险分析并制定对策措施、每季修订“三不伤害”防护卡、每年进行安全总结和完善。

（4）班组成员每个工作日进行“三检一助”（岗位点检、互检、联检、互助），主动进行安全隐患自查自报活动，并立足依靠自身力量开展力所能及的隐患治理整改；岗位未能解决的隐患上报班组长，班组长及时组织班组人员进行整改；班组未能解决的隐患，及时采取相应临时措施并进行安全警示和警戒，同时提出相应整改建议并上报车间。2013 年，甲班班组共查找出隐患 12 项，自己整改 7 项，上报车间整改 5 项，隐患整改率达 100%。

（5）班组严格落实互保联保、安全确认制等制度，通过安全交底、现场警示行为观察、手指口述、违章模拟等方法，及时纠正员工的不安全行为并采取控制措施。开始作业之前，在班长的带领下，班组成员通过齐声呼喊，强化安全意识和士气。同时对作业现场的环境，使用的设备、机械器材，工具及作业操作质量进行安全确认，为接下来作业活动的安全开展打好坚实的基础。作业过程中推行单岗口述，确保各作业要点安全无误地进行。针对班组发生的违章行为，班组规定全班人员下班后必须留下来开分析会，由当事人作书面检讨，班组成员分析讨论，最终提出处理意见，使员工能举一反三，使当事人心服口服。

(6) 班组严格落实岗位点检制度、危险作业审批制度和领导带班制度，对危险作业进行有效监控：班组一般作业，由班组安全临时负责人审批并监管，由班组安全员巡视，由岗位人员负责执行落实；班组级危险作业，由班组长审批并带班，由班组安全员监管、班组长负责组织本班人员执行落实；车间级作业，由车间领导审批并监管，保障作业过程中的各项作业安全受控。

(7) 班组将责任区域设备、各种标识、现场管理进行划分，开展现场6S管理试点活动，将责任落实到每个员工，并制定检查标准，每班检查评价，以“安全保现场，现场促安全”为工作思路，以“树事业心，塑高炉人，员工就是家人”为工作理念，重点提高班组成员作业安全和现场意识，实现安全本质化。

(8) 班组通过6S管理看板、展板、黑板报、告知牌、温馨提示牌、安全警示牌、安全文化长廊等载体，采用制度、标准上墙、公开发布等形式使员工能完整理解和认真执行安全作业标准。

3. 提高安全素养，把培训做“活”

(1) 班组定期组织丰富的安全管理活动，通过员工安全承诺、家人安全心语、每月安全一言、建班组安全学习网络群、开展“安全信得过班组”活动、开展安全类文体活动、看安全宣传片或安全警示类电影并写观后感等方式，增强员工安全意识，提高员工参与安全管理的积极性，同时鼓励员工积极参加车间、厂、公司的各类安全活动。班组还积极开展“安全就是幸福”活动，将员工安全管理教育与文体活动相结合，让员工既锻炼了身体，又缓解了压力，更重要的是从中学到了安全知识，参与了安全管理，而且还进一步提高了团队意识，可谓一举五得。

(2) 班组通过健康知识手册、健康类黑板报、职业卫生培训掌握岗位职业危害防护的基本知识，通过劳动保护检查监督员工的个人防护情况，并且积极参加厂部组织的职业健康体检，保障员工的身体健康。连续5年，甲班的体检率为100%，无任何疑似或以上职业病病例。

(3) 班组结合生产工艺特点及季节性特征，积极参加上级单位开展的“煤气中毒事故演练”“火场逃生自救演练”等应急演练活动，同时自主开展桌面演练，各员工熟知本岗位的异常处理和应急处理措施。每季度请厂总技师到班组讲“事故预防及处理”，吸取经验和教训。班组还每季度自主开展应急预案的桌面演练活动，并对每个环节的处置过程进行评价，由评价最低的员工担任下次演练活动的总指挥，既提高了员工的兴趣，又提升了员工的综合处理能力，演练效果明显。

班组安全管理标准化创建引入后，班组通过以点带面、树标杆、创示范，逐步形成了良好的班组安全文化氛围。班组由传统、被动和分散的管理，转变成半军事化、标准化管理，班组员工的安全素质持续提高。由以往的“要我安全”变成“我要安全”，进一步提出了“安全为我，我卫安全”的工作思路，员工安全生产操作及防护技能得到显著提升。

第四章　班组危险预知分析活动

班组生产作业现场是人、机、环境所组成的系统，其中人起主导作用，机起保证作用，环境起促进作用。在一定的环境条件下，如果出现人机关系不协调，系统失去控制，就会打乱或干扰生产作业的正常进行，从而引发事故。因此，在班组安全管理工作中，一方面需要提高班组成员的安全知识水平和安全操作技能，增强班组成员的安全生产责任感和遵章守纪的自觉性，实现人的本质安全化；另一方面需要组织班组成员辨认生产作业中所存在的危险，做好危险预知分析活动，有针对性地采取积极有效的措施，预防事故的发生，从而创造安全的生产作业环境。

第一节　工业危险来源与控制方法

在工业生产中存在着各种危险，例如化工企业生产常见的有毒有害物质危险，机械制造企业常见的机械伤害危险，建筑施工企业常见的人员坠落危险等。这些危险的存在，是与工业生产相伴随的必然结果，对此，首先需要认识危险，然后在深入认识的基础上，采取各种积极有效的措施降低危险、控制危险，预防各类事故的发生，从而保障人员生产作业的安全。

一、工业危险来源与分类

1. 工业危险的来源

从词义上讲，危险是指艰危险恶不安全，有可能导致灾难或失败。在工业生产上，根据系统安全工程的观点，危险是指系统中存在导致发生不期望后果的可能性超过了人们的承受程度。

从事故发生的角度讲，危险是指可能导致事故的状态，是发生事故的先决条件。这种状态有环境状态、物质状态和人员活动状态以及它们的组合。

工业危险的来源主要是生产环境、产品本身和使用产品的人。

（1）生产环境存在的危险。生产环境即生产空间是人们进行生产劳动的工作场所。生产空间的分布设置、光照、温度、设备的振动和噪声，毒物和粉尘的污染，以及各种辐射等危险的存在，都会直接影响正常的生产秩序，并且威胁生产空间内人员的健康和生命。即使从开始的计划阶段起，就使生产空间的布局合理、设计优良、措施适当，但危险（如振动、噪声、毒物、粉尘、辐射等）依然存在着。

（2）产品本身所存在的危险。产品在出厂前，必须经过检验部门的认真检验，证明该产品完全符合在设计时提出的安全目标和质量标准，这样才能签发“合格”证书，准予交给使用者使用。但是这样一个“合格”的产品，它并不代表该产品已没有危险状态存在，只是根据安全目标把危险控制在一定的范围之内罢了。这样就使得产品说明书上多了一项重要的内容——“操作规程”或“使用注意事项”。这项内容的提出就是向使用者发出告警：虽然潜在的危险状态被有效地控制住了，该产品“合格”出厂，不会造成人身伤害；但如果使用不当，不按照说明书去进行操作，那么原来对危险状态的控制可能会失效。于是潜在的危险状态就会被“激发”，造成对人的伤害或设备、设施的损坏。同时，在长期的生产过程中，原来安全的设计发生了恶化，使零件材料和整个产品危险特性发生了变化，还会出现新的危险。

（3）人为差错造成的危险。国内外的统计分析资料表明，在劳动生产的过程中80%以上的事故是由于人为差错所造成的。日本学者在1980年的统计中指出，日本制造业在该年度的伤亡人数为106 162人，其中因人为差错导致事故的人数约占94%。由此可见，由于人为的错误知觉和判断，信息的错误记忆和误判，人自身的应急能力和反应速度，冒险心理、心理异常等心理因素和生理素质的个体缺陷，以及外界环境条件或状态干扰因素之类的诱发效应，会造成人为的差错，使已知的危险因素恶化，最终造成事故的发生。此外，产生人为差错的原因还有监护失误、指挥失误和违章指挥等危险因素。

2. 对工业危险的分类

对工业危险，可以把危险因素分为物理现象、化学现象、结构设计和人为差错四大类。

（1）物理现象类危险。物理现象类危险主要有：

1）热学危险。热学危险包括：热、冷、温度的急剧变化、太阳的影响、风的影响等项危险因素。

2）压力危险。压力危险包括：气压、液压、热变冷或冷变热的急剧变化过程中产生的压力（在密闭容器内）等项危险因素。

3）加速度危险。加速度危险包括：质量、时间、二次加速等项危险因素。

4）振动危险。振动危险包括：高频、低频、传输、诱发等项危险因素。

5）噪声危险。噪声危险包括：强噪声和连续噪声两种危险因素。

6）辐射危险。辐射危险包括：电离辐射（x、γ射线，α、β粒子，中子射线等）和非电离辐射（紫外线、红外线、射频辐射、激光辐射等）两种危险因素。

（2）化学现象类危险。化学现象类危险主要有：

1）毒性危险。毒性危险包括：全身性毒素、窒息性毒素、刺激性毒素、气体毒素、液体毒素、固体毒素等项危险因素。

2）污染危险。污染危险包括：化合、杂质、霉菌、分解、粉尘等项危险因素。

3）化学反应危险。化学反应危险包括：腐蚀、化合反应、分解反应和置换反应等项危险因素。

4）火危险。火危险包括：燃料、氧化剂、可燃混合气和点火源等项危险因素。

5）爆炸危险。爆炸危险包括：爆炸品、可燃性气体、可燃性粉尘、可燃性液体等项危险因素。

(3) 结构设计类危险。结构设计类危险主要有：

1）材料变质危险。材料变质危险包括：持久应力、老化、耗损、疲劳、环境效应等项危险因素。

2）电气危险。电气危险包括：电击、引燃易燃品、加热或过热、意外启动、未按要求动作、电气爆炸、静电等项危险因素。

3）机械危险。机械危险包括：稳定性、锐角边（棱角）、运动部件等项危险因素。

(4) 人为差错类危险。人为差错类危险主要有：

1）生理、心理性危险。生理、心理性危险包括：负荷超限、辨别功能缺陷、健康状况异常、情绪异常、冒险心理、过度紧张等项危险因素。

2）行为性危险。行为性危险包括：误操作、违章作业、监护失误、指挥失误和违章指挥等项危险因素。

综上所述，工业危险的分类可归纳为四大类别十六种类型，见表4—1。

表4—1　　工业危险的分类表

危险类别	危险类型	危险因素
物理现象	热学	热、冷、温度的急剧变化、太阳、风
	压力	气压、液压、热变冷或冷变热的急剧变化过程中产生的压力（在密闭容器内）
	加速度	质量、时间、二次加速
	振动	高频、低频、传输、诱发
	噪声	强噪声、连续噪声
	辐射	电离辐射（x、γ、α、β、中子射线）非电离辐射（紫外线、红外线、射频辐射、激光辐射）
化学现象	毒性	全身性毒素、窒息性毒素、刺激性毒素、气体毒素、液体毒素、固体毒素
	污染	化合、杂质、霉菌、分解、粉尘
	化学反应	腐蚀、分解反应、化合反应、置换反应
	火	燃料、氧化剂、可燃混合气、点火源
	爆炸	爆炸品、可燃性气体、可燃性粉尘、可燃性液体

续表

危险类别	危险类型	危险因素
结构设计	材料变质	持久应力、老化、耗损、疲劳、环境效应
	电气	电击、引燃易燃品、加热或过热、意外起动、未按要求动作、电气爆炸、静电
	机械	稳定性、锐角边、棱角、运动部件、容差
人为差错	生理、心理性	负荷超限、辨别功能缺陷、健康状况异常、情绪异常、冒险心理、过度紧张
	行为性	误操作、违章作业、监护失误、指挥失误、违章指挥

以上分类只是为了便于辨识危险，在实际生产作业过程中，事故的发生往往是多种危险的综合作用，而且还可能相互转化。

3. 对工业危险的分析

工业危险主要由不良的生产环境、设备的不安全状态、人的不安全行为、存在缺陷的安全管理这四个因素构成。

（1）不良的生产环境影响人的行为并对机械设备产生不良的作用，因此是构成危险的主要因素。

（2）设备的不安全状态是危险的最直接因素。设备的不安全状态包括设备的设计安全性；制造安全性；使用安全性，即生产过程中对能的有效控制。

（3）人的不安全行为也是危险的最直接的因素。人的安全素质包括心理与生理、安全能力、文化素质等。

（4）管理的欠缺是危险发生间接的重要因素，因为管理对人、机、环境都会产生作用和影响。

不良的生产环境、设备的不安全状态、人的不安全行为、存在缺陷的安全管理，这四个因素是导致危险的主要因素，也是导致事故发生的主要因素。

我们来看几起事故案例。

事例之一：清河特殊钢公司起重机故障导致钢水包倾覆人员伤亡事故

2007 年 4 月 18 日，辽宁省铁岭市清河特殊钢有限公司发生了一起起重机故障导致钢水包倾覆的特大事故，事故造成 32 人死亡，6 人受伤。

事故经过

2007 年 4 月 18 日早，炼钢车间丙班人员正在调运作业，当钢水包位于浇注台车上方，包底距地面 5.5 米时开始下行作业。由于起重机电气控制系统出现故障，驱动电动机处于失电状态，而制动器仍通电打开，使重达 60 吨的钢水包失去控制迅速下坠。当起重机司机发现钢水包下降异常时，急忙将操纵手柄打回零位，制动器开始抱闸。但由于制动力矩严重不足，钢水包继续失控下坠，在距地面 2 米处，包底猛烈撞击浇注台车的框架梁，使浇注台车往东南方向偏移，钢水包往西北方向倾覆，包内近 30 吨约 1 590℃的钢水涌出，冲向 6 米外的真空炉平台下方工具间，造成在工具间内开班前会的甲班 30 名工人和 1 名车间副主任当场死亡，当班 1 人死亡，6 人受伤。

事故原因分析

根据对事故原因及事故性质的认定，确认这是一起特别重大责任事故。造成事故的直接原因是：

（1）起重机主钩开始下降作业时，由于下降接触器的控制回路中有一个连锁常闭辅助触点锈蚀断开，下降接触器不能被接通，致使驱动电动机失电。

（2）电气系统设计存在缺陷，制动器未能自动抱闸，导致钢水包失控下坠；主令控制器回零后，制动器制动力矩严重不足，未能有效阻止钢水包继续失控下坠。

（3）钢水包撞击浇注台车后落地倾覆，钢水涌向被错误选定为班前会地点的工具间，造成多人伤亡。

事例之二：华冶铸钢公司钢水融化作业违章指挥导致喷炉人员伤亡事故

2009 年 1 月 17 日 7 时 15 分，胶州市青岛华冶铸钢有限公司发生中频电炉钢水喷炉灼烫事故，导致 4 人死亡，1 人重伤，直接经济损失约 190 余万元。

事故经过

2009 年 1 月 16 日 23 时，华冶铸钢公司夜班工人根据当日生产安排，开始通电熔化。17 日 3 时 40 分，第 1 炉钢水熔化完毕，存放于 3 号保温炉中，接着熔化第 2 炉。熔化初期，在电炉底部已有部分钢水的情况下，本应根据工艺要求向炉内不断添加直径不大于 250 毫米的小块废钢，并用铁棍捣料作业。操作工为了达到降低劳动强度的目的，减少向炉内加料和捣料的次数，在当班车间主任李某的安排下，通过行车将未经切割加工的、不符合熔炼工艺规定要求的大块铸件冒口料（直径 750 毫米，高度 600 毫米，重量约 2.5 吨）吊至炉口旁，再由李某和炉前操作工纪某 2 人扶着吊入炉内进行熔化。因冒口截面尺寸及重量太大，熔化速度太慢，顶部结壳搭桥。李某安排行车司机从 3 号保温炉内取出约 700 千克的钢水，由纪某配合倒入 1 号电炉内，以期用钢水化开顶部结壳。倒入钢水后，不但未能化开结壳，反而受顶部结壳的急冷很快凝固，使顶部结壳更厚，电炉继续加热，炉内钢水温度已达到 1 500℃以上，炉内气体不断受热膨胀，电炉内剧烈发生的气体无法排出，7 时 15 分左右，发生钢水喷炉事故，因钢水喷溅灼烫造成 4 人死亡、1 人重伤。

事故原因分析

造成事故的直接原因，是 1 号电炉在熔炼第二炉钢水时，电炉内钢水熔化初期加入的铸件冒口料因其尺寸较大，熔化速度缓慢，顶部搭桥结壳捣不开，本应采取倾斜炉体用铁棍捣的办法解决。李某却违章指挥、违章作业，命人错误地向炉内倒入钢水。铸件冒口料顶部的钢水在炉膛内随即冷却成一体，不但未化开结壳，反而致使结壳更厚，封闭在铸件冒口料下面的气体和夹杂燃烧产生的气体不能排出，造成高温加热过程中炉膛底部气体压力急剧增大，发生钢水喷炉。

事例之三：连轧分厂自制吊索具未考虑安全挂钩意外脱落人员伤亡事故

2006 年 4 月 3 日，天津市天铁轧二制钢有限公司连轧分厂精整工段在生产中，吊装旋转臂盖板的丁字形挂钩突然意外脱落，导致盖板撞击到一名作业人员头部，经抢救无效死亡。

事故经过

2006 年 4 月 3 日上午 10 时左右，天津市天铁轧二制钢有限公司连轧分厂精整工段旋转臂 A 区，维修钳工高某、米某某，遵照班组长徐某某的安排，抢修精整工段旋转臂 A 区北头第一块盖板下方传动链条。高某与米某某用自制的丁字形挂钩，分别拴挂盖板东南角与西北角两处，将盖板吊起并平移至靠北头第二块盖板上方，然后高某与米某某分别下至链条故障部位检修链条，此时吊装旋转臂盖板的东南角丁字形挂钩突然意外脱落，导致盖板飞快斜向撞击到高某头部，事故发生后高某（男，43 岁）当即被送往医院抢救，因伤势严重，经抢救无效于当日下午 1 时 20 分死亡。

事故原因分析

造成事故的直接原因，是当班操作人员未经领导同意，违规自制设计不当、结构不合安全规范的丁字形挂钩，致使挂钩脱落直接导致事故发生。

造成事故的主要原因，是公司对检修作业、吊装作业的安全管理制度不健全，职工无章可循，天车工吊起物件后，检修人员在吊起物下作业，作业场地狭窄。

事例之四：生产环境差听不见吊运警铃继续作业导致钢坯掉落伤人事故

2006 年 4 月 12 日，太钢型材厂精整作业区一名天车司机在吊运钢坯作业时，因生产现场拥挤嘈杂，作业人员没有听见吊运警铃继续作业，结果导致钢坯掉落伤人事故。

事故经过

2006 年 4 月 12 日，太钢型材厂精整作业区丙班上白班，7 时 30 分，大班长栗某某组织召开班前会，对北跨作业区工作任务进行了安排。处理组高某某（男，40 岁，火焰处理工，本工种工龄 19 年）等三人在北跨手把砂轮区，用手把砂轮作业台架进行作业。上午 11 时 30 分许，天车司机段某某和吊运工刘某某配合进行吊运作业，到 13 时 20 分，已经吊运了两批物料，就在进行第三批物料吊运时，天车司机段某某操作天车运行，运行中打铃示警，然后操作天车行进至 3 号研磨台处，坯料右侧碰到了研磨台北侧垛放的井字形钢垛，致使最外侧的一只钢坯滑落，碰在高某某操作的砂轮机上，将正在 3 号研磨台架进行作业的高某某的头部、胸部、脚多处击伤。现场人员急忙将高某某送往医院抢救，4 月 20 日，高某某经过 8 天的抢救后死亡。

事故原因分析

造成事故的直接原因，是天车运行过程中所吊钢坯碰到旁边钢坯垛，耙钩上的一根钢坯下落后砸在砂轮机上，砂轮机弹起导致人员伤害。

造成事故的间接原因：一是天车在由东向西运行前，天车司机未确认下方是否有人，就启动天车向西行驶。二是吊运工刘某某配合进行吊运作业，监护不到位，未按照规定进行指挥吊装。三是作业现场库存量大，钢坯超高垛放，作业现场拥挤，声音嘈杂，高某某没有听到鸣铃示警，未躲避至安全区域，仍在 3 号研磨台继续作业。四是职工标准化作业执行存在漏洞，管理人员对生产现场没有及时安排清理。

4. 对工业危险的鉴别和评价

在鉴别和评价工业危险时，应注意考虑下列各项：

（1）危险的组分（如燃料、激光、爆炸物、毒物、危险的结构材料、压力系统和其他能源）。

（2）产品各系统各部分之间与安全有关的接口（如材料兼容性、电磁干扰、无意的启动、着火、爆炸的开始和扩展、软硬件控制）。

（3）环境约束条件，包括使用环境（如坠落、冲击、振动、极端温度、噪声、接触毒物、健康危险、着火、静电、雷击、电磁环境影响、电离和非电离辐射）。

（4）使用、试验、维修与应急程序（如人机工程、操作者功能、工作和要求的人为差错分析、设备布局、照明要求、接触毒物可能性、噪声或辐射因素对人的行为的影响，生命保障要求及其在载人系统、坠毁安全性、应急出口、营救、求生和抢救中的安全关系）。

（5）设施、保障设备（如可能包含毒物、可燃物、爆炸物、腐蚀性或深冷液体部件的储存、组装、检验、试验用装置，辐射或噪声、发射器、电源）和训练（如有关安全使用与维修的训练和考核）。

（6）与安全有关设备、安全措施和可能的备选方法（如联锁、系统余度、软硬件故障安全考虑、分系统防护、灭火系统、人员防护设备、工业通风和噪声或辐射载体）。

完全的风险评估要求确定危险的严重性和发生概率（可能性）。例如在产品设计开始前作危险分析，则正常只需要确定危险的严重性（因为如果有可能就用设计来消除危险）。如果设计不能消除危险，则有关严重性和可能性的信息都需要，以建立控制或尽量减少危险的工作优先顺序。

5. 危险严重程度分类

危险严重程度的含义是：按最后可能导致人员伤害、职业病，资产损失或设备、设施损坏的程度，对最坏后果的定性评估。

根据危险可能会对人员、设备、设施及环境造成的伤害和损失，一般将其严重程度划分为四个等级：

第一级（1类）：灾难性的。由于人为差错、设计误差、设备缺陷等导致严重降低系统性能，进而造成整个系统损失或造成人员死亡或严重伤害。

第二级（2类）：危险的。由于人为差错、设备缺陷或设备故障，造成人员伤害或严重的设备破坏，需要立即采取措施来控制。

第三级（3类）：临界的。由于人为差错、设备缺陷或设备故障使系统性能降低，或设备出现故障，但能控制住严重危险的产生，或者说还没有产生有效的破坏。

第四级（4类）：安全的。由于人为差错、设备缺陷、设备故障，不会导致人员伤害和设备损坏。

危险严重性等级给出可能由人为差错、环境条件、设计缺陷、程序缺陷或产品信息系统、分系统部件故障所引起的可信的最严重事故的定性尺度，这些严重性等级提供了对设计各类产品的一般性指导。

二、危险的控制与消除方法

1. 控制与消除危险措施概述

控制与消除危险的主要手段，是采取工程技术措施和管理措施。

（1）工程技术措施。工程技术措施要求在设计和使用阶段，严格按照相关法律法规、安全标准、技术规范的要求，采用先进的安全防护、隔离、连锁、紧急停止和制动、告警报警等装置，合理地选用原材料，以及编写安全操作规程，要求操作人员按照操作规程进行操作。

（2）管理措施。管理措施则要求通过应用安全管理技术，结合实际工作环境，制定出行之有效的安全规范、职责、规程、工作指导书等制度和细则，用以加强安全管理，并且还要监督和指导这些法规、制度、细则的贯彻执行。规章制度的制定要结合企业的实际，要根据工作环境对人和物的影响，产品的不安全状态和人为的差错等来采取有效的控制手段。为完善管理机制，提高管理水平，合理组织协调安全生产，正确处理生产过程中各方面的危险因素而制定的制度和细则有：各项安全规章制度，各级安全生产职责、安全规范和准则，各种安全规程和工作指导书，伤亡事故管理、安全检查、安全教育及安全技术措施等管理制度和细则。

2. 能量危险控制方法

在安全设计中的能量方案是依据这样的原理：任何事故影响的大小都是所需能量的直

接函数。在某种意义上，可根据该原理确定炸药储存的数量—距离值，也就是说 100 千克的炸药将比 50 千克同样的炸药更为危险。相同的原理在锅炉和高压容器设备的设计中也有所体现。有些伤害或损伤的程度是随着失控能量的转移或转换的大小而变化。例如，两台车辆相撞的损伤与相撞车辆的动能成正比；由木材、丝织品或尼龙与其他物体表面摩擦所产生的静电冲击远小于带有巨大能量的雷电。因此，可以采取能量危险控制方法，减轻由于能量转移或转换过程的失控而产生的严重后果。

3. 内在安全危险控制方法

为了避免事故发生，最有效的方法是进行“内在安全”的设计，这样的设计就接近“完全”安全。可通过消除危险或将危险限制到没有危害的程度来达到内在的安全。这就是说，在一个内在安全的系统中，甚至一个人为差错也不会导致事故发生，因为它不存在会导致事故发生的危险状况。内在安全原理的应用，大部分是在电气系统。由于机械系统通常包含有可能使人员受到伤害和设备器材受到损坏的运动部件，故其内在安全较难达到。

常用的内在安全危险控制方法主要有：

(1) 设计排除粗糙的毛边、锐角、尖角和形成缺口、破裂表面的可能性，以防止皮肤割破、擦伤或刺破。

(2) 在垫料、液压油、溶剂和电绝缘体等这些类型的产品中使用不易燃的材料，以防止火灾。

(3) 采用气动或液压系统替代电系统，以避免电气失火或过热。

(4) 采用液压系统替代气动系统，以避免可能产生冲击波的压力容器剧烈破裂。

(5) 用连续的整体管线取代有多个接头的管线，以消除漏电。

(6) 消除凸出部分，如在突然刹车时可能导致人员伤害的车辆中的把手和装饰品，以避免人员的伤害。

完全消除危险可能并不至善至美、完美无缺，但是可以限制潜在危险的等级，使得不至于导致伤害或损伤。例如，对电钻引起的致命电击，也许本来可以采用不会导致伤害或损伤的低电压、低电流的蓄电池作为动力，这种电池式的电钻对于电击危险来说是安全的。

4. 隔离危险控制方法

隔离是采用物理分离，用隔挡板和栅栏等将已确定的危险同人员和设备隔离，以防止危险或将危险降低到最低水平，并控制危险的影响，这些方法和装置是最常用的安全措施。栅栏和护板，较之仅在危险的装置或运行的设备与可能受到伤害的人员或受到损伤的设备之间留出空间，是更为有效的方法。

隔离可用于分离接触在一起将导致危险的不相容材料。着火需要易燃混合物中有燃料和氧化剂，还需要有火源，如果这些因素的其中一个与其他的隔离，则可消除失火的可能性。某些极为易燃的液体在容器中存放时，在液体的上面“覆盖”有氮气或其他惰性气体，以避免这些液体与空气中的氧气接触。

隔离也可以用于限制失控能量释放的影响，易爆材料常常用特殊的容器运输且以小批量搬运，这些容器不仅用于抑制爆炸力（如果发生爆炸），而且还用于将该材料与可能触发它的外部能源隔离。用于确定起爆或触发爆炸性或易燃材料所需能量的试验可在隔离的情况下进行，将少量的试验材料放置在能吸收或承受得住反应能的适当容器中。

某些材料，如放射源，对人体总是有害的，必须始终隔离。如果它们是正常过程的组成部分，则必须有连续的防护。在计划操作中所需隔离防护的其他例子如下：保护人员不受焊接电弧所产生的辐射；工人隔离在喷漆小屋外和铸造车间清毛坯时穿的全密封套服等。隔离产生高噪声和振动的机械装置可用振动固定机构、屏蔽或消音器，或将该机械装置安装在隔音的房间或箱子内。

护板和外壳广泛地用于隔离危险的工业设备，这些护板和外壳安装在旋转部件、热表面和电气装置的上面，以防止人员接触到危险。

采用护板和栅栏隔离的其他常见事例包括：

（1）将电压极高的元件和电路安置在箱笼、拱形壳体或栅栏中。

（2）在热源和可能因受热产生不利影响的材料或元件间采用热绝缘。

（3）封装电器接插件，以避免潮湿和腐蚀性物质的有害影响。

（4）安装制动装置，限制机械装置运动到对人员或设备有危险的区域。

（5）采用外罩和屏蔽，以防止外来物阻塞关键的控制器、通孔、阀门。

（6）在微波炉，X 射线设备和核装置上采用屏蔽，以包容有害的射线。

（7）对于有油的擦洗布和棉纱，用封闭的金属容器来装，以隔绝空气，尽量减小自燃的可能性。

（8）采用有锁定的门、板，限制接近运动机械或高压配电设备中的内部工作部件。

5. 闭锁、锁定和联锁危险控制方法

闭锁、锁定和连锁是一些最常见的安全性措施，它们的功能是防止不相容事件的发生，防止在不正确的时间上发生或以错误的顺序发生。

闭锁和锁定的差异是相对的，闭锁防止某个事件的发生或防止某个人、物、力或因素进入危险的区域；与之相反，锁定保持某个事件或状况，或避免人、物、力或因素离开安全、限定的区域。将开关锁住在开路位置，防止接通时闭锁。将开关类似地锁在闭路位置上以防止电流被切断时锁定。闭锁和锁定装置的范例见表 4—2。

表 4—2　　闭锁和锁定装置范例表

类　型	运行方式
螺母和螺栓上的熔丝和其他锁定装置	防止紧固件松动引起的振动
扣紧电气开关控制杆的锁扣	防止电路由于疏忽而激发
防止向油罐车灌注易燃液体的闭锁	防止向油罐注入易燃液体，除非已接地良好
防止车辆移动的挡块	当车辆被顶起时，防止车辆沿地面移动
在车辆发动时的轮挡	当在地面发动时，防止车辆沿地面运动
电源开关的锁定装置	防止重要设备（例如安全性关键的计算机控制器、安全排气扇、告警灯、应急灯和障碍灯）的断电

曾经发生过已送去修理的电气或机械设备被其他人员无意启动后，导致工人伤亡的情况；当系统被不知道它正在被修理的人员接通时，电死了正在修理电路的工作人员。工作在自动生产线或大型机床这类机械装置上的修理人员，也必须有机械装置被无意启动时的防护。会由其他人员无意的活动造成的事故，可用闭锁来避免。断开启动电路的开关必须锁定，只有修理人员或现场直接负责人才能解除锁定。

固定设备的挡板是另一种常用的闭锁，常见的例子是将顶起的车辆搁在木块、铁块、石块上面，以便可在车下进行工作。这些挡板要比某些可能出故障或车辆可能从上滑落下来的千斤顶更为牢靠。类似地用石块或木块顶住车辆的轮胎，防止车辆在顶起更换时转动。

连锁是最希望用的安全性装置之一，特别是在电气设备上，它们将确保事件不会在下列情况下发生：

(1) 意外情况可能出现时。连锁可尽量降低事件 B 意外出现的可能性。它要求操作人员在能做事件 B 之前先完成一个预先的、有意的活动 A。例如，在扳动关键的开关前，操作人员必须首先打开保护开关的外罩。

(2) 存在危险状况时。可在高压电气设备控制柜的门窗上设置连锁。要进行调整时，必须打开门窗，这时连锁装置就切断电路，这样就不存在不安全的状态了。例如，变供电系统的高、低压开关柜的门上就装有切断电源的连锁装置。

(3) 在预定的时间前。如果操作的顺序是重要的或必要的，错误的顺序将导致事故的发生，则最好采用连锁。例如，连锁可以要求在启动发热系统前先接通散热器。

6. 故障与安全设计危险控制方法

故障—安全设计确保一个故障不会影响系统，在大多数应用中，基本的原则是：故障—安全设计首先是保护人员；其次是保护环境避免灾难事件，如爆炸或火灾；再次是防止设备损伤；最后是防止降低等级使用或功能丧失。

主要有三种类型的故障—安全设计：

（1）故障—安全消极设计（或“故障—消极设计”）。这种设计使系统停止工作且将其降低到最低的能量等级；系统在采取纠正措施前不会运行，且不会由于导致不工作的危险产生更大的损伤。保护电路和设备的电路断路器或保险就是“故障—消极设计”装置。当系统达到危险的等级或出现短路时，电路断路器或保险就断开，于是系统就断电，这样一来正在工作的系统就会立即停止工作，达到了安全的目的。

（2）故障—安全积极设计（或“故障—积极设计”）。故障—积极设计在采取纠正或补偿措施前或启动备用系统前，使系统保护在带有能量而又安全的工作状态，以消除事故发生的可能性。采用储备设备的冗余设计通常是故障—积极设计的组成部分。故障—积极设计用于交通信号中，在其大多数的故障模式中，信号将是故障—积极设计采用的重要手段，即开关将接通红灯，这样可以避免发生事故，还达到了控制交通的目的。

（3）故障—安全可工作设计（或“故障—可工作设计”）。这种设计能使系统在采取纠正措施前继续安全地工作，它是故障下安全设计中最可取的类型，例如锅炉的缺水补水设计。

7. 故障最少化危险控制方法

虽然有些时候可以采用故障—安全设计，使得故障不会导致事故，但这样的设计并非总是最优的目标：故障—安全设计可能要过于频繁地中断系统的使用、中断过程或操作，以至于并不优于没有采用故障—安全设计的情况。在故障—安全设计不可行的情况下，故障最少化可作为设计的目标。为尽量减少会导致事故的设备故障或人为差错，可采用下列五种主要的方法：

（1）降低故障率。这是可靠性工程的原理，即使用高可靠的元件和设计降低使用中的故障概率，这样整个系统的使用寿命会大于所提出的使用期限。虽然这种技术不能消除所有的故障，但应用可靠性工程设计有助于减少与安全有关的故障，即可能导致伤害或损伤的故障。

（2）监控。在这种方法中，对一项关键的参数，如温度、噪声、有毒气体的浓度、振动、压力或辐射进行持续的监控，以确保其保持在规定的限度内。如果表现出不正常的特征，则可立即采取纠正措施。

（3）报废和修复，这种技术是针对意外事故的。在一个故障、错误或其他不利的状况已发展成危险的状态，但还未导致伤害或损伤时，就采取纠正措施，以限制状态的恶化。这些纠正措施可避免某些伤害、死亡或设备损伤。

（4）安全系数和余量。在这种方案中，某个元件的强度设计得大于正常所要求的强度，以考虑到强度和压力的偏差、不可预料的瞬态、材料的退化及其他偶然因素。这也是降低故障率的一种方法。

（5）告警。大多数类型的告警是向有关人员报告危险、设备的问题或其他值得注意的状态，这样就不会出现可能导致事故的不正确决策。

8. 安全系数危险控制方法

采用安全系数来尽量减少结构和材料的故障是一种古老的方法，这种方法很简单，就是使结构或材料的强度远大于可能承受的应力的计算值。目前安全系数仍被广泛采用。

不同安全系数值的选用不是随意的，这体现了对安全、重量、费用以及质量、载荷、工作条件和其他因素上的不确定性的综合权衡。例如，对事故可能导致许多人员死亡的载人飞机来说，安全系数也许定为1.5或1.25。但对于压力容器，它的破裂只会导致少数人员受伤或死亡，而安全系数也许定为3、4或5。对于安全系数的这种似乎不合理的选取情况，部分可以解释为这是由于设备在寿命期内预期的使用条件不同的缘故。

对于载人飞机来讲，通常由熟练的有经验的固定人员使用、维修和检查；此外，对飞机的工作环境有某些程度的把握；另外，采用安全系数为5的载人飞机会由于太重而难于起飞，并且使用不经济。而对于压力容器来讲，可能承受腐蚀、锈蚀、机械损伤、高低极限温度及其他未知条件的情况而降低寿命，在具体的应用中虽然要求对压力容器进行检查和测试，但实际上压力容器的维修和检测是可能被忽略的。压力容器较高的安全系数可对不同的使用条件起到补偿作用。

有许多因素可能产生载荷大于应力的状态，例如，不恰当的设计、生产缺陷、环境影响或由于错误地对待任务要求所产生的过载。例如，如果设计人员没有要求消除零件内部的尖角，就可能是一个设计不当的问题。在这类情况下，该零件受到载荷时，应力就集中在零件尖角上，应力就远大于设计所考虑的受力状态。如果零件在制造或维修时被碰伤或擦伤，这个结果不仅可能产生一个应力集中的尖角或狭窄区域，也可能去掉了部分金属，而降低了部件的强度。

设计人员可以增大结构的额定强度、减小额定载荷，或两者同时进行，来降低故障的概率。此外，设计人员还可通过减少载荷或应力的设计特性来尽量减少振动。制造人员可通过改进生产过程和采用更严格的质量控制来增大强度。

9. 告警装置危险控制方法

告警作为一种尽量减少事故或故障的方法，用于向危险范围内人员通告危险、设备问题和其他值得注意的状态，以使有关人员采取纠正措施，避免事故的发生。

告警装置危险控制方法，主要涉及视觉告警、听觉告警、嗅觉告警、触觉告警等方式。

（1）视觉告警。视觉告警是向人员传递危险信息的基本感觉。视觉告警方法和装置有下列各类：

1）发光。使存在危险的地点周围比无危险的区域更为明亮，以使人们把注意力集中在该地点。障碍物发光可减少人或车辆撞到障碍物的可能性。有时在设备局部位置上的聚光也有别的好处，即确保安全。照明良好的危险点可限制未经许可人员的进入，并便于保安人员发现危险。

2）辨别。在建筑物、移动的设备或可能被车辆碰撞的固定物体上涂上鲜明的、易辨别的颜色，或者是亮、暗交替的颜色。常见的例子是把急救车涂成人们便于看到的颜色；在螺旋桨上涂上交替颜色带；把马路两边的非机动车道涂成人们易见的颜色；为保护其他装置（例如：消防龙头、水表、人行道或垂直安装的标杆）涂上交替的颜色带。

3）信号灯。有色的信号灯是一种指示存在危险的常见方法，这些指示灯可以是固定的或移动的，连续发光的或闪光的。通常信号灯颜色所代表的意思如下：

①红色。存在危险、紧急情况、故障、错误、中断。

②黄色。接近危险、临界状态、注意、缓慢地发展。

③绿色。良好状态、继续进行、准备好的状态。

④白色。用于指示板时表示系统可用或正在使用。

闪光灯或移动灯用于引起注意，指示紧急事项。公路事故的统计表明，白天司机打开汽车前灯时可减少事故。

4）旗子和飘带。旗子常用作告警装置，飘带用于提醒注意。例如，仪表插上小旗时表示该仪表已有故障，不能使用。

5）标志。标志可以连接在或涂在含有危险的设备上。它们可以指出电子设备的高电压、相位和电源要求，给出载荷、速度、温度的限制，告警压力危险，说明保养压力设备时要穿防护服，指出有效放射性设备的处理方法，或表示净空高低度。例如在管路、气瓶上打上以颜色为标识的标志，以表示其中的物质。

6）符号。最常用的符号为固定符号。例如，指出弯道、交叉路口、陡坡、狭窄桥或其他危险的路标，指示特定危险的符号为统一的，有特殊形状和颜色。

7）规程的注释。注释包括操作和维修规程，说明书、细则和检查表中的告警和注意事项。这些注释可使有关人员注意到危险、错误的可能性和影响，要采取的特殊措施和必须使用的防护装置、服装或工具。在差错或故障会导致伤害或损伤的任何程序步骤前应有防护措施的注释。说明书、细则、手册、表中的告警或注意事项应与设备上的告警或注意事项的标志相一致，反过来，要求有标志的任何危险都应在说明书中说明。

（2）听觉告警。在某些情况下，单有视觉告警是不充分的。有时危险范围内人员很忙，不能注意到视觉信号，或者人员也可能常常看不见视觉告警的位置。虽然亮的视觉信号能见的距离大于听觉信号能听到的距离，但听觉信号在其作用距离内可能更为有效。常用的听觉告警有报警器、蜂鸣器、警铃等声响装置。

（3）嗅觉告警。当某些气体的分子影响到鼻腔中微小的敏感区域时，方有可能闻到气味。某些气体是无味的，而某些气体又气味很强，甚至是微量的气体也可能使闻到的人员感到不舒服。人体具有迅速降低自身对气味敏感性的能力，在某种意义上，这种能力是一个优点——在人们已变得不敏感后，气味通常就不会造成问题了。

（4）触觉告警。感知振动是触觉告警的主要方法，设备振动过度向有关人员提供了设备运行不正常并正在发展成故障的告警，刚刚开始磨损的转轴、轴承或发动机的运转振动就是这样的例子。运转振动可能是由于部件磨损、点火时间不对、燃料低劣或润滑故障造成。振动通常可表示问题的严重性。温度感知是另一种通过触觉提供告警的方法。维修人员可以通过手的感觉确定设备是否工作正常。温度的上升可以警告设备已有故障，需要维修；设备能力满足不了正常要求；或设备到了异常载荷。这种方法对于检查在有空调设施中安装的设备特别有用。

10. 标记和告警词语危险控制方法

标记和告警词语危险控制方法也是比较常用的方法。

（1）标记危险控制方法。标记是一种很特殊的目视告警和指示手段。标记的正确设计必须考虑许多因素，最重要的是标记所要告警、指示危险范围内人员的类型，如：操作人员、维修人员或过路人员。由于通常不能保证只有预计的人员会接触所标记的设备，因此必须考虑预计类型以外的人员。语言、教育、经验、技能甚至是机能的不同也必须作为标记设计总的考虑的一部分。标记作为一种目视告警手段，已应用了多年，是目前告警人们设备、设施危险的最常用的方法，尽管这样，标记作为一种防止事故、满足危险告警法定要求的工具，往往还是不够的。传统上，标记是在设计工程师的指导下进行设计的，并标注在设备的某个特定位置。标记上有字、颜色和图样，这些是设计工程师认为能满足告警要求的。

（2）告警词语危险控制方法。告警词语是提醒人们注意的一种手段，它通俗易懂、醒目，容易引起人们的注意。如果各种告警词语能一致起来，而且标准、规章和规范能相互协调，对作业人员来说是非常有帮助的。由于规范或标准对不明显危险的告警用哪一类标准标记规定得太具体，因此设计和安全工程师需要指南以产生可以接受的告警标记。在执行任一指南时，极为重要的是仔细地分析危险，以确保所选择的告警等级适应于可能出现的后果。例如“警告”不应作为对可能的后果是严重伤害或死亡的告警词；反过来，“危险”不应用于可能的后果只是轻伤的情况。

11. 遏制伤害危险控制方法

只要有危险存在，尽管可能性很小，总存在导致事故的可能性，但没有方法来准确确定事故将何时发生，所以就必须探索所有的尽量减少可能的伤害和损伤的方法。遏制伤害危险控制方法主要有实物隔离、人员防护设备、能量缓冲装置、薄弱环节、逃逸和营救等方式。

(1) 实物隔离。隔离常用作尽量减少事故中能量猛烈释放而造成损伤的一种方法。隔离技术有距离、偏向和遏制。这些技术可限制始发的不希望事件的后果对邻近人员的伤害和设备、设施的损伤。

1) 距离。常用的实物隔离方法，是将可能发生事故的地点设置得远离人员、材料和建筑物，这要根据具体情况决定。例如炸药的使用，就需要根据炸药使用数量来计算安全距离，并确定防护区，目的是将炸药隔离，使得在一个场地的意外爆炸不会导致邻近储存区的连锁爆炸。

2) 偏向装置。用偏向装置可吸收部分爆炸能量，并将其余的能量导向上方，因而不会造成伤害。如在设计建筑物时，有意识地将房顶的建筑强度设计得低于墙壁的强度，可使爆炸力垂直向上泄压而不是横向冲击。

3) 遏制。遏制技术是用于控制损伤的另一种常用的隔离方法。例如要限制事故中镁材料失火的扩散，应在邻近的区域喷水冷却，以防止引燃其他的材料，并尽量减少强热量所导致的损坏；可在液体毒剂或易燃物质的储存罐周围开沟壕，以抑制泄漏外流。

(2) 人员防护设备。采用人员防护设备是尽量减少事故伤害的另一种方法。它向使用人员提供一个有限的可控环境，将使用人员与危险的不利影响隔开。人员防护装置，是由人们身上的外套或戴在身上的器械组成，以防御事故或不利的环境。它们可以从一副简单的耳塞到一套带有完整生命保障设备的宇航员太空服。耳塞用于把人员与噪声及其不利影响隔离，宇航服可隔离空间的危险。在生产作业中，由于各类条件是特定的，因此适用于一类环境的设备可能不适用于另一类环境。例如，防氯气或其他有毒气体的防毒面具可能不能防止缺氧。对于后一种情况，要用空气袋、氧气发生器。

(3) 能量缓冲装置。能量缓冲装置可以保护人员、材料和灵敏设备免受冲击的影响。例如，座椅安全带、缓冲器和车内衬垫可降低事故中车内人员的伤害。座位安全带和其他背带可绑住及隔离运载设备中的人员和设备，使得人员和设备在发生事故时不会被甩出，造成伤害或损伤。在储存和运输容器内的泡沫塑料、涂胶马鬃和类似的软垫材料可在容器跌落或剧烈振动时保护容器中的物品免受损伤。

(4) 薄弱环节。薄弱环节通常应用有电、热、机械和结构等类型。例如，电路中有熔丝以防止由于持续的过载而引起火灾或其他损伤。熔丝是由低熔点金属制成的限制性导线，如果由于短路而发生过载，则通过熔丝的过载电流产生的热熔化熔丝，从而断开电路，但熔丝不能防护电击。

12. 针对工业危险的安全管理

工业生产中事故的发生，从表面上看是由于生产空间、设备、设施和人为差错等不安全条件所造成的，但是如果深入一步分析，其根源还是管理上的缺陷，只不过是表现的形式不同罢了。例如，有些是技术上的缺陷，有些是劳动组织不合理，有些是对操作人员安全技术知识培训不够或规章制度不健全造成的漏洞，所以安全管理是企业生产管理的重要组成部分。安全管理对保证企业的正常生产，避免和杜绝重大恶性事故的发生，均发挥着重要的作用。不重视安全管理工作，违章违纪现象就会增多，企业的生产经营就不可能正常地进行。

安全管理是一项复杂而又艰巨的工作。安全生产的好坏，受各种因素的制约。有来自设备的，有来自工艺条件和人员操作水平的，也有来自各职能部门或基层管理方面的，所以安全管理的中心就是防止人为的差错和消除设备、设施或环境的危险。要实现安全生产，就必须围绕这一中心制定出一整套规章制度和实施细则。

安全管理的目标就是通过安全生产管理、安全教育、安全技术改造等措施使危险消除或控制在一定的范围之内，从而控制事故的发生率为最小。

安全管理一般包括：制度和细则的制定、修订（随时保证其适用和有效）和监督实施；改善劳动条件；生产设备的选购、安装调试，合理使用，维护保养；进行安全检查、指导、教育及日常安全管理等项内容。

13. 危险范围内人员的安全意识

交付使用的设备、设施经常会暴露出对用户的需求能力、实际操作和趋势缺乏足够的考虑。也就是说，不能预见设备、设施在使用过程中或设备、设施的误用会有危及操作人员的危险。同时，对同一个设备、设施来说，使用方式的不同，所发生危险的形式可能相差甚远。采用不同的使用方式，设备、设施本身可能保持不变，但其技术状态，使用的规程，存在的危险器材或环境将可能不同。所以，在设备、设施使用前期考虑以下几个方面的问题对保护人员安全和设备、设施的完好是有益的：

（1）把危险工作状态与其他活动区域和人员隔离。

（2）对于故障会对设备、设施造成不利的影响，或引起伤害人员或损坏设备、设施的灾难性事件的情况，是否提供正确的、完备的控制措施。

（3）设备、设施的部件设计、设置和布局，在使用、维护、修理或调整期间，操作人员是否会受到危险的伤害——诸如电击、刀刃口和有毒气体等。

（4）避免操作人员承受不必要的生理和心理上的压力，以免导致差错而遭到伤害。

（5）在危险部件、设备、设施等处是否安装有效的标准告警设备以保护操作人员。

（6）当按照设计规程使用设备、设施时，操作人员或其他人员是否会遇到危险。

（7）假如出现操作人员偏离设计规程而越轨操作时，是否会导致危险的发生。

由于以上几项原因，设备、设施出现安全缺陷时，必须增加防范措施或建议更改设计。

除了对设备、设施使用前期工作进行综合考虑外，为了确保安全生产，危险范围内人员应该做到：

（1）熟练掌握设备、设施的性能，熟悉生产环境。

（2）遵守劳动安全规章制度、操作规程和工作指导书。

（3）正确使用安全装置和防护设备。

（4）在注意自己安全的同时，不要因为自己的操作和操作失误危及他人安全。

（5）向有关人员报告自己不能排除的危险情况。

（6）报告与工作有关的事故和职业病。

危险范围内的工作人员在出现各种不同类型的安全问题时，都要多问几个“为什么”。这种实事求是、追根溯源的精神，会使你解决许多棘手问题，为你扫除一个又一个的障碍。例如在一台机器停止转动时，就应出现以下问答：

问 1：为什么机器停了？

答：因为超负荷运转，熔丝熔断。

问 2：那么，为什么会超负荷呢？

答：因为轴承部分的润滑不够。

问 3：为什么润滑不够？

答：因为润滑系统吸不上油。

问 4：为什么会吸不上油来？

答：因为油泵轴磨损，松动了。

问 5：为什么油泵轴会磨损了呢？

答：因为没有安装过滤器，混进了铁屑。

通过以上自问自答的逻辑推理，最终找到了问题的祸根是“没有安装过滤器”。于是就找到了解决问题的根本办法，而不是临时换一段保险丝或油泵轴。否则的话过一段时间还会出现同样的问题。

总而言之，危险范围内人员在进行工作时要想不发生或尽量少发生人为的差错，就应具备本专业的应知、应会、自救、自护、安全操作、应急反应等必须要有的能力，就要严格按照操作规程和工作指导书去进行工作。在一些特殊的危险场所，如辐射、登高、带电作业等，要采用“二人方案”，即必须有两人以上的人员，且每个人都能够承担所规定的工作并能发现错误的或未经许可的工作方法；由一个人操作，而另一个人则监护其是否正确地完成了该项工作。与此同时危险范围内人员平时要不断提高安全意识，努力学习安全生产技术知识，提高对操作规程和工作指导书的理解程度，熟练地掌握设备、设施的操作程序和应急方法，熟悉工作环境。这样，就能有效地控制已知的危险源，减少事故的发生。

第二节　班组危险预知分析活动与做法

危险预知活动最先是由日本住友金属矿山公司和歌山冶炼厂于 1973 年提出来的，这一活动经过一段时间的开展，被实践证明效果很好，因此很快在日本的各企业普及。日本歌山冶炼厂在开展危险预知活动后，伤亡事故大幅度减少，直至事故几乎为零。危险预知活动比较简单，就是通过作业前较短时间的人员会商，提前发现、把握和解决现场或作业中存在的危险因素，目的是确保作业安全。这一活动特别适合于班组，在我国，现在已经在冶金、有色、机械、化工等行业推广实施，并取得了很好的效果。

一、进行岗位危险辨识教育的方法

1. 岗位危险辨识教育的含义

在预防各类安全生产事故中，进行岗位危险辨识教育，进而提高职工预防事故的意识和能力，是安全教育的一个重要内容。

岗位危险辨识又称为危险预知分析，它是以操作者为中心，对其能接触到的所有危险进行全面的分析评价，制定针对性的防范措施，使每位职工在作业前对本岗位的危险分布、危险特征及防范措施熟悉和掌握，以达到对危险的识别、控制和预防的目的。

2. 岗位危险辨识

危险的辨识是危险预知分析的基础，要撇开隐患查找的习惯意识，把所有危险查找出来，尽量做到详细和完善。一般来讲，危险来自操作环境和操作对象两个方面，针对这两个方面，结合岗位作业特点可分为上下岗的途径、操作前的准备、操作的过程、操作后的清理四个方面。

（1）上下岗的途径。员工由班组作业前的集合点到操作岗位，或多或少都有一定的距离，除个别情况外大部分是步行。在这个区间应有一条相对安全的“指定”路线，分析时应以环境影响为主。例如：高上低下、横过铁路、穿越作业区等。每个路段都有其特殊的危险性。高上低下，以保证自身的稳定性为中心，如栏杆的强度，走梯的坡度，地板的防滑等性能，应进行全面分析。穿越作业区应以突发事件为中心，如路径两侧裸露旋转设备，带电设备线路，起重作业区间，交叉作业区间，有毒物质散控区间等，要仔细分析评价。下岗时还要考虑作业后自身的变化，如极度疲劳、头昏眼花、身体淋湿等。

（2）作业前的准备。作业前的准备可分为防护用品着装准备、操作对象检查、工具材料准备三个方面。

防护用品着装时，主要分析所处环境及站立位置，身体伸展时的空间障碍，如旋转的扇叶、不稳定的椅子等。护品着装时危险性较小，但着装不合格会影响到其他几个方面的安全，因此要进行延伸分析，也就是根据防护用品的作用和性能进行推论。

操作对象的检查针对性较强，大致分为是否带电检查和是否运转检查两种情况，一般应尽量做到无电静态检查。检查时可分为设备性能检查和防护装置设施的检查。设备性能检查可根据机械特性进行分析。防护装置设施检查的危险性，与安装位置、形式和防护对象、范围有直接关系，要根据具体情况区别对待。同时还要分析防护性能的状态，对后续工作的影响，对不能在静态下确认的部位分析其在失效状态下对运转和操作过程的影响。工作前，对操作对象整体性能的试验是一种特殊的操作，不仅对工作性能试验，还包括对部位的性能确认，需要在检查确认的基础上进行。危险分析需要将所有的“安全装置”，假设在分别失效、整体失效、相互关联的群体失效的三种情况下，以保持最简陋的设备运转为基础，对人身安全的影响进行分析。设备不能运转，操作不能进行也就失去了分析意义。

工具材料的准备较为复杂，一般工具的准备和护品着装准备相类似，如钳子、锤子、绝缘工具等。一些特殊用具的检查，本身就带有危险性，如登高用的梯子、带有刃口毛刺的工具等。材料的准备分为人力搬运和使用设备工具搬运两方面。要根据搬运对象的理化性质、外形、重量、搬运要求等因素进行分析，常伴有扭、跌、压、碾、砸、电、挤等危险因素。也可以按一般操作进行分析。

（3）操作的过程。操作过程的危险因素虽然较多，但由于一般员工受作业范围的限制，操作对象、模式和性质变化不大，因此针对性也比较强。分析时以物质因素为重点，从三个方面进行。

1）根据操作方式、操作程序和操作过程的设备物料变化，将操作过程分成若干个阶段。

2）从安全操作规程和有关规定入手，根据规程效用，用不遵守规程的逆向思维方法，来分析判断危险因素的存在方式和条件。

3）结合工作经验和事故案例，对危险因素的辨识进行补充。

（4）作业后的清理。在这个阶段，因工作性质不同而变化较大。一般的正常作业岗位，仅限于收拾工具打扫卫生，分析时要侧重设备的运行状态和物料的危险性质。检修工作现场清理较复杂，特别是大中型检修危险因素很多，相当于一次作业。要根据实际情况，可按操作过程分阶段进行分析；也可将现场分成若干个区域，根据区域危险特征进行分析。例如，第一阶段拆除检修设备电源，第二阶段拆除脚手架，第三阶段清除废料等。又如：A 区为防触电重点区，B 区为防火防爆重点区，C 区为防碰砸重点区。

3. 危险性质分析

危险性质是指危险产生和生存条件的特性。在管理中，常把危险分为隐患、危险源点、技术缺陷三类。

（1）隐患：工具、材料、设备、环境等物质方面不应有的、对人身安全存在威胁的缺陷称为隐患。岗位隐患是不允许产生，但根据实际情况可允许暂时生存的物质缺陷。如："轮套轴罩"的缺损，安全防护装置损坏后不能及时修复等。

（2）危险源点：危险源点是指危险爆发概率较高或爆发后损失较大的物质缺陷，是允许长期生存但必须严格控制的一种物质缺陷。国家有关部门制定了等级及划分方法和一些具体要求，应严格执行。

（3）技术缺陷：在生产过程中，威胁人身安全的物质缺陷很多，其中部分危险因素因技术水平而无法消除，需要生产运行中存在。这部分危险因素危险"值"较高的称为危险源点，其余的统称为技术缺陷，如暴露的刃口、裸露的带电线路等。为防止对人身造成伤害，对岗位操作人员的行为进行了控制，就是有关规程的主要来源。技术缺陷要靠社会的发展、技术的进步来解决，是目前无法消除，需用规章制度监控的物质缺陷。

4. 伤害条件分析

物的不安全状态和人的不安全行为相互作用形成事故，是我国的现行的事故理论，也就是说人的行为和物的状态相互独立。危险转化成伤害事故必须受人的行为的诱发。分析伤害条件就必须以物质缺陷为基础，以人的行为为导向，研究事故发生的爆发点。针对某种危险，要根据其特点研究事故形成的触发方式和触发条件。触发方式指人的行为，触发条件指物的状态。分析伤害条件不仅要分析正常情况，还要分析各种非正常情况。

非正常情况主要是指违反作业规程和规章制度；颠倒或缩减作业程序等行为与危险因素作用的后果。如：工作前不正确佩戴劳保用品、工作中检查确认不仔细、为抄近路穿越皮带或跨越栏杆等。

5. 防范措施的制定

制定防范措施，首先根据危险的性质进行分类，按危险的重要度排列，按顺序逐个分析。

隐患需要及时整改，因此，发现隐患要制定临时防范措施并报上级部门，该措施也就得到进一步的确认。重点是要时常注意隐患状态的变化，随时调整监控手段。

危险源是企业防范的重点，按国家有关规定进行分级管理，因此，可对原有的防范措施进行补充和完善。危险预知分析中，可以不作为危险预知分析的重点。

技术缺陷在管理中被重视程度较低，要重点进行分析和监控。制定防范措施要从预防、控制、减灾三个阶段全方位进行分析，找出科学的控制方法。例如，某旋转部位如果裸露，就有可能造成绞伤事故。用加装防护罩的方法避免人与旋转部位接触是预防；正确穿戴劳动防护用品，即便短暂接触也能避免绞伤是控制；当自身其个部位被绞住，哪种方法自救最有效，伤害程度最轻，要认真筛选是减灾。

6. 危险预知分析的组织领导

开展危险预知分析，应以班组为单位开展，因为班组成员之间的工作性质、工作环境相类似，开展起来可以互相补充，不仅能够有效地避免缺失遗漏，还能起到事半功倍的效果。但是需要注意的是，由于班组成员受技术理论水平的局限，进行危险预知分析活动的质量很难保证，不同班组由于重视程度、危险程度等有关因素的不同，也会出现很大的差距。因此，企业有关职能部门，如安全、技术、生产、机动等部门，应建立危险预知分析领导小组，进行具体指导。这样做，不仅能避免部分班组危险预知分析工作流于形式，又能使有关职能部门全面了解本企业或本车间的安全动态，为安全管理决策提供可靠的依据。

二、班组作业前危险预知活动形式与实施程序

近几年，企业生产经营在传统的安全管理基础上，逐步走上安全科学与实践相结合的道路。一些企业在工作中，推行危险预知与安全评估的安全生产管理模式，进行危险辨识、预知、预测，分析和评估安全生产状况，为规避生产安全风险，择优选取安全对策措施方案。

广州钢铁企业集团公司（以下简称广钢集团）通过开展危险预知、安全评估活动，消除了生产过程中的危险有害因素，减少了各类事故的发生，保护了企业财产和员工生命安全与健康，全面提高了企业的安全素质，促进了企业安全生产的良性循环与稳步发展。

1. 班前危险预知活动

加强企业安全管理，关键在于班组的安全建设。广钢集团在基层班组生产作业前开展危险预知（KYT）活动，推行班前危险预知训练，提高班组成员的作业危险预知与预防事故能力。

2. 危险预知活动的三项基本原则

（1）班前训练原则。把握班组作业前会议时间，进行训练。在布置安排作业事项的同时，落实作业危险预知预防的应对措施，力求将活动控制在 8 分钟内完成，言简意赅、精准恰当、可操性强。

（2）预知预防原则。班组人员作业事前必须辨识、认知潜在危险因素，确认安全措施，预防和避免事故。

（3）全员参与原则。班组长主持安排布置工作；与会人员围绕作业危险预知踊跃发言，讨论预防事故作业安全要领，汇聚集体智慧；组员相互补充安全建议，评估确定安全措施，将分工落实责任到人。

3. 危险预知训练的四个环节

危险预知训练的四个环节主要是：

（1）把握现状，根据作业过程状态，挖掘潜在的危险因素。

（2）追究本质，研判、筛选、确认控制触发危险的主要原因。

（3）确定对策，提出作业危险因素对策措施，控制关键节点。

（4）标准设定，设定安全标准，施工作业方法，形成标准化作业。

4. 危险预知的活动形式

从发展阶段来看，可分为三个阶段：

（1）学习提高阶段，组织开展 KYT 活动宣传教育，观看典型事故案例分析视频，提高员工危险预知辨识能力。

（2）实践阶段，在班组的班前会上，开展作业前危险预知预防训练，落实 KYT 活动三项基本原则。

（3）自主管理阶段，班组作业前自觉开展危险预知，形成活动固定模式，深化危险预知活动。

危险预知的训练形式，可划分为三种：一是基础训练，以分析本岗位同类型作业事故案例场景图片为主，提高危险辨识能力；二是定期训练，分析本岗位作业场所的危险因素；三是作业前危险预知实战操作，分析人的不安全行为，设备设施、环境的不安全状态，确认安全对策措施、施工作业程序，按规范标准作业。

5. 危险预知活动实施程序

班前 KYT 活动实施程序有分工也有合作，由班长主持，下设任务作业小组长，记录员负责 KYT 活动记录整理。

设置 KYT 活动记录卡片，内容包括班组名称、作业项目、时间、地点、作业程序节点连接线简图、危险因素、对策预防措施、执行人、监护人、签字确认等栏目。

班长安排布置工作任务，引领班组开展危险预知分析，向组员提问作业任务存在哪些危险有害因素，有何对策预防措施，怎么落实。班组全员参与，发挥集体智慧与经验，其他人员讨论评估、辨论、补充，统一作业任务的正确程序。

班前作业人员分析作业过程，辨识人的不安全行为、物的不安全状态、环境条件状况，预知、预测，挖掘危险因素，并提出相应的预防措施；班组长作归纳、复述，确定作业程序、安全措施，安排分工落实责任到人；记录员负责将事项记录在 KYT 活动卡片上，进行签字确认。

在施工作业过程中，班组长要巡回督查落实安全措施情况，纠正违章作业；班后评估记录当天施工作业不足之处，提出整改修正措施，持续改进与完善 KYT 活动。

6. 班前作业危险预知实例

班前作业危险预知活动可按工序开展，如维修电工作业、高空作业、化工作业、皮带输送机作业等。

以维修电工班前操作步骤为例，班前作业危险预知在班组安排布置工作短会中进行，经会上集体商议、表决确认，形成记录；作业项目包括维修电工作业工序；在危险预知中，可能发生的事故类型是触电、电弧灼伤。

作业危险预知重点要素是在电气设备操作过程中，存在因没有正确穿戴劳动防护用品，使用绝缘工具不当的危险；在电气检修作业过程中，存在因操作错误，不停电检修设备，电气线路停、送电作业没有执行正确操作程序，带负荷拉断电源开关等危险；存在因使用老化、破损的电气设备，工具、电气设施没有接地保护，开关停电后没闭锁，不张挂警示标志等原因造成的危险；还存在因金属构件内狭窄，导致空间作业存在触电危险，以及电气支路用电设备漏电，保护器不动作造成的危险。

预防措施包括：电工必须持有效证件上岗，正确穿戴劳动防护用品及使用绝缘工具；电气检修作业，严格执行联保确认、监护制度；检修电气时，停电、验电、放电、接地、送电作业，必须确认供电线路周边人员撤离到安全距离；带电部分加装遮拦或防护罩，张挂安全警示牌等；停、送电作业必须设置作业监护人；电气设备必须符合国家标准规范，必须安装漏电保护器，手持电动工具绝缘良好；电气设备接地电阻值≤4 欧、避雷针及引下线接地电阻值≤10 欧、防静电设施接地电阻值≤100 欧；开关停电后要闭锁，张挂警示标志，杜绝误操作送电；潮湿环境或金属容器内作业必须使用安全电压 36 伏；漏电保护器要定期检测试验，整定动作电流 30 毫安，动作时间小于 0.1 秒。

7. 班前危险预知活动效果

企业安全生产工作重点在班组，从广钢集团开展班前作业危险预知活动的实践效果看，通过班组全员参与作业危险预知活动，汇聚集体智慧，诊断、辨识作业危险因素，提出预防危险对策措施，能够强化班组作业人员安全意识，增强危险预知预警和评估作业环境及安全生产条件状态的自觉性，控制人的不安全行为，提高预防事故能力。

三、开展危险预知分析活动的做法

在班组生产作业中，由于生产过程中人的不安全行为、物的不安全状态以及管理上的缺陷，致使作业场所中不可避免地存在着许多不安全因素，这些不安全因素一旦失去控制，便导致事故的发生，从而使人员受到伤害，物质受到损失。如何在生产作业前进行有效的事故预防与控制，一直是安全生产管理的重要内容。在生产过程复杂，危险因素较多情况下，在班组作业中推广危险预知分析活动，对于保证班组生产作业安全，能够起到积极的促进作用。

1. 中国铝业中州分公司班组作业开展危险预知活动的做法

中国铝业中州分公司是一家有色金属生产企业，生产过程复杂，危险因素较多，针对这种情况，该公司在班组作业中积极开展危险预知活动，保证作业安全，取得了明显成效。

危险预知活动作为一种简单有效的风险辨识方法，广泛地应用于班组和员工作业中。班前会要对本班的作业进行预知，清理检修作业要做出预案，科学地规范职工的作业行为，真正体现了“我要安全”，对确保职工的安全作业起到了积极的作用。

（1）对危险预知的要求。危险预知要实现一个目的，即杜绝伤亡事故，减少工作日损失，维护员工的健康。

1）危险预知要遵循的原则。危险预知要遵照六项原则：一是消除原则。即通过合理的计划、组织和操作，从根本上消除物、机、环境中存在的不安全因素，努力消除人的思想和行为上的危险及有害因素，实现本质安全化。二是预防原则。即当消除危险有困难时，可采取预防性技术措施，如增加防护罩、高处作业系好安全带、按《岗位作业标准》作业等防护措施。三是减弱原则。即在无法消除危险源和难以采取预防措施时，可采取减少危害的措施，如降温、降噪、高温作业间断休息等。四是隔离原则。即在前者都无法实现的情况下，应将有害因素与人员隔开，如加隔离栏、防护棚等。五是连锁原则。即当操作者失误易造成伤害或设备运行达到危险状态时，通过连锁装置，终止危险进行。六是警告原则。即在易发生故障、事故或危险性较大的地方，配置醒目的识别标志，如设置标志牌，必要时可采用声、光等报警装置。

2）危险预知要落实的措施和制度。危险预知还要落实四项措施和四项基本制度。危险预知的四项措施如下：一是直接安全技术措施，即生产设备本身应具有本质安全性能，不出现任何事故和危险；二是间接安全技术措施，即若不能或不能完全实现直接安全技术措施时，必须为生产设备加装安全防护装置，最大限度地预防、控制事故的发生；三是指示性安全技术措施，即间接安全技术措施也无法实现或实施时，必须采用报警、警示标志等，警告提醒作业人员注意，以便采取相应的对策措施或紧急撤离危险场所；四是若间接、指示性安全技术措施仍不能避免事故发生时，则应采用岗位作业标准、安全教育和个体防护等措施来预防、降低系统的危险、危害程度。在采取四项措施后，还要落实工作票制、挂牌制、确认制、监护制这四项基本的安全制度。

（2）危险预知的实施步骤与方法。员工上岗前特别是各类检修作业、施工作业前，必须开展危险预知活动，做到“三不开工”，即：没有进行危险预知不开工，没有安全交底不开工，没有安全监护人不开工。

实施危险预知的步骤与方法如下：

第一步是根据作业内容进行危险辨识。职工按照相关的技术标准，查找作业项目中的危险因素，从而了解可能产生的危险。

具体措施：班组长在班前会上，首先检查组员的工作服穿戴是否规范和作业前精神状态是否良好；班组长总结上一个班的工作，分析是否会给本班带来危险；安排布置本班工作任务，进行安全交底，明确责任人、安全监护人、作业时间、作业地点和环境状况；班组长向组员询问，进行此项工作有什么潜在的危险（包括固有的、作业中产生的）；组员要把自己假想为已经置身于作业当中，尽力找出有何危险因素（包括人、机、物、环境、管理等方面的不安全因素），积极大胆地发言，充分发挥自己的想象力，不论是否正确；推想找出的危险因素会引发的影响（可能不止一种后果，应尽可能找全），进行讨论；班组长就大家找出的危险，逐一进行宣读确认，避免漏掉不是主要的却是危险的项目。

第二步是对找出的危险因素进行分类，通过大家的讨论，从诸多危险中找出大家一致认为是危险且易造成伤害的因素。

具体措施：班组长应对每个组员进行询问，检查确认是否都对找出的危险了解和有所重视；对查出的危险因素进行适当分类。第一类：“这个危险不会造成伤害的”。第二类：“这个因素可能造成危险的”。将第一类问题剔除，从剩下的第二类问题中，进行第二次分类，即大家认为最有可能造成伤害的因素，不能靠举手表决，也不能靠班组长的主观臆断，而应以客观事实、科学推理为依据，要分析得细、分析得透。班组长第二次向大家确认，对这样的重要因素大家必须记清楚。

第三步是制定技术措施。根据前面查找出的重要危险因素，有针对性地制定出合理、有效的措施，并进行确认。

具体措施：对第二类中的重要危险因素，班组长向组员或组员之间相互提问，启发大家思考；集体讨论，拿出切实可行的措施；对具体措施进行分类，把“作业前必须马上实施的事、必须干的事”作为重点实施项目定下来；把班组的目标定位在处于危险状况的作业靠采取措施实现安全作业的要求；班组长就确定的内容对组员进行最后的确认，看是否有遗漏的危险和措施。

危险预知后，要根据预知结果进行逐项落实，如果作业现场发生意想不到的情况，还应适时进行纠正预知结果，并及时通知到每一个作业员工。要做到作业前静思一分钟，即静思危险预知中确认的作业危险存在的特征、原因及应采取的措施方法，静思自己的一举一动如何在作业中避免危险，要做到有完全的心理上和行动上的把握才可以行动；作业中沉思一分钟，即检查作业中的一举一动是否符合岗位作业标准、安全检查表以及危险预知结果的要求；作业后反思一分钟，反思作业行为的合理性，是否按预知的要求进行了落实，一旦发现存在还没有做到的行为，提醒自己下次加以注意，并在下次的班前会上进行说明，与其他组员进行交流。检查行为后果是否满足了技术上、设备上、安全性能上的要求，以免自己一时的不经意，给自己或他人留下危险。

2. 石家庄市电化厂开展生产班组预知预防安全防范活动的做法

石家庄市电化厂是一家生产烧碱、氢气、氯气及各种氯产品的氯碱化工企业，生产过程具有高温、高压、易燃、易爆、易腐蚀、易挥发等特点，所以做好防火、防爆、防烧伤烫伤、防雷电灾害、防污染及机械伤害显得尤为重要。电化厂在安全生产中，积极组织开展生产班组预知预防安全防范活动，提高了职工的安全意识，促进了生产班组的安全管理，收到了很好的效果。

该厂在生产实践中认识到，事故的发生是随机的，但又是有规律的，具有一定的发生概率，摸清了其发生规律，就可以预防它，进而可以控制它，因此做好安全生产工作，重在做好预防工作。为了做好预防工作，该厂根据企业特点，在安全生产管理上，开展生产班组预知预防安全防范活动，其主要做法是：

（1）根据不同气象条件开展不同的预防活动。一年四季的天气气候有不同的特点，气候的变化对化工生产有着不同的影响，尤其对氯碱企业影响较大。为避免产生不良的影响，该厂根据这些气候的变化，有重点地开展不同的预防活动，确保安全生产。

春天天气比较干燥，易发生火灾事故，氯碱企业由于有易燃、易爆的危险化学品，如氢气、甲苯、黄磷等，这些物质在发生事故时，往往火灾、爆炸事故同时发生，所以春季适于有重点地开展火灾、爆炸事故预防活动。氯碱企业发生过爆炸事故的岗位较多，从电解槽开始，氯气总管、氯氢处理、氯化氢合成炉、液氯充装等都发生过爆炸事故，究其原因大致分为三类：第一类是工艺指标控制不合格或违反操作规程，如电解槽缺盐水、氯含氧过高、三氯化磷聚集等；第二类是压力容器或电气设备有缺陷；第三类是检修作业时没有按规定要求动火。针对以上三类原因，应采取相应的安全措施，加强工艺管理，严格控制工艺指标，定期对容器等设备进行检修和检测，加强检修的安全管理等来预防事故的发生。

夏天气温较高、雷雨较多，气温高对冷却系统指标有较大的影响，除做好防暑降温工作外，雷电灾害的预防也很重要。由于氯碱行业属于耗电大户，各种电气设备多，高低压并存，有大电流、裸铜排等。另外，外电网因雷电污闪等突然停电，轻者会造成全厂停车，重者会造成大量氯气外溢而导致污染事故发生，所以夏天应重点开展雷电灾害事故预防活动。他们编写了突然停电紧急停车处理规程、人身触电事故处理原则。同时由于夏季天气炎热，员工劳保穿戴不易规范，尤其在夜班生产作业中存在着光膀子、穿拖鞋等现象，加之氯碱行业的原材料产品有强酸（盐酸、硫酸）、强碱（氢氧化钠），易造成烧伤、烫伤，因此还应同时开展烧伤烫伤事故预防活动。为此该厂制作了防护用品箱，箱内有解氯水、防烧伤、烫伤药品，以及防毒面具、呼吸器等应急物品，一旦发生事故，能及时有效地进行处理。

尽管秋天秋高气爽，但有时空气湿度较大，许多氯产品如盐酸、三氯化磷等遇潮湿的空气易挥发或水解，产生有毒的氯化氢气体，此气体对人的呼吸道有刺激性作用，故秋天应重点开展污染事故预防活动。

冬天，由于气温较低，风雪天多，路面较滑，职工如果劳保用品穿戴不规范，尤其有人穿棉袄作业，易卷入设备，上下楼梯时路滑易摔伤，因此冬天应重点预防机械伤害事故。

以上各季开展的预防活动，首先由各部门专兼职安全技术员完成部门分预案，直到“一岗一案”或“一岗多案”，然后将这些方案编写成册，组织员工学习并分别演习，使员工掌握预防措施。

（2）作业现场预知活动。氯碱行业历年伤亡事故统计显示，按工种分析，化工操作工造成的伤亡最多，因发生事故时操作工主要在现场一线；其次是检修人员，说明检修作业安全措施落实不够，所以在作业现场，必须开展危险预知训练活动。此活动主要是针对全厂作业现场存在的危险因素，进行实地演习和训练，其目的是使作业人员了解现场危险情况，针对这些危险因素应采取的技术对策和注意的事项，以便于防范，保证作业安全。

例如对简单的房顶灯修理问题，首先分析其作业类型为电器高空检修作业（办理此票，可不办高空作业票），其次应考虑可能发生的事故（电伤害、摔伤、其他危害等），最后相应地要考虑三项或多项预防措施。造成电伤害可能的因素有电源合闸，即使拉了闸是否有效等；摔伤的可能因素首先考虑人是否能站稳，灯侧有电扇，万一电扇转动将会把人推倒，所以要将电扇开关处放置“禁止开启”的安全警示标志，再进一步可考虑将电扇电源闸关掉等。

就像下棋一样，越是多考虑几步万一，安全系数就越高。为此，电化厂推广应用了“作业现场安全预知操作票”，其具体要求如下：

1）部门负责人在作业前必须召集有关人员（如安全技术员、设备员、工艺技术员、监护或执行人员等）到作业现场进行认真分析，分析作业现场所有可能产生事故的危险因素，这些因素导致事故发生的条件，怎样防止，有哪些安全注意事项及相互联络方式，配合情况如何（尤其交叉作业）等，将分析情况认真记录在操作票上。

2）将所有危险因素和排除的具体措施考虑周全，认真填写在“操作票”上，并给作业人员配备配足防护器具及个人防护用品。

3）一旦发生事故，执行人员是否掌握应急处理措施，相应的器材等防护用品配备是否充分，由负责人认真落实。

4）以上三项要逐一交代给作业执行人，执行人必须是在熟悉以上措施情况后，方可在操作票上签字，而后开始作业。

5）为有效落实操作票，应与责任制考核严格挂钩，各负责人认真填写，不得有漏项，不能代签，一式两份，部门一份备案，执行人一份作为安全监督部门现场检查用。

通过作业现场预知活动的开展，作业安全合格率达100%，无一轻伤事故发生，从而有效地确保了作业现场的安全。

3. 山东石横特钢集团有限公司开展岗位安全预案预控活动的做法

山东石横特钢集团有限公司地处山东省肥城市境内，是集铁、钢、材、焦为一体的大型民营钢铁联合企业。公司衍生于1970年建厂的国有“小三线”企业，2006年完成国有产权改制，目前拥有多家子公司，主要产品有建筑钢材、锚杆用热轧带肋钢筋、热轧盘条等。2014年实现利润9.95亿元，利税15.9亿元。

近年来，该公司为强化现场安全管理，消灭事故隐患，减少各类事故的发生，在全厂推行岗位安全“预案预控”，收到良好效果。

岗位安全“预案预控”，就是对各种伤害事故提前预测，超前防范，及早控制，把人身伤害及生产设备事故消灭在萌芽状态，达到预防为主、防患于未然的目的。

岗位安全“预案预控”按岗位、工种分别制定。通过对某一岗位或工种发生违章操作、指挥和其他可能造成的伤害事故进行全面分析、分解，按因果关系逐项列出：事故伤害种类；造成伤害事故的原因；防止事故伤害的措施；厂、车间、班组三级检查考核标准等。

该公司安环处通过对全厂300个工种岗位的具体分析、分解，结合原有安全操作规程，组织有关人员编写、编辑了“岗位安全预案预控卡”430多个，岗位职工人手一卡。在落实普及“预案预控”过程中，要求员工会背、会默写该岗位“预案预控”内容，并在日常工作中严格执行。全厂所有生产班组每日的班前会均在作业现场召开，学习并相互提问其内容。安环处组织车间安全员进行经验交流，并轮流到车间和班组开现场会，找问题，查不足，交流体会。安环处安全员分片承包车间，检查落实执行情况，发现违背有关内容者及时纠正。利用厂广播、电视、板报大力宣传该内容，营造浓厚的安全文化氛围，促进了活动深入开展。

岗位安全“预案预控”是对原安全规程的分解、细化，内容齐全，因果明确，简洁扼要，易背实用。对职工特别是青工，是很好的安全技术知识补充教育，对习惯性违章操作及指挥者是一座长鸣不息的警钟。通过几年来的贯彻实施，该公司所属车间大小人身伤害及其他各类事故大幅度下降，职工的安全意识也普遍提高。

4. 中原石油化工有限责任公司开展班前安全讲话提示风险的做法

中国石化中原石油化工有限责任公司作为化工生产企业，危险性高，风险大，在生产过程中，如果设备设施发生意外，人员操作发生错误，就有可能导致重大事故的发生。为了防范事故，保障班组人员生产作业安全，该公司积极开展了班前安全讲话提示风险的活动。

（1）班前安全讲话的含义。班前安全讲话是指在每天上岗前，以作业班组为单位，由班组长向本班组成员布置当班工作内容、提出质量标准，特别针对作业安全注意事项进行警示教育的活动。实质上，它是班组作业危险性分析和预防教育活动，在形式上是指利用班前数分钟时间，在上个班组值班人员简介上一班的生产情况后，由接班班组长或班组安全员讲述本班的工艺生产或施工作业、设备运转情况和安全注意事项，布置当班具体生产或作业任务，传达上级工作指令，提出安全防范措施和警示的现场宣传教育。

（2）班前安全讲话的作用。通过召开的班前会，使职工未上班就受到一次安全教育，了解当班的安全生产情况，提醒班组成员注意安全生产，大家一起讨论出现的问题，使每个人都关注安全，起到互相提醒、互相监督的作用；做到“三不伤害”，提出安全防范措施，消除各种隐患，避免各类事故的发生。

（3）班前安全讲话的组织形式。班前安全讲话的时间，安排在交接班期间或开始作业活动前的较短时间内。安全讲话的程序如下：

1）集合：全员站立，面向班（组）长，排成队列。

2）检查：班（组）长察看全员脸色、精神及健康状况。检查个人的安全帽、安全鞋和工作服等防护用品穿戴情况，发现有不符合安全要求的人员，令其立即改正。

3）作业指示：当天生产作业的内容、作业方法、作业顺序、作业分工、危险源、安全措施、工具、材料等，班（组）长根据施工人员的身体状况、技能、经验进行明确分工，落实责任。

(4) 班前安全讲话的主要内容。班前安全讲话要注重的是实效性和针对性，要求班组长在安排当日工作时，按照干什么讲什么的原则，对接受任务的员工同时进行有针对性的安全讲话和提示，应避免安全讲话泛泛而谈的空洞做法。

安全讲话的主要内容应包括以下几个方面：

1) 当天生产作业或施工的特点。例如：离地面 2 米（含）以上的高处作业；临时动火和焊接作业；使用电气临时线及带电作业；临时用电、氧气瓶、乙炔气瓶及其他危险气体瓶作业；使用大量汽油、煤油和含有易燃、易爆物质成分的洗漆剂、稀释剂、洗涤剂作业；高压电气危险作业；易燃易爆场所明火作业等。

2) 生产中可能发生的危险与预防措施。例如：可能发生的机械伤害：正确操作设备和使用劳动防护用品等。可能发生的火灾爆炸：消除导致火灾和爆炸的危险物质，控制明火作业，采取消防灭火措施等。可能发生的中毒窒息事故：采取通风排毒措施，防止跑、冒、滴、漏，佩戴防护器具等。可能发生的人员触电：电气作业符合临时用电规定，保持安全距离，做好接地与防雷；手持电动工具，要使用漏电保护器；符合各种场所临时照明使用规则等。可能发生的高空坠落：戴好安全帽，系安全带，不穿硬底鞋、高跟鞋，办理登高作业票等。可以预见的不良气候：大风、暴雨、雷电、环境高温中暑、低温冻伤等恶劣气候条件下正确使用防护用品和改善作业条件等。

3) 上一班曾发生的违章行为与纠正处理方法。

4) 提醒班组成员应注意的安全事项。包括本班组工作任务的安排，施工进度，质量标准；各级政策法规、管理制度、劳动纪律和操作规程等。

5) 传达上级有关安全生产的工作指示和相关企业近期发生的伤亡事故教训，以及本班组预防类似事故的对策；近期或以前发生的人员伤亡事故案例，敲响警钟，使员工引以为戒等。

6) 要求全组人员正确穿戴和使用劳动保护用品和用具：根据不同的作业特点和环境条件，正确选择和使用各种劳动保护用品，如安全帽、防护工作服、防护鞋、防护手套、防毒口罩和面具、耳塞（罩）、护目镜、安全带、安全网、绝缘板等。

(5) 安全讲话的原则

1) 针对性原则。在安全生产中，根据各种施工或作业任务、作业人员和作业环境条件的各自的特点，对可能存在的各种危险因素进行辨识，合理地确定相应的安全作业方法和防护措施，正确实施作业活动。

2) 具体性原则。在作业或施工活动中，根据各种危险因素，要提出能够减少、消除或避免隐患的实际安全防范措施，即指出实施每项防范措施所需要的工具材料和防护用品的途径、程序、阶段和方法。

3) 简明性原则。要求讲话人员语言简练，合理有序，清楚易懂，能够说明作业要求的原委。

班前安全讲话不仅是安全教育活动的形式之一，而且是落实班组安全管理的工作有效方法，它要求在布置工作的同时，提出必须采取的危险防范措施。开展此项活动时，要坚持对当天的工作具体问题具体分析，以求实效，避免形式主义，使班前安全讲话活动真正发挥其作用。

第三节　生产班组运用危险预知分析预防事故的做法

危险预知，简言之就是预先知道生产或作业过程中的危险性，进而采取措施，控制危险，保障安全。危险预知作为一种简单易行、切实有效的风险辨识方法，广泛地应用于班组和员工作业中。这种危险预知的风险辨识方法，还以不同的方式在班组作业之前、作业之中体现出来，例如班前会要对本班的作业进行预知，重要作业要做出预案，从而规范职工的作业行为，对确保职工的安全作业起到了积极的作用。实践证明，班组开展危险预知活动是安全工作之法宝。

一、RH 精炼炉丁班积极做好危险辨识和风险分析的做法

唐钢第一钢轧厂是国有大型钢铁企业，长期以来一直秉承唐山钢铁集团高度重视安全生产的优良传统，自 2011 年以来连续 3 年实现五项重大事故为零，轻伤率小于 1/‰的目标。第一钢轧厂已通过职业健康安全管理体系认证并良好运行至今。2013 年 5 月，唐钢第一钢轧厂通过专家评审，获得国家冶金企业安全标准化一级企业称号。

第一钢轧厂精炼车间 RH 精炼炉丁班有 6 名职工，平均年龄 37 岁。该班组操作的主要设备为一座由机械水系统、真空系统、顶枪系统、能源介质及合金上料系统组成的双工位 RH 精炼炉。RH 真空精炼炉是提高钢水洁净度的一种装置，作为世界上先进的精炼设备，主要功能是去除钢水中的杂质和有害气体，进行深脱碳。汽车面板、家电板、石油管线钢等都要经过 RH 真空处理后才能成为高级品种钢，是国内同行业冶炼高级别钢种能力的一种标志。RH 真空精炼炉最主要的危险，就是可能发生熔融金属爆炸的恶性事故。岗位存在的主要职业危害有高温、粉尘、噪声及一氧化碳，分别采取了穿防护服、戴口罩、戴耳塞及使用煤气报警器和佩戴空气呼吸器的防护措施。该班组曾荣获河北钢铁集团授予的“安全标准化岗”称号，连续两年获得第一钢轧厂“党员精品岗”称号。

1. 修订完善班组规章制度，做好危险辨识和风险分析

修订完善班组规章制度，做好危险辨识和风险分析，是做好班组安全工作的基础。为此，该班组重点抓好以下五项工作：

(1) 在岗位与职责方面，班组建立了安全生产责任制，年初班组长与每位组员签订了安全生产责任承诺书，明确班组长和组员的安全责任。副组长兼职安全员协助组长抓好安全管理工作。在班组推行了安全互保责任制度，职工明确了互保对象，相互监督提醒，提高了职工自我安全防护意识，做到了安全生产人人有责。

(2) 在制度、规程和标准方面，班组协助车间先后修订、完善了《RH 真空精炼炉基本岗位操作规程》《RH 安全操作规程》《RH 设备操作规程》《RH 岗位应急预案》《危险源辨识台账》；同时参与制作了《RH 精炼冶炼标准化作业指导书》，使班组的安全管理得到了简化、量化、规范化。通过参与各项规章制度的制定，增强了规章制度的适用性、可操作性与易记性，危险辨识和风险分析更加全面、系统，风险控制和应急处置措施更具针对性，通过风险管控看板形成了及时动态的风险预警，为全员控制风险、预防事故提供了方便。

(3) 在教育培训方面，班组老职工每年都要经厂级和车间级两级全员教育培训并考试合格后才能上岗，新转岗和上岗职工采用“师傅带徒弟”的方式，进行不少于 48 小时的班组安全培训后才能上岗。班组每周召开班组安全活动会，传达厂部车间近期安全要求。定期开展有针对性安全培训，围绕“安全、生产、质量、成本和工效”，开展全员参与的“改善提案、单点课”等分享和培训活动。

(4) 在安全管理台账方面，班组建有《班组安全管理台账》《班组安全活动记录》《班组安全自查记录》。这些记录均在班组保存，按要求真实完整地记录本班组在当班中发生的相应事件，做到记录及时、准确、清楚，内容齐全、保存完好。

(5) 在设备设施方面，做到规范摆放，安全标识齐全，设备清洁，作业环境整洁、文明、有序。

2. 发动和组织班组职工，积极做好四个“全员”

该班组在安全管理上，发动和组织班组职工积极做好四个“全员”。

(1)“全员参与”安全培训，全方位提升小组成员能力。在安全标准化要求基础上，把重心放在“安全教育培训”上。该班组围绕“安全、生产、质量、成本和工效”开展全员参与的“改善提案、OPL 单点课”等分享和培训活动。全员开展 OPL 单点课活动，按照“计划—准备—编写—讲解”过程认真组织实施，激发了全员主动参与学习安全知识和技能的积极性。开展“人人争当培训师”活动，改变小组成员以往只会干，不会写、不会说的

状况，促进小组成员能力全方位提升。

（2）“全员参与”隐患排查，变被动为主动。安全检查是搞好安全生产的重要手段，其基本任务就是：发现和查明各种危险和隐患，督促整改；监督各项安全规章制度的实施；制止违章指挥、违章作业。但安全工作如果光靠一两个人进行，而没有全体职工的参与将会落空。一些隐患和事故苗头，不管多么细小、隐蔽，往往逃不掉本班组职工的眼睛。所以，组织好班组开展安全自查活动势在必行。该班组将这些检查分三类进行，将查出的问题、隐患、整改情况每天填写在安全自查统计表上，由班组安全员每天查阅填写记录，有效地促进了班组安全管理。该班组意识到，班组自查是实现隐患排查“全员参与”的重要手段，为提升和培育小组成员现场及问题意识能力搭建了平台，有效地避免了各类事故的发生。“全员参与”的安全管理正在从“要我安全”向“我要安全、我会安全”转变。

（3）“全员参与”改善活动，小改善促大创新。正是有了“全员参与”的隐患排查，许多的不合理和微小缺陷被“曝光”，于是便有了“全员参与”的改善活动。该班组围绕安全、生产、设备、质量、成本等核心要素开展的全员参与改善提案活动作为主要突破口，流程设计严密、制度跟进迅速、奖惩措施得力，从而极大地调动了班组小组成员参与企业管理、现场改善的积极性；现场管理状况大为改观，并持续保持；设备设施安全隐患得以及时辨识和治理，消除了安全隐患。

（4）“全员参与”讨论分享，安全理念深入人心。小组成员主动发言为现场安全献计献策的氛围日渐浓厚；小组成员主动参与分析、讨论和分享，知识和技能得到有效提升；现代化信息手段激发了大家参与安全管理的兴趣和热情，该班组制定的“RH 精炼安全作业程序”得到了厂部及车间的认可，在车间广泛推行。自示范班组创建活动开展以来，班组排查出的隐患数呈明显下降趋势。

该班组通过“全员参与”的安全管理模式，杜绝了“三违”现象的发生，连续几年未发生一起工伤事故，很好地完成了车间分解到班组的各项职业健康安全管理目标。

3. 不断深入不断进步，进一步夯实基础管理

该班组在安全管理工作中，不断深入不断进步，进一步夯实基础管理，注意做好以下工作：

（1）安全工作要确立全员参与的基调，建立“全员参与”创新班组安全管理的平台。为全员参与创新班组安全管理搭建平台，营造氛围；通过阶段考核激励，团队凝聚力日渐增强，小组成员士气越发高涨，现场改善的成果不断涌现，基层管理者和小组成员的成就感、荣誉感和归属感得到了极大的激发。该班组呈现出争先恐后“学技术、强素质，查隐患、促整改，反三违、当能手”的局面。

（2）进一步夯实基础管理，完善基础制度台账建设。班组是企业生产经营活动中的最

基层单位，是企业最基础的生产管理组织，班组安全管理工作是企业安全生产工作的灵魂，所以做好班组管理基础工作是企业安全管理的根本。该班组在扎实开展岗位危险源辨识的基础上，集思广益，逐步完善了《班组安全管理制度》《安全操作规程》《班组安全自查记录》等与安全相关的规章制度，实现危险源的有效管控。

（3）制定班组年安全生产目标，制止任何形式的违章行为。该班组建立班组生产、工作岗位的各层级安全生产职责，并落实安全责任到人。加强安全工作管理，认真开展反“三违”（违章指挥、违章作业、违反劳动纪律）工作，积极开展无违章班组建设。发挥班组的安全员监察作用，加强对生产全过程的安全监督。努力做到安全工作全方位管理，横到边，纵到底。认真组织岗位应急处置措施演练，提高应急反应能力，促进安全生产水平不断提高。

（4）实现风险管控可视化。制作“岗位危险可视化告知牌”、“岗位安全规程”看板、“亲情安全提示栏”等可视化看板。配有图片、危险因素及防范措施要点说明，对岗位危险因素进行目视化展示，使职工对岗位的危险因素得到更加直观的认识。

（5）借鉴先进管理中改善提案的形式，开展安全隐患改善提案活动征集。甄选出好的提案上墙展示，征求职工意见加以实施，调动职工参与安全隐患整改的积极性，形成良好的安全氛围。

二、电积班结合工作实际实施全过程管理安全作业的做法

金川集团股份有限公司是采、选、冶、化配套的大型有色冶金、化工联合企业，生产镍、铂、铜、钴、稀有贵金属和硫酸、烧碱、液氯、盐酸、亚硫酸钠等化工产品以及有色金属深加工产品，镍和铂族金属产量占中国的90%以上，是中国最大的镍钴生产基地，第三大铜生产基地，被誉为中国的“镍都”。

金川集团公司镍冶炼厂电解三车间电积班成立于2006年，有员工49名，平均年龄32岁，负责216台电积槽的生产任务，采用世界先进的电积镍生产工艺，2013年班组全年完成电积镍22 000吨。该班组主要生产设备为6台桥式起重机，216个电积槽，大小泵类设备58台，分为电调、循环、出装、起重作业4个岗位，班组存在的主要危险因素有起重伤害、酸碱灼伤、机械伤害、车辆伤害及其他伤害等。该班组先后获得镍冶炼厂“模范班组”、公司“五星级”标准化模范班组等荣誉称号。

1. 建设班组安全制度体系，规范班组职工不安全行为

电积班在安全管理上，结合本班组工作实际情况，在班组内积极开展安全管理标准化示范班组建设，具体工作如下：

(1) 配套的班组安全制度体系，规范班组职工不安全行为。班组是企业安全管理的重要层级，如何使班组形成“自我管理、自我控制、自我改进”的自治自控管理模式，关键是规章制度和操作规程是否健全完善、是否有效运行、是否严格执行。因此，该班组结合班组实际工作建立、完善了安全制度体系。主要包括《班前会管理办法》《班组长跟班作业管理办法》《现场安全文明生产管理办法》《安全检查管理办法》《安全责任确认制实施办法》《安全教育培训管理办法》《事故报告、处理管理办法》《安全绩效考核细则》8大制度及配套管理流程。编制了电调、出装、吊车、循环4个岗位的安全操作、技术操作、设备操作、维护规程12项，另外还出台了4个岗位的操作程序动作标准，作为员工在操作中的执行基准，严格执行。

(2) 积极开展教育，有效提高职工操作技能。该班组在传统安全教育与培训基础上，运用电化教育等现代化方法，有计划地对新员工、休假返岗员工进行技能训练和现场指导，有效提高了班组成员作业技能。2013年班组新参加工作7人，全部经过了“三级”安全教育，由班组安排7名经验丰富、技术娴熟的老员工作为师傅，并与其签订“导师带徒协议”，展开为期一年的“师徒合同”，引导新员工在实习期、见习期内尽快掌握安全操作技能。与此同时，每月由各自师傅对徒弟进行系统的训练、指导和考核。对期满不合格的新员工建议调离岗位，执行离岗工资，此举在培养新员工的规则意识方面起到了明显的作用。

(3) 建立健全安全管理台账，做好安全管理台账记录工作。安全管理台账是反映班组安全生产管理工作整体情况的原始记录，该班组始终在台账的建立和完善上投入了大量的精力，做到了记录全、质量高。目前该班组建立了16类静态、动态安全管理台账，包括8项制度、9个操作规程、“无隐患、零违章、零伤害”操作承诺书、技术变更指导书、隐患排查记录、安全活动记录、应急演练记录、岗位动态管理核销表、职工安全学习笔记等。班组长、安全员、兼职安全监督员按照职责分工不定期对各类记录进行检查，发现问题及时整改、持续改进。

(4) 做好设备与设施的安全管理，实现本质化安全。做好设备与设施的安全管理，是预防、控制和减少事故的前提。电积镍生产工艺流程较新，工艺过程较复杂，与之对应的是该生产线设备种类繁杂，数量较多，包括输送设备、压力容器、换热设备、起重设备，其中压力容器37台，起重设备14台，泵类设备246台套，槽罐共计53台等。因此，该班组加大维护、保养力度，责任到人，采用网格化管理细化到人。2013年8月已完成了对起重设备、压力容器的年度检验，各类设备在长周期运行受酸碱介质的影响，岗位操作人员加强点检，通过日点检、周检修、月检修以及日常检修等消除设备故障。

2. 全过程管理安全作业，改变员工不良操作习惯

该班组在生产过程中，做到全过程管理安全作业，改变员工不良操作习惯。为此采取

以下措施：

（1）开好班前、班后会，把好上岗作业程序的第一道关。随着班组安全制度体系的建立和完善，各项安全管理工作也已渐渐步入正轨，综合安全管理水平显著提升。如班前会管理，电积班严格按照准军事化标准执行。带班班长提前15分钟进入生产现场了解检查现场作业环境、设备设施、工艺等安全状况，为班前会的开展做充分准备。班组职工则穿戴好劳保用品后，以准军事化的姿态参加“岗前五项准入”排班，逐一点名进行自我劳保品、精神、身体状况及安规掌握情况的确认。之后班组长宣布当班生产计划，对岗前安全注意事项进行有针对性的布置，并对关键、要害作业环节作重点交代，随后集体承诺和宣誓，最后列队进入生产现场。全班人员作业完毕后，班组在排班室召开班后会，对当班主要工作进行总结，上岗人员进行离岗确认，下班离岗。通过班前会、班后小结的开展，更好地传达了管理信息，加强上下之间的沟通交流，增强了团队的凝聚力和向心力，使每位职工每天都能轻松高效、快乐地工作。此项举措，电积班一直坚持并一以贯之，收到了良好的效果。

（2）重点抓危险辨识与岗位隐患排查，确保员工作业安全。班组员工列队上岗后，不能立即操作，首先对各自作业区域现场管理的五要素（人、机、物、法、环）开展辨识，查找和识别危险源和危险因素，采取有效措施，确保作业安全。岗位隐患排查则是班组员工的日常工作之重点，班前会列队上岗后，各岗位人员从工艺技术参数控制、设备设施机具、作业环境等3个方面注意排查，对排查出的问题填入岗位隐患排查记录本中，并及时汇报班组长安排整改，直至达到安全操作要求。2013年，排查出各项问题或隐患共计108条，全部整改完毕，隐患整改核销率达到了100%。

（3）用先进安全管控法引领，使“人、机、环”科学匹配。如今，“岗前思考一分钟”“六项行为引领工作法”“安全风险预知管控法”“岗位隐患排查八步骤工作法”等先进安全管控方法已成为班组日常安全管理常态化、规范化、流程化的具体体现。通过先进安全管控法的实施和有效执行，班组已消除“三违”现象。班组职工普遍具有操作技能与应急能力，有较强的风险辨识和预控能力、自我安全防护和应急处置能力。

（4）打造规整、有序作业现场，为职工创造良好、舒适的作业环境。近年来，电积班一直在推行“5S”管理，使现场人流、物流和车流顺畅。从现场管理、环境卫生、班容班貌等方面，为班组员工生产工作创造了一个安全文明、整洁温馨的工作环境，使管理效率明显提高。电积镍生产体系为纯硫酸盐体系，生产过程中阳极区氢离子富集造酸反应后，在厂房形成酸雾。为此，班组电积工艺的216个电积槽，每个电积槽设一个集气管，每个集气管共设两个机械排风系统，极大改善了操作人员的作业环境。该班组还在作业区二楼作业平台加装防护栏杆260米，设置安全警示标志标识42块，对班组“危险区”实行现场“三区”划分与控制，使各条安全通道有明显标识，实现了人流、物流和车流顺畅。

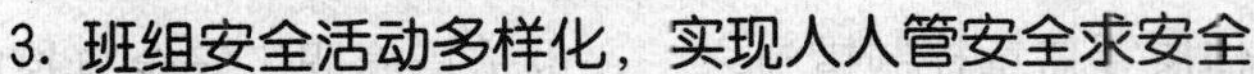

3. 班组安全活动多样化，实现人人管安全求安全

该班组在安全管理活动中，不断采取多样化的安全活动，实现人人管安全求安全的追求目标。

（1）安全活动日。该班组每周五着力推行员工“观听”集中安全活动，进一步完善塑培机制，创新塑培模式，拓宽培训渠道，着力塑造“想安全、懂安全、会安全、能安全”的本质安全型职工，为本质化安全操作提供有力的技能和人力支撑。利用集中安全活动时机，随机对参加安全活动的人员进行保命条款、六项行为规范的抽考。在学习内容安排上，除注重事故案例的教育外，更注重职工技能的塑培，开展了劳保品的正确穿戴、维护，正压式空气呼吸器的使用、维护，灭火器的使用方法等技能培训。

（2）安全专题会。班组长每周召开碰头会，班组利用安全活动时机每月要召开一次安全专题会，重点讨论近期班组在安全管理方面存在的不足，集中征求班组职工的意见和建议，研究解决作业安全中存在的主要问题。

（3）开展“安全建议”之星评选。该班组倡导积极向上、团结和谐的企业文化，激发班组职工在安全管理方面的积极性、主动性，班组每月开展了“安全建议”之星评选，进一步调动操作人员参与安全管理的工作热情和动力。对每月无违章操作，积极为岗位安全献计献策，提出的安全合理化建议数量多、质量高，在生产实践中能够实施，应用效果好的给予200元的绩效奖励。仅2013年，班组共征集安全合理化建议65条，其中14条被班组采纳，8人获得奖励，为完成班组各项生产任务奠定了坚实基础。

（4）班组建设不断创新亮点多。该班组大力提倡“创建学习型班组、争做知识型职工”，为充分发挥班组建设在推动“零伤害”实现目标中的重要作用，力保创建一个“五星红旗”班组，从班组的基础建设、安全管理、操作方式、创新管理、队伍建设、文化建设共六个方面开展。在加强班组安全管理方面，该班组坚持以人为本，努力提高职工安全自我防范能力。强化作业安全风险辨识，全面落实安全风险控制措施。开展应急演练，提高班组应急处置能力和水平。在加强操作方式建设方面，结合班组内部的操作竞赛，开展了以长周期竞赛为主，短平快竞赛为辅的劳动竞赛，全班职工在“互学、互鉴、互促”活动中开展小组评比，比出槽好板，比首检合格率，比安全操作技术，比产品质量，切实提升了产品质量，取得了竞赛实效。

4. 创建本质安全型班组，积极推进安全管理创新

近年来，该班组以创建本质安全型班组为目标，积极推进安全管理创新，努力建设“岗位有职责、作业有程序、操作有标准、过程有记录、绩效有考核、改进有保障”的安全管理标准化现代企业班组，使班组生产作业环境显著改善，员工队伍整体素质明显提高，

安全生产可控程度进一步增强，为班组安全生产的持续、健康、稳定发展奠定了坚实基础。

(1)“岗前五项安全准入”是操作层零违章控制措施之一，也是培养职工安全自控能力的前提。“岗前五项安全准入”是控制零违章的措施之一，通过对精神、身体、安规掌握情况、劳保正确穿戴、特种作业持证上岗的确认，符合全部条件方可上岗作业，不符合任意一项的坚决不允许上岗，大大从源头上杜绝了不安全行为的发生。利用排班准入的方式方法，进一步规范职工安全行为，使岗位职工养成自控能力的良好习惯，从“要我自控”转变为“我要自控、我会自控、我能自控”的良好确认格局，提升了自控质量。实践证明，推行“岗前五项安全准入”，使操作层的违章控制率达到了100%，取得了明显效果。

(2)“六项行为规范”的严格执行，树立了层级人员的规则意识，引领安全是层级领导的责任。从上下楼梯扶扶手这一最简单的行为做起，从侧面反映出职工规则意识的树立，制度是否执行到位。层级领导要对安全工作进行引领，要以身作则，率先垂范，对不安全行为进行纠偏。领导的行为决定着职工的行为。在进入现场以及日常行为当中，必须保证自己的行为是规范的，不违章，不违纪，要求职工做到的首先自己做到，真正起到示范带动作用。更不能有违章指挥、违章管理的行为。要从劳保品穿戴、上下楼梯扶扶手、坐车系好安全带、不流动吸烟或不在禁烟区吸烟等日常行为抓起。

(3)“抓两头、促中间”安全管理模式，引领或激发了班组安全管理的活力与动力。“抓两头、促中间”是近几年在安全实践中探索出的一种有效的、适合班组安全管理的一种全新安全管理模式，其实质就是一头抓规范化排班，明确当班工作任务和安全责任，建立起当班安全跟踪监控机制，实现对生产过程中各类信息的有效控制和反馈处理；另一头抓规范化交接班，明确交接内容，建立起工作落实机制，促中间过程环节安全控制的目的。通过对“抓两头、促中间”安全管理模式进一步深化，激发出了班组安全管理的活力与动力，实现班组管理自我监控、自我管理，切实提升了班组安全管理水平。

三、204数控班全面推行安全风险预控管理保安全的做法

中国运载火箭技术研究院创建于1957年，是我国最大的导弹武器和运载火箭研究、设计、试制、试验和生产基地，主营业务包括航天型号工程、航天技术应用产业等领域，覆盖系统总体、空间飞行等多方面专业技术，具有先进雄厚的生产制造能力。现有职工2万余名，其中高级工程技术人员1万余名。

中国运载火箭技术研究院所属519厂二分厂204数控班，成立于2000年1月，现有职工26名，拥有数控设备14台，主要承担集团公司全部宇航运载和战略武器系统发射平台及运输等地面设备的零部件研制和机械加工任务，属于机械加工班组，主要的危险因素是灼烫、物体打击和机械伤害。多年来班组以具体举措落实到岗到人，以健全的制度和严格

的执行，确保长期以来无任何人身安全事故和重大质量、设备事故，而且质量指标长期居于较高水平，先后获得“全国学习型班组标兵”“全国工人先锋号”等荣誉称号。

1. 创建安全管理示范班组，提升安全管理水平

长期以来，班组始终把安全生产作为工作的核心，积极贯彻落实企业的各项会议精神。坚持“我的安全我负责、他人安全我有责、企业安全我尽责”的安全管理，做到从我做起，分工明确，责任到人，人人都以控制差错为切入点。该班组从岗位职责、规章制度、教育培训、台账管理、设备设施五个方面着手，强化班组管理基础工作，垒起班组安全牢固基石。

（1）明确岗位与职责。根据企业的统一安排，明确每一名组员的一岗双责的责任，给每一位组员下发本岗位安全告知书，明确岗位危险源和事故隐患。班组长与每一名组员签订安全生产目标责任书。明确班组长是安全目标第一责任人，做到分厂、班组、岗位形成了一个共同责任网络。班组围绕安全目标落实责任，以岗定人、以岗定责、各负其责、齐心协力搞好现场安全管理。

（2）建立完善安全管理制度。班组建立了安全例会制度、安全检查与奖惩制度、班组学习培训制度和现场安全文明生产制度等。用制度管人、管事，做到安全监管有章可循，同时要采取切实有效的措施确保制度的落实，做到有章必循，违章必究，将安全精细管理辐射到安全生产的各个环节。

（3）加强班组安全教育培训。加强班组安全知识和岗位技能培训，所有成员须经培训，对新职工有更严格的岗前培训，考核合格方可上岗。经常开展岗位技术练兵和事故应急演练，通过朗诵安全三字经、安全宣传画上墙、张贴安全标语等形式多样的安全文化活动，提高员工的安全生产技能，强化先进的安全生产理念。

（4）完善班组安全管理台账。班组建立健全安全管理台账，认真做好班前会和班后会安全信息记录和生产等安全台账记录，认真填写安全检查、安全交底、隐患排查治理等信息，提高班组安全信息基础管理水平。认真做好班组交接班工作，把上下班的相关安全生产原始记录交接清楚，防止问题不明、措施不当而危及安全生产。

（5）加强现场设备设施定置管理。班组规范设备保养制度，对使用的各种设备、设施必须做到无隐患，安全防护设置齐全可靠。班中要对设备动态、危险源点、人员状况等进行检查，重点是安全装置完好情况及设备是否有不正常现象，并严禁设备带病作业。

2. 重点抓与全面抓相结合，立牢班组安全“八大支柱”

切实抓好班前（后）会、作业前准备、危害辨识、隐患排查治理、作业行为控制、作业过程控制、作业现场管理和标准化作业这几项主要控制点，重点抓与全面抓相结合，立

牢班组的“八大支柱”。

（1）班前、班后会。班组认真贯彻安全生产责任制度，落实安全生产责任制度，认真开好5分钟班前、班后会，做到模式化和常态化。班前会，针对当天生产作业实际情况进行事故超前预测。班后会及时进行“安全点评”活动，对一天的安全生产情况进行总结点评，使违章行为得到及时纠正，使安全隐患得到及时排除，使组员对事故的敏感性、识别能力和预知能力得到进一步的增强。

（2）作业前准备。每天在作业前，班组长做好充分准备，紧密结合当天生产实际或生产内容有针对性对本岗位组员进行安全教育，督促组员严格执行安全生产规章制度和安全操作规程，并如实告知作业场所和工作岗位存在的危险因素和防范措施。

（3）危险源辨识。班组推行安全风险预控管理，按照岗位危险严重程度设立红、黄、蓝三色预警标识和危险有害因素告知牌，使班组的危险点预控工作落到实处。做到安全注意事项不讲明不工作、责任不明确不工作。在危险源辨识、风险评估的基础上，制定各岗位的安全工作程序和工作标准，实行风险超前预控，提高组员对生产作业中出现的各种不安全因素的认知防范和救援能力。

（4）隐患排查和治理。安全检查是发现事故隐患，预防事故发生的重要手段。班组每周组织一次由组长、安全员和轮值员进行的安全生产检查，每天安全员在现场巡查。对检查中发现的事故隐患当即指出，责令整改。在检查过程中，要求检查个人的精神状态是否良好、防护用品是否穿戴齐全，安全防护设施是否安装并有效，现场工作环境是否安全、安全警示标志是否设置完善、机械设备是否完好。班组成员不违章作业、所有人员不违反劳动纪律，严禁违规作业，做到防患于未然。

（5）严格作业行为规范。规范组员作业行为，养成良好的作业习惯，对生产安全有着重要意义。在生产组织上 严格落实工艺程序标准，杜绝违反工艺程序的行为。严格遵章守纪，杜绝违章、冒险作业行为。充分发挥自控、互控、他控（联控）作用，及时纠正违章违纪行为。

（6）作业过程控制。“有章可依，有章必依，执章必严，违章必究。”在日常工作中，组员认真执行安全操作规程，坚持“三不动”。对发现的事故隐患始终坚持“四不放过”的原则。

（7）作业现场管理。及时清理现场垃圾、废品、油渣等杂物，保持岗位清洁、有序。切实改善工作环境，生产作业现场整洁有序，物资工具堆放整齐，安全通道畅通，安全标志明显，安全管理制度和安全操作规程张贴上墙。完善设备管理标识，明确管理责任。

（8）标准化作用。班组作业标准化是预防事故、确保安全的基础，班组结合企业安全标准化的要求，逐步实行生产操作标准化、生产设备和安全设施标准化、作业环境和工具摆放标准化、安全用语标准化、个人防护用品使用标准化、安全标志标准化，有效地控制了班组“三违”现象的产生。

3. 危险辨识及排除活动，重点放在预防事故的发生

“防患于未然”这句话说明预防重于控制，安全建设与管理应该把重点放在预防事故的发生上。该班组为此认真组织班组成员学习、分析总结行业生产中出现的事故教训，让组员认识到危险因素分析与安全预控措施之间的内在联系，着重培养组员判断与应对各种危险境况的能力。建立健全各种正确、准确的台账、图纸、图表等资料。每月开展一次组员自我总结会议，并由班组长在班务会上进行点评，以此弘扬先进促后进，使之扬长避短。

该班组在生产中对安全工作要做到勤检查、细检查。班组成员在生产过程中要努力做到不忽视每一处疑点，不放过每一个隐患，及时准确地发现问题，把事故苗头消灭在萌芽状态。

2013 年以来，204 组针对班组生产现场的作业的风险点进行查找，对安全隐患进行了整理和统计，根据实际情况从完善考核机制、加强流程细化、丰富文化建设等多方面入手，切实加强班组安全管理。在小组推广实施了每班上岗前设备点检规范；开展“危险辨识及排除活动”。通过活动，发现机械伤害隐患 21 项，潜在安全隐患 10 项（包括加工过程中的操作者操作不当，物体及环境的不安全状态），设备的机械隐患 18 项。针对以上存在的问题，小组全员参与共同整改，彻底排除了 19 项安全隐患、10 项潜在的安全隐患。隐患排查活动开展至今取得了显著成效，小组实现零工伤、零事故，为企业的安全生产工作做出了榜样。

四、储运车间球罐组预防事故建立安全巡检操作法的做法

上海石洞口煤气制气有限公司是为实现上海城市煤气“八五”发展规划而建设的现代化气源厂，总投资 12 亿余元，1996 年 12 月建成投产，现有员工 300 余人。2009 年，为了提高上海燃气调峰和应急供应能力，促进地方能源储备体系建设，石洞口燃气生产和能源储备项目进行扩建，新建液化石油气、油品以及煤基新能源产品等储罐 23 座，进一步扩大储存能力。

上海石洞口煤气制气有限公司储运车间球罐组有职工 20 人，主要承担石脑油、液化气、氯乙烯等易燃易爆化工原料的储存和灌装任务。近年来，该班组紧紧围绕易燃易爆、有高度危险的液化石油气储运任务，在生产上集聚众人智慧，脚踏实地，开拓创新，实现班组安全生产“四个转变”，即：从事故的事后处理向事先预防处理转变；从经验管理向科学管理转变；从被动管理向主动管理转变；从单一运作向协同运作转变。连续多年无事故，小组先后荣获“上海市红旗班组”和“上海市百佳文明班组”等荣誉称号。

1. 观念更新，深化职工安全意识

储运车间球罐小组常常是露天作业，夏天头顶骄阳，冬天身披寒风，岗位操作条件较差，液化气储运管理难度大，安全要求高，职工思想波动大，因而对班组安全工作存在思想上认识不足、目标上定位不高、管理上要求不严“三不”思想。他们借助兄弟厂的安全管理经验，并从实实在在解决组员生活上的实际困难入手，提高小组的凝聚力，激发和稳定组员工作情绪，增强对安全生产的责任感，确保了班组生产安全。

小组联系思想实际，把西安煤气公司 1998 年 3 月 5 日液化气爆炸酿成 12 人死亡和辽阳石化公司操作工 6 小时未巡检到位导致油槽严重冒液的事故来教育职工。由于事故案例主题鲜明，内容贴近小组实际，大家听了以后，感到血淋淋的事实历历在目，认识到液化气储运来不得半点疏忽和麻痹，安全储运确实是球罐小组的“生命线”。

在日常工作中，球罐小组为了进一步调动职工的积极性，遇事能采取事先沟通，共同商量、集体议定的管理方法，在组内把大家平时所关心议题交全体人员讨论议定，在处理上做到公正、合理。例如，小组一党员未很好执行 2 小时一次岗位巡检制，被公司发现。尽管这位同志平时表现较好，但小组同志在班会上，并没有因人而异有厚有薄，而是采取公平原则，对其问题进行剖丝析缕的批评教育，还严格按规定扣罚了奖金，对组长也连责扣奖。此事对小组同志震动很大，该同志本人在会上也表示要吸取教训，改正错误。由于小组同志坚持以人为本，做好思想政治工作，使整个班组成为团结协作、互相配合的战斗集体，保障了液化气的安全储运。

2. 制度创新，强化设备维护管理

球罐小组深知，液化气储存和罐装主要依赖机、泵、罐、槽等设备的完好和有效运行，因而他们在生产活动中积极探索设备强化管理，防止因跑、冒、滴、漏而酿成重大火灾、爆炸等恶性事故。在操作过程中，他们结合多年来的生产实践，根据液化气储运设备压力容器多、机泵多、阀门多、管线长、分布广的特点，将大大小小 319 只阀门，18 台压缩机和烃泵，近 10 万米口径不同的管线等维护管理责任分别落实到人，各司其职。他们在总结传统管理方法的基础上，运用科学管理方法，摸索出一套“五个必须”管理法，使小组成员对设备做到精心操作、优化管理。“五个必须”具体是：

（1）对压力容器、机泵等设备的管理必须做到“四懂、三会、三好”（即懂结构、懂性能、懂原理、懂用途；会操作、会维护保养、会排除故障；用好、管好、修好）。

（2）对机泵的维护必须做到“三勤、一定、三个见”（即勤检查、勤擦拭、勤保养润滑；定时准确记录；轴见光、沟见底、设备见本色）。

（3）机泵运行时必须做到“四个不准”（即不准超速、不准超负荷、不准超压力、不准

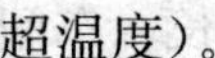

超温度）。

（4）对压力容器和机泵进行巡检时，必须使用“听、摸、闻、看、比”五字现场检查法。

（5）对小组所有设备的保养必须做到“四个一样好”（即：室外设备与室内设备一样好；小设备与大设备一样好；上面设备与下面设备一样好；在用设备与备用设备保养一样好）。

由于该班组成员对设备的精心保养和科学管理，球罐小组1375台设备的泄漏点始终处在2‰以下，设备完好率保持在99%以上，保证了液化石汩气储运设备的长期平稳运行。

3. 操作求新，消化国外先进管理方法

刻苦学习新的知识，不断探索国外先进操作方法，把创新意识转变为创新行为，这是球罐小组在操作管理中所追求的目标。该班组在全公司班组开展“争创智能型班组，争做智能型职工”活动中，结合生产实际，学习国外先进管理方法，用在QC小组活动中学到的排列图和因果图，分析液化气泄漏事故产生的原因，发现由于人的误操作造成不安全导致事故的要占80%。为此，班组职工从规范安全操作行为入手，积极运用国外“指挥联系呼应制”（以下简称“指呼法”），以提高液化气储运操作过程中的安全可靠度。小组同志按“指呼法”要求，将液化气储运过程中每一步的操作步骤按程序制定确认条文，把整套装卸作业过程细化为四个大类13条款，60个操作程序，人手一册发给小组成员，作为安全作业指导书。在作业过程中，两名操作工默契配合，一名操作工负责在容易出错或忽略的地方大声呼喊，如“1号压缩机设备完好”“1号压缩机出口阀已打开”等，另一名操作工则不断地对操作程序和设备状态进行辨识和确认，发现问题及时纠正，没有问题再进行下一步操作。这时要求每个职工在“指”和“呼”的过程中，一定要做到“四到”“三确认”（即：眼看到、手指到、口呼到、耳闻到；确认、确信、确实）。“指呼法”的推行，规范了小组成员的设备操作行为，增强了事故防范能力。

在工作中，该班组还开动脑筋，以不断创新的思维突破传统管理模式，建立可操作性强、能超前防范事故发生的“四位一体”现代安全巡检操作法。将工艺、质量、设备、安全四项管理中平时需监控的各种参数相兼内容融为一体，根据液化气装置在储运中可能产生及易发生意外情况的危险源（点），按“七不”（即介质不超温、不超压、液面不超标或低于标线、管线不堵塞、机泵不缺油、设备主体不抖动和不得有异声、阀门开启没有不正常状态）、“三防”（即防火，防爆，防跑、冒、滴、漏）的预防和监控要求，列入“四位一体”巡检制中，做好事故防范超前管理。

同时，该班组还应用QC小组因果分析法，从“人、机、料、法、环”五个要素剖析罐、槽、机、泵、阀和辅助设施的安全生产薄弱环节，列出了125个安全防范控制点，用

“巴雷特”曲线分为A、B、C三类进行控制点管理。A类由岗位操作工、生产组长、车间干部共同监控；B类由岗位操作工和生产组长监控；C类由操作工监控。此外，还规定岗位操作工对控制点2小时一次拨钟巡检，组长和车间干部进行不定时抽检监控。这样，一次巡检就完成了4项制度所规定的监控内容，使制度管理做到精而细。

由于“四位一体”巡检内容完整、系统，符合“大安全”管理要求，在巡检过程中又明确和落实了安全监控人、安全监控点、安全监控职责，使液化气储运过程中每一个环节都得到受控，在场所上消除了安全盲区和死角，在时间上消除了时段空白，使安全监控工作做到环环相扣，首尾衔接，形成了具有内在动力的全员、全过程、全方位的安全管理。

3. 对设备可动的零部件的预防措施

班组在生产过程中，对设备可动的零部件必须采取以下预防措施：

（1）不得让可动零件直接接触操作人员，可采取封闭或安全防护装置的方法解决。

（2）对生产设备或零部件有超限或坠落、逆转可能的，要分别配置限位装置和限速、防逆转装置。

（3）对有特别危险的防护装置，还应有联锁保护装置。

（4）对设备的防护应做到“六有”“六必”，即有轮必有罩、有轴必有套、有台必有栏、有洞必有盖、有轧点必有挡板、有特危必有联锁。

4. 对设备设施的安全注意事项

班组在生产过程中，要教育班组员工注意以下事项：

（1）对设备运行中有飞出物可能的，应采取防松脱措施，配置防护罩或防护网等安全防护装置。

（2）生产设备的一些零部件，由于运行过程中会产生过冷或过热现象，还有些生产设备加工灼热件，当操作人员靠近时就可能造成轻伤或灼伤，以致发生意外事故，因此要求对生产设备以上部位配置防接触屏蔽。

（3）对生产、使用、储存或运输中存在易燃易爆物质的设备，锅炉、压力容器等工作中长期载压设备，使用可燃气、可燃液、可燃固体的燃烧设备，都应采取防火与防爆措施。

（4）对生产设备的控制系统能及时获得在运行过程中产生危险和有害因素的信息，达到自动监控，建立能保证操作者安全和设备紧急、意外情况停车的监控系统。

（5）生产设备产生尘、毒、噪声和辐射等有害因素，应符合有害因素类型的安全标准要求。

（6）生产设备应按照《安全色》（GB 2893—2008）标准使用安全色。生产设备易发生危险的部位，必须有安全标志。

5. 对生产作业环境的安全要求

（1）生产现场安全通道是保证员工在通道上行走，运送材料、工件安全而设置的，如果安全通道过窄或堵塞，容易造成伤亡，因此安全通道必须按标准设置，保证畅通无阻。

（2）生产现场的门窗启闭装置应灵活，特别是重点易燃的厂房，如锅炉房、制氧站、煤气站等处的门窗的开向要有特定的要求，即门窗向外开启，而厂房内的值班室、休息室、办公室的门窗向里开启。因为一旦厂房发生火灾或其他事故时，会产生较大的气浪把门窗自动冲开，减少厂房的危险，也便于撤离；而厂房内的房间门窗向门房里开，气浪会把门窗封闭，对保证人身安全有一定的作用。

（3）生产现场或工作场所的照度和照明质量要符合国家标准要求。在明亮的环境里作业人员易集中精力、情绪饱满，在阴暗的环境里作业会导致人员精力分散、情绪低落，容易发生事故。

（4）生产现场的温度和湿度对人体的影响很大。一般在27～32℃时，肌肉用力的工作效率下降，容易疲劳；当气温达32℃以上时，需要注意力集中和精密工作的效率开始受到影响；温度再高，则对智力工作产生不利影响。因此，在生产作业中应尽量创造一个良好舒适的温度环境。

二、班组安全检查及注意事项

1. 班组安全检查的目的

安全检查是班组安全建设的一个重要内容，是贯彻安全生产方针政策、法律法规的重要手段，也是揭示和消除事故隐患、交流安全生产经验、促进班组安全生产的有效措施。检查是一种手段，并不是目的，排除、整改事故隐患、实现安全生产才是目的。

班组安全检查的目的是通过检查及时发现和查明各种危险和隐患，并按规定做好防范工作，消除事故隐患，监督各项安全规章制度和操作规程的贯彻实施，制止各种违章行为。

2. 班组安全检查的主要内容

班组在安全检查中，要特别注意发现和解决安全生产上的一些薄弱环节和关键重点问题，依靠班组职工进行治理，保证班组生产安全有序进行。

班组安全检查的内容，主要是班前、班中、班后的检查。

（1）班前安全检查。班前由班组长进行安全布置，再由每个作业人员回到岗位后自查生产设备、生产工具、安全装置、作业环境是否正常，有无隐患，确认安全标准后再进行生产。班前检查的重点是设备、工具、作业环境和个人防护用品的穿戴。

（2）班中安全检查。在班中，由班组长、安全员、工会小组长按照预先编好的检查程序轮流定时、定点、定路线、定项目地进行巡回检查，查作业人员是否按操作规程进行操作，查生产设备、工具、安全装置有无异常情况，查管理上、设备上、作业环境上、人员操作上有无隐患，查作业人员劳动纪律、标准作业的执行情况。班中检查的重点是设备运行状况和制止、纠正违章行为。

（3）班后安全检查。班后检查的内容是：是否严格交接班制度，设备是否进行保养，作业现场是否整洁，电器是否恢复回复零位等。班后检查重点是工作现场，不能给下一班组留下隐患。

（4）专业性安全检查。特种作业班组应按特种作业安全要求编制好安全检查表，并按检查表的检查内容进行定时、定点、定项目检查。

3. 班组安全检查的形式

不同企业中的各个班组有不同的具体情况，因此安全检查形式也各有不同，主要有一班三检，即班前检查、班中检查、班后检查。此外，与大多数班组密切相关的，还有节前节后安全检查、季节性安全检查、定期安全检查等形式。

（1）节前节后安全检查。节前节后安全检查主要是保证节日期间的安全生产，查作业人员的劳动纪律、查重点部位防火、查生产作业现场的安全隐患。

（2）季节性安全检查。季节性安全检查主要是依照季节气候变化的特点，为保障安全生产的特殊要求所进行的检查，如暑季来临之前进行的防暑降温检查、冬季之前进行的防冻保温检查、雨季到来之前的防汛安全检查等。在检查内容上应突出季节来临预防容易发生的事故为特点，还要检查措施的落实和专项工作组织责任的落实，防止灾害事故的发生。

（3）定期安全检查。班组定期安全检查，即组织班组核心人员定期对本班组安全生产状况进行检查。检查前应做好准备工作，如确定检查时间，确定检查范围、对象和标准，制定检查方法和检查出问题的处理办法，即以何种形式向谁反映、谁负责进行整改、谁负责进行监督等。定期检查的内容应具有综合性，即安全管理和现场检查，包括组织领导、规章制度、生产环境、事故隐患、劳保用品及事故处理等，做到检查与整改相结合。

（4）检查后的处理。一般来讲，每次检查都会发现一些事故隐患，对这些隐患一定要分类排队，采取不同的方法及时处理。凡是班组能够解决的应立即解决；凡是具有事故危险的隐患，班组不能整改的，应立即向上反映，协助并督促上级做好隐患整改工作；凡是危险隐患比较严重，不尽快解决就有可能发生重大伤亡事故，但由于各种客观困难不能立即解决的，必须立即采取应急措施，同时协助上级研究整改方案，落实项目、设备、材料、人力、执行者等，确保按期完成。

4. 班组安全检查的重点

班组安全检查主要集中于两个方面：

（1）检查班组作业人员是否有不安全行为，如作业人员是否按相关工种的安全操作规程操作，操作时的动作是否符合安全要求等。

（2）检查班组生产作业现场环境及设备、物质（原材物料）的状态，即查作业环境及劳动条件、生产设备及相应的安全防护设施是否符合安全标准的要求，如查各种设备、设施的安全运行和维修情况，查原材料使用及有毒有害气体、蒸汽、粉尘等引发安全事故的防范措施，查电气、锅炉、压力容器、各种工业气瓶的使用状况，查易燃、易爆、物料和有毒有害物料的储存、运输和使用情况，查个人防护用品的使用是否符合安全防护标准，以及通风、照明、安全通道、安全出口等作业环境、劳动条件是否符合相关安全防护的标准。

从大量的事故统计资料来看，在各种事故中由于生产作业人员违反操作规程、误操作和环境条件、设备、工具、附件、工艺流程有缺陷等原因，造成的伤亡事故占事故总数的60%以上。因此，安全检查的重点应放在不安全的物质状态（包括机械设备、设施、使用的原材物料等）和人的不安全行为上，找出其危险因素，进行安全防范措施的整改。

5. 安全检查中发现问题的处理

检查是手段，目的在于发现问题、解决问题，应该在检查过程中或检查后，本着自力更生的原则，发动群众及时整改。

整改应实行“四定、五不推”原则。“四定”，即定负责人，定整改措施，定整改期限，定整改资金；“五不推”，即本岗位能解决的不推给班组，班组能解决的不推给工段，工段能解决的不推给车间，车间能解决的不推给厂里，厂里能解决的不推给上级监管部门。

检查中发现不安全因素，应区别情况处理。对领导违章指挥、工人违章操作等，应当场劝阻，情况危急时可制止其作业，并通知现场负责人严肃处理；对生产工艺、劳动组织、设备、场地、操作方法、原料、工具等存在的不安全因素，危及职工安全健康时，可通知责任单位限期改进；对严重违反国家安全生产法规，随时有可能造成严重人身伤亡的装备设施，可立即查封，并通知责任单位处理。

6. 班组安全检查应注意的事项

班组在安全检查中需要注意以下事项：

(1) 安全检查应切合实际，讲究实用性。安全检查是消除隐患、防止事故发生、改善劳动条件的重要手段，因此在安全检查中，应力求系统化、科学性，不遗漏任何可能导致危险的关键因素，同时要讲究实用性。班组安全检查更应该力求实效，这需要从安全检查的方法上体现出来。企业生产的一个突出特点是生产的连续性，特别是生产企业，一旦开始生产难以停下来进行检查。在这种情况下，无疑对设备的安全可靠性要求很高，如果设备在运转中存在问题，即使是微不足道的问题或者缺陷，例如阀门衬垫扭曲破裂、压力管道裂缝等，就有可能造成化学物质泄漏，从而导致火灾爆炸事故、有毒物质泄漏伤害事故，所以，在安全检查中，安全检查的侧重点应该是设备设施。

(2) 安全检查应注重对作业环境、作业设备的动态检查。如果对安全检查进行简单的划分，可以将安全检查分为两类：一是对设备设施相对静态的安全检查；二是对作业环境、作业设备、作业人员相对动态的安全检查。在这两类安全检查中，对作业环境、作业设备、作业人员相对动态的安全检查更为重要，特别是处于生产一线的车间班组，因为安全检查上的疏漏，常常容易导致事故的发生。对班组职工来讲，在安全检查中，需要注意设备设施的变化和环境的变化。随着时间的推移，设备设施会慢慢地被磨损侵蚀，原有的环境条件也会发生变化，这种逐渐由量变到质变特性，使风险会随着时间的推移而逐渐加剧，因此，通过安全检查，及时发现这些潜在的风险，进而采取消除或降低风险措施，做到防患于未然。

（3）安全检查需要认真负责的态度。在安全检查中，需要的是认真负责的态度，不能麻痹大意、敷衍了事。在班组日常的安全检查中，往往出现检查之后事故隐患仍然没有被发现、被消除的情况。在安全检查中不能这样想：该说的已经说了，已经尽职了，谁不听谁负责，谁违章谁负责。这种想法及做法，看起来似乎很有道理，实际上是不对的。通过检查发现问题，要积极采取措施消除事故隐患，才能保证生产作业安全。

第二节　班组生产现场安全管理的特点与要求

班组是企业的根基。班组安全管理工作做得好坏，不仅直接影响着班组的安全，也会影响到企业的安全。在班组生产作业现场安全管理中，要根据班组生产作业的特点，坚持以人为本的安全方针，营造“人人关注安全”的良好氛围，认真地培养每位员工的安全意识，使之实现从“要我安全”到“我要安全”的根本性转变，切实保证班组安全生产。

一、生产班组的日常安全管理

1. 班组安全管理的特点

班组是企业管理组织的基本形式，班组的地位和作用决定了它在安全管理上的特点。

（1）范围相对较小、人员相对较少，不容易形成安全死角；生产比较单一、工艺比较接近，职工在技术、操作以及安全生产方面有较多的共同语言。

（2）班组成员在生产过程中时时刻刻会遇到安全问题，绝大多数问题需要靠自己开动脑筋，采取措施加以解决。这种自己管理自己安全的行为，有利于促进职工安全意识和安全素质的提高。

（3）班组开展安全活动，召集容易、时间短、次数多，面对现实、针对性强、印象深刻，这有利于唤起职工的注意力，以便迅速解决问题。

2. 班组安全管理的有效途径

生产班组是进行生产和日常管理活动的主要场所，也是企业完成安全生产各项目标的主要承担者和直接实现者。企业的设备、工具和原材料等，都要由班组掌握和使用；企业的生产、技术、经营管理和各项规章制度的贯彻落实，也要通过班组的活动来实现。因此说，班组是企业安全生产的重要阵地，是企业取得安全、优质、高效生产的关键所在，企业安全管理的各项工作必须紧密围绕生产一线班组开展才有效。

班组安全管理的有效途径主要有：

（1）提高班组长的责任感。通过班组建设，使班组长进一步明确班组在企业中的地位和作用，认识到企业的生存与发展不仅与企业的领导者有关，与班组同样有关。俗话说，企业管理千条线，班组管理一根针。企业的各项经营技术指标和工作任务，都要通过班组的努力才能更顺利地实现。

（2）健全民主制度，强化民主管理。在班组建设中，要发挥班组成员的积极性，通过班务公开管理制度，使班组每一名成员成为内部管理的主体，围绕生产任务、工作质量、规章制度等进行专题讨论，把不同意见和建议达成共识。促使班组成员思想一致，并制定出严格的班组管理制度，实行定人定项管理，将考核指标量化到个人，建立健全班组管理台账。在长期的实践中，各项制度、措施得到补充、完善，使班组成员看到干多干少、干好干坏就是不一样。通过班务公开，进一步增强了班组分配和奖罚透明度，充分体现了“按劳分配”的原则，才能激发班组成员干好本职工作的主动性和积极性。

（3）加强班组的思想建设。要把班组学习作为思想建设的工作园地，培育班组职工树立正确的人生观、价值观，引导职工积极努力工作，竭尽全力发挥自己的所能为企业效力。在班组建设的实践中，要增强班组的凝聚力，就得让班组成员热爱班组，使职工感到在班组中有家的温暖，班组成员之间相互关心、相互帮助，激发起职工对班组的热爱。

（4）要积极培育班组职工的业务素养，开展多种形式的业务培训，安排一定的时间组织班组职工学习业务知识，岗位技能练兵；也可以一边干一边学，在干中体会，在干中实践，在干中创新，进而提高技术能力和管理能力，适应新产品、新设备、新技术的需要，适应新形势、新思路、新机制、新体制的需要，为企业尽心尽职地创造财富。

（5）制度建设是抓好班组管理的保障。班组管理缺少不了相应的标准和规章制度。只有用标准、制度来规范班组的行为，规范工作中的纵向步骤和横向关系，才能使工作程序最佳化，把工作中的不安全因素降到最低，把工作成本降到最低，把各种消耗降到最低，使工作的效益最大化。班组可以结合具体工作和实际情况，制订并完善班组管理各项规章制度，并组织班组人员学习、贯彻落实。

（6）齐心协力是抓好班组管理的力量。要搞好班组管理工作，只靠班组长自己单干是不行的，要有班组骨干和全班职工的支持才能成功。坚持召开班组民主生活会，通过职工的广泛参与，提出对班组管理的看法和建议，交流思想，消除误解。只有在心情舒畅的氛围，才会充分调动和发挥班组职工的积极性和创造性，努力达到人尽其才，使民主分工管理收到良好的效果。

（7）激励机制是抓好班组建设的动力。制订班组工作的激励办法，把班组的所有工作列入激励范围，多劳多得，少劳少得，干好干坏不一样，要使班组职工尝到多干活、干好活的甜头，克服那种只扣不奖的考核办法，及时表扬先进，鞭策落后，在班内形成赶、帮、超的良好氛围，促进班组管理向上突破。

3. 班组安全管理的基本方式

班组要实现安全生产，其安全管理工作就必须遵循安全管理的基本原则，实施科学有效的管理方式。

班组安全管理的基本方式主要有：

（1）目标管理。班组的安全管理是企业安全管理工作的基础，是企业安全目标的一个组成部分。企业的安全管理总目标，需分解成各层次各部门的分目标，由上至下层层下达直至班组，由下至上一级保一级。通过分目标的有效实施，保证企业安全管理总目标的实现。班组安全的目标管理，就是根据企业安全管理总目标和上一层次分目标的要求，把班组承担的各项安全管理责任转化为班组安全管理目标。

（2）参与管理。参与管理就是职工通过参与班组安全管理，发挥聪明才智，不断发现安全管理中的问题，研究对策，提出改进建议，从而使安全管理工作达到更高的水平。实施参与管理重在正确引导，要使职工了解班组当前安全工作的重点，作业场所存在的事故隐患，工作环境存在的主要职业危害，使职工的参与具有明确的方向性和目的性。

（3）制度管理。制度管理就是把安全工作的任务、各项管理及基础工作标准化、规范化，制定出相应的规章制度。明确班组长及每个职工的权利和责任，用权力的制衡、奖励和惩罚来保证制度的实施。其核心是以明确的岗位职责、规章和制度为基础，以完善的安全管理规范、安全技术标准和系统性管理理论为依据，保证各项安全工作有秩序和高效率地进行。在实际工作中，班组除了执行企业所制定的各项安全管理规章制度外，还可以根据班组安全管理的需要，制定班组安全管理制度。

（4）创新管理。创新管理的重点是根据新情况、新问题，调整班组安全管理的组织结构和职能，以适应职工结构、状况的变化和劳动关系的变革。具体来说，在设备运行中推行在线监测，保证设备安全运行；在设备检修中推行状态管理，实行点检定修制。要不断开展技术改造和技术革新，采用新技术、新工艺、新材料、新设备等高新技术，提高设备的本质安全。

4. 班组安全规章制度和安全台账管理

（1）班组安全规章制度。安全规章制度是班组安全管理的一个重要组成部分，是保证班组生产安全和出现违章违纪现象进行处罚的依据。可以说，安全管理规章制度是前人的经验总结，也是血的教训，为此，班组长和班组成员都应熟知安全规章制度，要认真理解、熟悉、规章制度，保证规章制度的贯彻执行，并经常将自己的行为与规章制度进行对照，找出问题，不断改进，提高遵章守纪的自觉性。

（2）班组安全台账。安全台账是班组开展安全工作的实绩记录，查看安全台账记录可以了解、检查班组安全工作的情况。安全台账记录不拘形式，但绝不能伪造。每个班组和每个班组成员都必须认真对待，而且在实际管理工作中逐步加以完善充实。

安全台账由安全员负责建立和管理，其主要内容有：安全生产计划、总结；安全日活动记录；事故、故障、异常情况分析讨论记录；月度安全情况小结（安全评价分析、安全实绩记录、好人好事记录等）。安全工器具检查登记表与特种安全设施管理；安全检查及隐患项目整改记录；安全培训与考核记录；安全奖惩记录；现场设备、安全设施巡查记录；违章记录。一些企业为使班组安全工作制度化、规范化，统一设置了班组安全管理台账，即“安全管理记录簿”和“安全活动记录簿”。工作中，按台账有关内容，每进行一次安全活动或开展安全工作时，均要详细记录。对记录的基本要求是：内容翔实、记录及时、字迹工整、保管良好。

5. 安全工器具、劳动防护用品管理

安全工器具和劳动防护用品质量的可靠性，直接关系到职工在生产过程中的生命安全和身体健康，因此，强化安全工器具和劳动防护用品管理已成为企业安全管理的一个重要内容。

班组应根据生产性质、工种、作业环境等生产实际情况，按规定和需要配备足够的、合格的安全工器具和劳动防护用品，并按有关规定进行管理、使用、检查和维修；要定期检验，不合格的要及时报修或更换。班组长和安全员应负责指导班组成员正确使用安全工器具，讲解其工作原理和性能，督促班组成员按规定穿戴防护用品，并加以妥善保管。

安全工器具虽属工器具的范畴，但它的质量水平，如机械强度、绝缘性能、温度特性等，直接关系到作业人员的生命安全和生产设备的安全使用。因此，所配备的安全工器具必须是经过国家有关检测部门鉴定合格的产品。使用中，要对所有的安全工器具实行定置管理，按号入座。要按类别分别建立安全工器具台账，做到账物相符，一一对应，并及时登记检验、试验日期，检验情况和结果。

个人防护用品主要有安全帽、安全带、防护眼镜、绝缘鞋等，按工种发放给职工个人

保管使用。对这类防护用品，要注意做到建立个人账卡，定期检验，并按规定期限发新换旧。

对于劳动保护用品，如工作服、手套、口罩、耳塞等，班组长或安全员应根据班组成员所从事的工种、作业条件和接触有毒有害物质的情况，按企业管理部门的有关规定，领取所需的劳动保护用品。要防止将劳动保护用品变相成为人人都有的福利待遇；提供的个人防护用品要在生产中按要求使用，实现它的效用，并做好监督检查；班组长要为在有毒、有害、高温场所作业的班组成员领取保健品。

6. 班组日常安全工作

班组在每日工作的开始实施阶段和结束总结阶段，应自始至终地认真贯彻“五同时”，即班组长在计划、布置、检查、总结、考核生产的同时，进行计划、布置、检查、总结、考核安全工作，把安全指标与生产指标一起进行检查考核。因此，认真开好班前、班后会，做到每日安全工作程序化，即班前布置安全、班后检查安全，将安全工作列为班前会、班后会的重点内容。可以说，班前会、班后会成效与否，是班组安全管理水平的一个标志。

(1) 班前会。班前会是班组长根据当天的工作任务，结合本班组的人员（人数、各人的安全操作水平、安全思想稳定性）、物力（原材料、作业机具、安全用具）和现场条件、工作环境等情况，在工作前召开的班组会。其特点是时间短、内容集中、针对性强。

为组织开好班前会，班组长每天要提前到岗，查看上一班的工作记录，听取上一班班组长的交接班情况，了解设备操作情况、有无异常现象和缺陷存在、是否进行过检修等，然后进行现场巡回检查。班组长要对当天的生产任务、相应的安全措施、需使用的安全工器具等做到心中有数，对承担工作任务的班组成员的技术能力、责任心要有足够的了解。在班前会上要突出“三交”（即交任务、交安全、交措施）和“三查”（即查工作着装、查精神状态、查个人防护用品），并针对当天生产任务的特点、设备运行状况、作业环境等，有针对性地提出安全注意事项。对因故没有参加班前会的个别班组成员，班组长应事后对此人补课交底，防止发生意外。

班前会是一种安全分析预测活动，要使之符合实际，具有针对性和预见性，就要求班组长在每天会前认真准备，有关安全事项要在实际作业中验证总结。

(2) 班后会。班后会是一天工作结束或告一段落，在下班前由班组长主持召开的班组会。班后会以讲评的方式，在总结、检查生产任务的同时，总结、检查安全工作，并提出整改意见。班前会是班后会的前提和基础，班后会是班前会的继续和发展。

班后会上，班组长要简明扼要地小结当天完成生产任务和执行安全规程的情况，既要肯定好的方面，又要找出存在的问题和不足；对工作中认真执行规章制度、表现突出的班组成员要进行表扬，对违章指挥、违章作业的人员视情节轻重程度和造成后果的大小，提出批评或考核处罚；对人员安排、操作方法、安全事项提出改进意见，对操作中发生的不安全因素、职业危害提出防范措施。

班组长要全面、准确地了解班组当天的工作情况，以使班后会的总结评比具有说服力。同时，还要注意工作方法，以灵活机动的方式，激发班组成员搞好安全生产工作的积极性，增强他们自我保护的意识和能力，帮助他们端正认识，克服消极情绪，以实现班组安全生产的目标。

二、生产班组动态安全管理

1. 生产班组动态安全管理的概念与基本内容

企业生产通常是连续性的，在企业的连续性生产过程中，班组的生产作业也具有连续性的特点，这种特点决定了班组需要采取动态安全管理的方式。所谓动态安全管理，是指在整个生产过程中，对生产的工艺流程和生产作业过程进行安全跟踪、预测控制，使安全生产在每时、每班、每个环节都得到保证。

对于班组来说，动态安全管理要做五个方面的控制，即制度控制、作业控制、重点控制、跟踪控制、群防控制。动态安全管理的核心与基本思路是安全生产的全员参与、全过程跟踪、全方位控制和全天候管理。通过安全责任的分解，将安全责任落实到人，形成事事有安全标准、人人有安全职责，保证安全生产目标的实现。

2. 动态安全管理的核心与基本思路

动态安全管理的核心和基本思路，可以集中概括为：安全生产全员到位，安全目标总体推进，安全过程全程跟踪，安全工作科学运作。

（1）安全生产全员到位。全员到位的内涵是：确立“安全第一”的位置，真正使之居于班组生产作业的首位，班组成员在工作过程中先讲安全、先抓安全、先管安全。在“第一”的位置上，明确每位职工的安全基本职责和安全考核指标，坚持履行安全生产人人有责的原则。

（2）安全目标总体推进。总体推进的内涵是：认识到安全管理的复杂性，认识到保证安全生产人人有责涉及班组的全部工作和全体职工，班组全体成员要围绕安全生产目标，脚踏实地、循序渐进地加以实现。

（3）安全过程全程跟踪。全程跟踪的内涵是：班组为了实现安全生产，需要自觉地积极行动起来，把保障安全生产变成自己的自觉行动；大家共同关心安全生产，你出主意，我想办法，群策群力，把事故隐患消灭在萌芽状态。

（4）安全工作科学运作。科学运作是指在班组安全管理中，要利用安全科学技术，如安全教育，可利用现代信息技术中多媒体电化教育；安全检查，可利用安全检查表；事故树分析，可利用因果分析图、故障树分析、事件树分析；安全检修，可利用危险度预测、安全评价等，通过科学运作取得事半功倍的效果。

3. 动态安全管理的实施

（1）全力控制人的行为。生产中最活跃的因素是人，而人的行为又决定于人的思维观念，即思维意识。因此，从人的动态思维出发，以转变人的思维导向为手段，从而达到控制人的行为，作为动态安全管理的第一要素来考虑。

（2）采用重复记忆的方法进行宣传教育。实施动态安全管理，就要用员工身边发生的各类事故和亲身经历，进行现身说法、自我教育，可以采用重复记忆的方法强化宣传教育效果。一方面吸取安全生产中失误的教训，做到警钟长鸣；另一方面总结安全生产中的成功经验，使员工增强自豪感，提高安全生产积极性。

（3）严肃对事故的处理，实行责任追究。认真落实安全责任，是动态安全管理的重中之重。在一个企业，安全生产责任制是严肃事故处理的重要依据，因此，推行“一岗一责，人人有责”的责任制，是责任追究的必然。要对发生事故的单位和个人坚持“四不放过”的原则，做到“事故原因一清二楚，事故处理不讲感情，事故教训铭心刻骨，事故整改举一反三”。

（4）安全检查是动态安全管理的有效手段。实践证明，企业经常开展各种形式的安全检查，是发现隐患、消灭事故的有效手段。在安全检查中要注意解决实际问题，消除可能造成事故的各种隐患。

（5）开展多种形式的安全活动。在企业动态安全管理中，开展多种形式的安全活动是必要的，是促进安全生产顺利进行的载体。例如开展持证上岗制度，能有效杜绝安全技能差的人员从事专业性强的作业；开展设备包机制，能将设备的安全运行托付给设备责任人；开展巡检挂牌制，能使整个运行过程处于有效的控制中；开展班前安全讲话、班中安全操作、班后安全讲评活动，能使班组安全生产落到实处；开展安全抵押承包，能把经济利益同安全生产挂起钩来，形成安全生产利益共同体；开展安全技术比武，能迅速提高职工的安全技能；开展互保对子活动，能规范后进职工的安全行为；开展安全明星活动，评选出“安全明星班组”“安全明星个人”，能形成比学赶帮超的安全氛围，这些都是动态安全管理的实施办法。

4. 班组在动态安全管理中的控制方法

动态安全管理首先就是要发现、鉴别、判明可能导致灾害事故发生的各种因素，尤其是事故隐患，并积极消除和控制这些危险。这就是通常所说的超前控制和超前预防。超前预防就是应用现代科学的安全管理方法和工程技术对生产的全过程系统地、全面地进行事前分析，判断出各种危险性因素，并对可能产生或发展成事故的因素给予科学的验证和预报，找出最佳的预防措施，解决或制止事故的发生和发展，使生产处于安稳状态，从而达到班组安全生产的科学化、规范化和制度化。班组在动态安全管理中要采取制度控制、作业控制、重点控制、跟踪控制和群防控制的方法，这些方法已被实践证明是行之有效的。

(1) 制度控制。动态安全管理必须有一套严密完备的规章制度做保证。许多企业伤亡事故多的重要原因之一，在于安全生产规章制度不完善、不健全。要对班组实行动态安全管理，就要在不断完善和充实规章制度上下功夫，建立一套符合本班组生产作业特点的安全管理规章制度，使安全生产管理向科学化、规范化、标准化发展。执行制度要严在贯彻上、严在动态管理上、严在事故发生前，使规章制度起到安全生产的导向作用。

(2) 作业控制。作业控制就是经常分析生产作业中的危险因素，有针对性地采取控制对策，按班、按日检查落实情况，发现问题及时解决。这也是常说的过程安全控制。作业控制最有效的方法，是依据工作性质的不安全状态和信息反馈的因素对安全检查的对象加以分析，把大系统分成若干子系统，确定安全检查项目，再把检查项目按照大系统和子系统的顺序编制成班组安全检查表，每班对照检查，检查有规律、检查项目全、内容底数清、问题责任明、整改落实快，从而达到安全作业的目的。

(3) 重点控制。重点就是危险源（点），如有毒有害作业场所、易燃易爆生产场所、立体交叉作业场所、高处作业和其他特种作业等。对于重点场所，要配备各种醒目的安全标志，做到“有眼必有盖，有边必有栏，有空必有网，有线必有杆”。

(4) 跟踪控制。就是按照事故“四不放过”的原则，对已发生的事故和出现的事故苗头狠抓不放、跟踪控制，寻找失控点，制定控制对策，杜绝类似事故的发生。

(5) 群防控制。班组实施动态安全生产管理意味着管理密度的增加，也就是实行集约管理、精细管理。工作量显著增大，只靠少数几个人远远不够，必须采取宏观控制和微观控制相结合、专业管理和员工自主管理相结合，只有广大职工行动起来，在生产作业过程中做到个人不违章、岗位无隐患、过程无危险，才能实现班组乃至整个企业的安全生产。

三、班组危险作业安全管理

在班组生产作业中，吊装作业、动火作业、动土作业、高处作业、设备检修作业、有限空间作业等属于危险作业，必须加强作业过程监督，作业过程中必须有监护人进行现场监护，预防作业过程中因审批制度不完善、执行不到位导致人身伤亡事故的发生。因此，班组在生产作业中，遇到危险作业，应按照规定要求办理许可证，同时要认真做好准备工作，小心谨慎操作，以保障人员和设备安全。

1. 吊装作业安全管理相关要点

吊装作业是指在检维修过程中利用各种吊装机具将设备、工件、器具、材料等吊起，使其发生位置变化的作业过程。

（1）吊装作业安全管理基本要求。吊装作业安全管理基本要求是：

1）应按照国家标准规定对吊装机具进行日检、月检、年检。对检查中发现问题的吊装机具，应进行检修处理，并保存检修档案。检查应符合 GB 6067。

2）吊装作业人员（指挥人员、起重工）应持有有效的特种作业人员操作证，方可从事吊装作业指挥和操作。

3）吊装质量大于等于 40 吨的重物和土建工程主体结构，应编制吊装作业方案。吊装物体虽不足 40 吨，但形状复杂、刚度小、长径比大、精密贵重，以及在作业条件特殊的情况下，也应编制吊装作业方案、施工安全措施和应急救援预案。

4）吊装作业方案、施工安全措施和应急救援预案经作业主管部门和相关管理部门审查，报主管安全负责人批准后方可实施。

5）利用两台或多台起重机械吊运同一重物时，升降、运行应保持同步；各台起重机械所承受的载荷不得超过各自额定起重能力的 80%。

（2）吊装作业前的安全检查。吊装作业前应进行以下项目的安全检查：

1）实施吊装作业单位的有关人员应对起重吊装机械和吊具进行安全检查确认，确保处于完好状态。

2）实施吊装作业单位使用汽车吊装机械，要确认安装有汽车防火罩。

3）实施吊装作业单位的有关人员应对吊装区域内的安全状况进行检查（包括吊装区域的划定、标识、障碍）。警戒区域及吊装现场应设置安全警戒标志，并设专人监护，非作业人员禁止入内。安全警戒标志应符合 GB 16179 的规定。

4）实施吊装作业单位的有关人员应在施工现场核实天气情况。室外作业遇到大雪、暴雨、大雾及 6 级以上大风时，不应安排吊装作业。

（3）吊装作业中安全措施。吊装作业中应注意采取以下安全措施：

1）吊装作业时应明确指挥人员，指挥人员应佩戴明显的标志；应佩戴安全帽，安全帽应符合 GB 2811 的规定。

2）应分工明确、坚守岗位，并按 GB 5082 规定的联络信号，统一指挥。指挥人员按信号进行指挥，其他人员应清楚吊装方案和指挥信号。

3）正式起吊前应进行试吊，试吊中检查全部机具、地锚受力情况，发现问题应将工件放回地面，排除故障后重新试吊，确认一切正常，方可正式吊装。

4）严禁利用管道、管架、电杆、机电设备等作吊装锚点。未经有关部门审查核算，不得将建筑物、构筑物作为锚点。

5）吊装作业中，夜间应有足够的照明。室外作业遇到大雪、暴雨、大雾及6级以上大风时，应停止作业。

6）吊装过程中，出现故障，应立即向指挥者报告，没有指挥令，任何人不得擅自离开岗位。

7）起吊重物就位前，不许解开吊装索具。

8）利用两台或多台起重机械吊运同一重物时，升降、运行应保持同步；各台起重机械所承受的载荷不得超过各自额定起重能力的80%。

（4）操作人员应遵守的规定

1）按指挥人员所发出的指挥信号进行操作。对紧急停车信号，不论由何人发出，均应立即执行。

2）司索人员应听从指挥人员的指挥，并及时报告险情。

3）当起重臂吊钩或吊物下面有人，吊物上有人或浮置物时，不得进行起重操作。

4）严禁起吊超负荷或重物质量不明和埋置物体；不得捆挂、起吊不明质量，与其他重物相连、埋在地下或与其他物体冻结在一起的重物。

5）在制动器、安全装置失灵、吊钩防松装置损坏、钢丝绳损伤达到报废标准等情况下严禁起吊操作。

6）应按规定负荷进行吊装，吊具、索具经计算选择使用，严禁超负荷运行。所吊重物接近或达到额定起重吊装能力时，应检查制动器，用低高度、短行程试吊后，再平稳吊起。

7）重物捆绑、紧固、吊挂不牢，吊挂不平衡而可能滑动，或斜拉重物，棱角吊物与钢丝绳之间没有衬垫时不得进行起吊。

8）不准用吊钩直接缠绕重物，不得将不同种类或不同规格的索具混在一起使用。

9）吊物捆绑应牢靠，吊点和吊物的中心应在同一垂直线上。

10）无法看清场地、无法看清吊物情况和指挥信号时，不得进行起吊。

11）起重机械及其臂架、吊具、辅具、钢丝绳、缆风绳和吊物不得靠近高低压输电线路。在输电线路近旁作业时，应按规定保持足够的安全距离，不能满足时，应停电后再进行起重作业。

12）停工和休息时，不得将吊物、吊笼、吊具和吊索吊在空中。

13）在起重机械工作时，不得对起重机械进行检查和维修；在有载荷的情况下，不得调整起升变幅机构的制动器。

14）下方吊物时，严禁自由下落（溜）；不得利用极限位置限制器停车。

15）遇大雪、暴雨、大雾及6级以上大风时，应停止露天作业。

16）用定型起重吊装机械（例如履带吊车、轮胎吊车、桥式吊车等）进行吊装作业时，还应遵守该定型起重机械的操作规范。

（5）作业完毕作业人员应做的工作

1）将起重臂和吊钩收放到规定的位置，所有控制手柄均应放到零位，使用电气控制的起重机械，应断开电源开关。

2）对在轨道上作业的起重机，应将起重机停放在指定位置有效锚定。

3）吊索、吊具应收回放置到规定的地方，并对其进行检查、维护、保养。

4）对接替工作人员，应告知设备存在的异常情况及尚未消除的故障。

2. 动火作业安全管理相关要点

动火作业是指能直接或间接产生明火的工艺设置以外的非常规作业，如使用电焊、气焊（割）、喷灯、电钻、砂轮等进行可能产生火焰、火花和炽热表面的非常规作业。

（1）动火作业分级。动火作业分为特殊动火作业、一级动火作业和二级动火作业三级。

1）特殊动火作业。特殊动火作业是指在生产运行状态下的易燃易爆生产装置、输送管道、储罐、容器等部位上及其他特殊危险场所进行的动火作业。带压不置换动火作业按特殊动火作业管理。

2）一级动火作业。一级动火作业是指在易燃易爆场所进行的除特殊动火作业以外的动火作业。厂区管廊上的动火作业按一级动火作业管理。

3）二级动火作业。二级动火作业是指除特殊动火作业和一级动火作业以外的禁火区的动火作业。还包括凡生产装置或系统全部停车，装置经清洗、置换、取样分析合格并采取安全隔离措施后，可根据其火灾、爆炸危险性大小，经厂安全（防火）部门批准，动火作业可按二级动火作业管理。

4）遇节日、假日或其他特殊情况时，动火作业应升级管理。

（2）动火作业安全防火要求。动火作业安全防火基本要求主要有：

1）动火作业应办理动火安全作业证（以下简称作业证），进入受限空间、高处等进行动火作业时，还须执行《化学品生产单位受限空间作业安全规范》（AQ 3028—2008）和《化学品生产单位高处作业安全规范》（AQ 3025—2008）的规定。

2）动火作业应有专人监火，动火作业前应清除动火现场及周围的易燃物品，或采取其他有效的安全防火措施，配备足够适用的消防器材。

3）凡在盛有或盛过危险化学品的容器、设备、管道等生产、储存装置及处于 GB 50016 规定的甲、乙类区域的生产设备上动火作业，应将其与生产系统彻底隔离，并进行清洗、置换，取样分析合格后方可动火作业；因条件限制无法进行清洗、置换而确需动火作业时按相关规定执行。

4）凡处于 GB 50016 规定的甲、乙类区域的动火作业，地面如有可燃物、空洞、窨井、地沟、水封等，应检查分析，距用火点 15 米以内的，应采取清理或封盖等措施；对于用火点周围有可能泄漏易燃、可燃物料的设备，应采取有效的空间隔离措施。

5）拆除管线的动火作业，应先查明其内部介质及其走向，并制定相应的安全防火措施。

6）在生产、使用、储存氧气的设备上进行动火作业，氧含量不得超过 21%。

7）五级风以上（含五级风）天气，原则上禁止露天动火作业。因生产需要确需动火作业时，动火作业应升级管理。

8）在铁路沿线（25 米以内）进行动火作业时，遇装有危险化学品的火车通过或停留时，应立即停止作业。

9）凡在有可燃物构件的凉水塔、脱气塔、水洗塔等内部进行动火作业时，应采取防火隔绝措施。

10）动火期间距动火点 30 米内不得排放各类可燃气体；距动火点 15 米内不得排放各类可燃液体；不得在动火点 10 米范围内及用火点下方同时进行可燃溶剂清洗或喷漆等作业。

11）动火作业前，应检查电焊、气焊、手持电动工具等动火工器具本质安全程度，保证安全可靠。

12）使用气焊、气割动火作业时，乙炔瓶应直立放置；氧气瓶与乙炔气瓶间距不应小于 5 米，二者与动火作业地点不应小于 10 米，并不得在烈日下暴晒。

13）动火作业完毕，动火人和监火人以及参与动火作业的人员应清理现场，监火人确认无残留火种后方可离开。

（3）动火分析及合格标准

1）动火作业前应进行安全分析，动火分析的取样点要有代表性。

2）在较大的设备内动火作业，应采取上、中、下取样；在较长的物料管线上动火，应在彻底隔绝区域内分段取样；在设备外部动火作业，应进行环境分析，且分析范围不小于动火点 10 米。

3）取样与动火间隔不得超过 30 分钟，如超过此间隔或动火作业中断时间超过 30 分钟，应重新取样分析。特殊动火作业期间还应随时进行监测。

4）使用便携式可燃气体检测仪或其他类似手段进行分析时，检测设备应经标准气体样品标定合格。

5）动火分析合格判定。当被测气体或蒸气的爆炸下限大于等于 4%时，其被测浓度应不大于 0.5%（体积百分数）；当被测气体或蒸气的爆炸下限小于 4%时，其被测浓度应不大于 0.2%（体积百分数）。

3. 动土作业安全管理相关要点

动土作业是指挖土、打桩、钻探、坑探、地锚入土深度在 0.5 米以上；使用推土机、压路机等施工机械进行填土或平整场地等可能对地下隐蔽设施产生影响的作业。

（1）动土作业安全要求

1）动土作业应办理动土安全作业证（以下简称作业证），没有作业证严禁动土作业。

2）作业证经单位有关水、电、汽、工艺、设备、消防、安全、工程等部门会签，由单位动土作业主管部门审批。

3）作业前，项目负责人应对作业人员进行安全教育。作业人员应按规定着装并佩戴合适的个体防护用品。施工单位应进行施工现场危害辨识，并逐条落实安全措施。

4）作业前，应检查工具、现场支撑是否牢固、完好，发现问题应及时处理。

5）动土作业施工现场应根据需要设置护栏、盖板和警告标志，夜间应悬挂红灯示警。

6）严禁涂改、转借作业证，不得擅自变更动土作业内容、扩大作业范围或转移作业地点。

7）动土临近地下隐蔽设施时，应使用适当工具挖掘，避免损坏地下隐蔽设施。

8）动土中如暴露出电缆、管线以及不能辨认的物品时，应立即停止作业，妥善加以保护，报告动土审批单位处理，经采取措施后方可继续动土作业。

9）作业人员多人同时挖土应相距在 2 米以上，防止工具伤人。作业人员发现异常时，应立即撤离作业现场。

10）在危险场所动土时，应有专业人员现场监护，当所在生产区域发生突然排放有害物质时，现场监护人员应立即通知动土作业人员停止作业，迅速撤离现场，并采取必要的应急措施。

11）高处作业涉及临时用电时，应符合 GB/T 13869 和 JCJ 46 的有关要求。

12）施工结束后应及时回填土，并恢复地面设施。

（2）挖掘坑、槽、井、沟等作业应遵守的规定。挖掘坑、槽、井、沟等作业，应遵守下列规定：

1）挖掘土方应自上而下进行，不准采用挖底脚的办法挖掘，挖出的土石严禁堵塞下水道和窨井。

2）在挖较深的坑、槽、井、沟时，严禁在土壁上挖洞攀登，当使用便携式木梯或便携式金属梯时，应符合 GB 7059 和 GB 12142 要求。作业时应戴安全帽，安全帽应符合 GB 2811 的要求。坑、槽、井、沟上端边沿不准人员站立、行走。

3）要视土壤性质、湿度和挖掘深度设置安全边坡或固壁支撑。挖出的泥土堆放处所和堆放的材料至少应距坑、槽、井、沟边沿 0.8 米，高度不得超过 1.5 米。对坑、槽、井、沟边坡或固壁支撑架应随时检查，特别是雨雪后和解冻时期，如发现边坡有裂缝、疏松或支撑有折断、走位等异常危险征兆，应立即停止工作，并采取可靠的安全措施。

4）在坑、槽、井、沟的边缘安放机械、铺设轨道及通行车辆时，应保持适当距离，采取有效的固壁措施，确保安全。

5）在拆除固壁支撑时，应从下而上进行。更换支撑时，应先装新的，后拆旧的。

6）作业现场应保持通风良好，并对可能存在有毒有害物质的区域进行监测。发现有毒有害气体时，应立即停止作业，待采取了可靠的安全措施后方可作业。

7）所有人员不准在坑、槽、井、沟内休息。

4. 高处作业安全管理相关要点

高处作业是指凡距坠落高度基准面 2 米及以上，有可能坠落的高处进行的作业，称为高处作业。

（1）高处作业分级。高处作业分为一级、二级、三级和特级高处作业，符合 GB/T 3608 的规定。

1）作业高度在 2 米$\leqslant h<$5 米时，称为一级高处作业。

2）作业高度在 5 米$\leqslant h<$15 米时，称为二级高处作业。

3）作业高度在 15 米$\leqslant h<$30 米时，称为三级高处作业。

4）作业高度在 $h\geqslant$30 米以上时，称为特级高处作业。

（2）高处作业前的安全要求

1）进行高处作业前，应针对作业内容进行危险辨识，制定相应的作业程序及安全措施。将辨识出的危害因素写入高处安全作业证（以下简称作业证），并制定出对应的安全措施。

2）进行高处作业时，应符合国家现行的有关高处作业及安全技术标准的规定。

3）作业单位负责人应对高处作业安全技术负责，并建立相应的责任制。

4）高处作业人员及搭设高处作业安全设施的人员，应经过专业技术培训及专业考试合格，持证上岗，并应定期进行体格检查。患有职业禁忌证（如高血压、心脏病、贫血病、癫痫病、精神疾病等）、年老体弱、疲劳过度、视力不佳及其他不适于高处作业的人员，不得进行高处作业。

5）从事高处作业的单位应办理作业证，落实安全防护措施后方可作业。

6）作业证审批人员应赴高处作业现场检查确认安全措施后，方可批准高处作业。

7）高处作业中的安全标志、工具、仪表、电气设施和各种设备，应在作业前加以检查，确认其完好后投入使用。

8）高处作业前要制定高处作业应急预案，内容包括：作业人员紧急状况时的逃生路线

和救护方法，现场应配备的救生设施和灭火器材等。有关人员应熟知应急预案的内容。

9）在紧急状态下（有下列情况下进行高处作业的）应执行单位的应急预案：①遇有6级以上强风、浓雾等恶劣气候下的露天攀登与悬空高处作业；②在临近有排放有毒、有害气体、粉尘的放空管线或烟囱的场所进行高处作业时，作业点的有毒物浓度不明。

10）高处作业前，作业单位现场负责人应对高处作业人员进行必要的安全教育，交代现场环境和作业安全要求以及作业中可能遇到意外时的处理和救护方法。

11）高处作业前，作业人员应查验作业证，检查验收安全措施落实后方可作业。

12）高处作业人员应按照规定穿戴符合国家标准的劳动保护用品，安全带符合GB 6095的要求，安全帽符合GB 2811的要求等。作业前要检查。

13）高处作业前作业单位应制定安全措施并填入作业证内。

14）高处作业使用的材料、器具、设备应符合有关安全标准要求。

15）高处作业用的脚手架的搭设应符合国家有关标准。高处作业应根据实际要求配备符合安全要求的吊笼、梯子、防护围栏、挡脚板等。跳板应符合安全要求，两端应捆绑牢固。作业前，应检查所用的安全设施是否坚固、牢靠。夜间高处作业应有充足的照明。

16）供高处作业人员上下用的梯道、电梯、吊笼等要符合有关标准要求；作业人员上下时要有可靠的安全措施。固定式钢直梯和钢斜梯应符合相关规定要求，便携式木梯和便携式金属梯，应符合相关规定要求。

17）便携式木梯和便携式金属梯梯脚底部应坚实，不得垫高使用。踏板不得有缺档。梯子的上端应有固定措施。立梯工作角度以75度±5度为宜。梯子如需接长使用，应有可靠的连接措施，且接头不得超过1处。连接后梯梁的强度，不应低于单梯梯梁的强度。折梯使用时上部夹角以35度～45度为宜，铰链应牢固，并应有可靠的拉撑措施。

（3）高处作业中的安全要求与防护

1）高处作业应设监护人对高处作业人员进行监护，监护人应坚守岗位。

2）作业中应正确使用防坠落用品与登高器具、设备。高处作业人员应系用与作业内容相适应的安全带，安全带应系挂在作业处上方的牢固构件上或专为挂安全带用的钢架或钢丝绳上，不得系挂在移动或不牢固的物件上；不得系挂在有尖锐棱角的部位。安全带不得低挂高用。系安全带后应检查扣环是否扣牢。

3）作业场所有坠落可能的物件，应一律先行撤除或加以固定。高处作业所使用的工具、材料、零件等应装入工具袋，上下时手中不得持物。工具在使用时应系安全绳，不用时放入工具袋中。不得投掷工具、材料及其他物品。易滑动、易滚动的工具、材料堆放在脚手架上时，应采取防止坠落措施。高处作业中所用的物料，应堆放平稳，不妨碍通行和装卸。作业中的走道、通道板和登高用具，应随时清扫干净；拆卸下的物件及余料和废料均应及时清理运走，不得任意乱置或向下丢弃。

4）雨天和雪天进行高处作业时，应采取可靠的防滑、防寒和防冻措施。凡水、冰、霜、雪均应及时清除。对进行高处作业的高耸建筑物，应事先设置避雷设施。遇有6级以上强风、浓雾等恶劣气候，不得进行特级高处作业、露天攀登与悬空高处作业。暴风雪及台风暴雨后，应对高处作业安全设施逐一加以检查，发现有松动、变形、损坏或脱落等现象，应立即修理完善。

5）在临近有排放有毒、有害气体、粉尘的放空管线或烟囱的场所进行高处作业时，作业点的有毒物浓度应在允许浓度范围内，并采取有效的防护措施。在应急状态下，按应急预案执行。

6）带电高处作业应符合有关规定要求。高处作业涉及临时用电时应符合有关规定要求。

7）高处作业应与地面保持联系，根据现场配备必要的联络工具，并指定专人负责联系。尤其是在危险化学品生产、储存场所或附近有放空管线的位置高处作业时，应为作业人员配备必要的防护器材（如空气呼吸器、过滤式防毒面具或口罩等），应事先与车间负责人或工长（值班主任）取得联系，确定联络方式，并将联络方式填入作业证的补充措施栏内。

8）不得在不坚固的结构（如彩钢板屋顶、石棉瓦、瓦棱板等轻型材料）上作业，登不坚固的结构（如彩钢板屋顶、石棉瓦、瓦棱板等轻型材料）作业前，应保证其承重的立柱、梁、框架的受力能满足所承载的负荷，应铺设牢固的脚手板，并加以固定，脚手板上要有防滑措施。

9）作业人员不得在高处作业处休息。

10）高处作业与其他作业交叉进行时，应按指定的路线上下，不得上下垂直作业，如果需要垂直作业时应采取可靠的隔离措施。

11）在采取地（零）电位或等（同）电位作业方式进行带电高处作业时，应使用绝缘工具或穿均压服。

12）发现高处作业的安全技术设施有缺陷和隐患时，应及时解决；危及人身安全时，应停止作业。

13）因作业必需，临时拆除或变动安全防护设施时，应经作业负责人同意，并采取相应的措施，作业后应立即恢复。

14）防护棚搭设时，应设警戒区，并派专人监护。

15）作业人员在作业中如果发现情况异常，应发出信号，并迅速撤离现场。

（4）高处作业完工后的安全要求

1）高处作业完工后，作业现场清扫干净，作业用的工具、拆卸下的物件及余料和废料应清理运走。

2）脚手架、防护棚拆除时，应设警戒区，并派专人监护。拆除脚手架、防护棚时不得上部和下部同时施工。

3）高处作业完工后，临时用电的线路应由具有特种作业操作证书的电工拆除。

4）高处作业完工后，作业人员要安全撤离现场，验收人在作业证上签字。

5. 设备检修作业安全管理相关要点

设备检修是指为了保持和恢复设备、设施规定的性能而采取的技术措施，包括检测和修理。

（1）检修前的安全要求

1）外来检修施工单位应具有国家规定的相应资质，并在其等级许可范围内开展检修施工业务。

2）在签订设备检修合同时，应同时签订安全管理协议。

3）根据设备检修项目的要求，检修施工单位应制定设备检修方案，检修方案应经设备使用单位审核。检修方案中应有安全技术措施，并明确检修项目安全负责人。检修施工单位应指定专人负责整个检修作业过程的具体安全工作。

4）检修前，设备使用单位应对参加检修作业的人员进行安全教育，安全教育主要包括以下内容：有关检修作业的安全规章制度；检修作业现场和检修过程中存在的危险因素和可能出现的问题及相应对策；检修作业过程中所使用的个体防护器具的使用方法及使用注意事项等。

5）检修现场应根据相关规定设立相应的安全标志。

6）检修项目负责人应组织检修作业人员到现场进行检修方案交底。

7）检修前施工单位要做到检修组织落实、检修人员落实和检修安全措施落实。

8）当设备检修涉及高处、动火、动土、断路、吊装、抽堵盲板、受限空间等作业时，须按相关作业安全规范的规定执行。

9）临时用电应办理用电手续，并按规定安装和架设。

10）设备使用单位负责设备的隔绝、清洗、置换，合格后交出。

11）检修项目负责人应与设备使用单位负责人共同检查，确认设备、工艺处理等满足检修安全要求。

12）应对检修作业使用的脚手架、起重机械、电气焊用具、手持电动工具等各种工器具进行检查；手持式、移动式电气工器具应配有漏电保护装置。凡不符合作业安全要求的工器具不得使用。

13）对检修设备上的电器电源，应采取可靠的断电措施，确认无电后在电源开关处设置安全警示标牌或加锁。

14）对检修作业使用的气体防护器材、消防器材、通信设备、照明设备等应安排专人检查，并保证完好。

15）对检修现场的梯子、栏杆、平台、箅子板、盖板等进行检查，确保安全。

16）对有腐蚀性介质的检修场所应备有人员应急用冲洗水源和相应防护用品。

17）对检修现场存在的可能危及安全的坑、井、沟、孔洞等应采取有效防护措施，设置警告标志，夜间应设警示红灯。

18）应将检修现场影响检修安全的物品清理干净。

19）应检查、清理检修现场的消防通道、行车通道，保证畅通。

20）需夜间检修的作业场所，应设满足要求的照明装置。

21）检修场所涉及的放射源，应事先采取相应的处置措施，使其处于安全状态。

（2）检修作业中的安全要求

1）参加检修作业的人员应按规定正确穿戴劳动保护用品。

2）检修作业人员应遵守本工种安全技术操作规程。

3）从事特种作业的检修人员应持有特种作业操作证。

4）多工种、多层次交叉作业时，应统一协调，采取相应的防护措施。

5）从事有放射性物质的检修作业时，应通知现场有关操作、检修人员避让，确认好安全防护间距，按照国家有关规定设置明显的警示标志，并设专人监护。

6）夜间检修作业及特殊天气的检修作业，须安排专人进行安全监护。

7）当生产装置出现异常情况可能危及检修人员安全时，设备使用单位应立即通知检修人员停止作业，迅速撤离作业场所。经处理，异常情况排除且确认安全后，检修人员方可恢复作业。

（3）检修结束后的安全要求

1）因检修需要而拆移的盖板、箅子板、扶手、栏杆、防护罩等安全设施应恢复其安全使用功能。

2）检修所用的工器具、脚手架、临时电源、临时照明设备等应及时撤离现场。

3）检修完工后所留下的废料、杂物、垃圾、油污等应清理干净。

6. 有限空间作业安全管理相关要点

有限空间是指封闭或者部分封闭，与外界相对隔离，出入口较为狭窄，作业人员不能长时间在内工作，自然通风不良，易造成有毒有害、易燃易爆物质积聚或者氧含量不足的空间。

2013 年 5 月 20 日，国家安全生产监督管理总局公布《工贸企业有限空间作业安全管理与监督暂行规定》（国家安全生产监督管理总局令第 59 号），自 2013 年 7 月 1 日起施行。

（1）有限空间作业专项安全培训内容。工贸企业应当对从事有限空间作业的现场负责人、监护人员、作业人员、应急救援人员进行专项安全培训。专项安全培训应当包括下列内容：

1）有限空间作业的危险有害因素和安全防范措施。

2）有限空间作业的安全操作规程。

3）检测仪器、劳动防护用品的正确使用。

4）紧急情况下的应急处置措施。

安全培训应当有专门记录，并由参加培训的人员签字确认。

（2）有限空间作业相关规定

1）工贸企业应当对本企业的有限空间进行辨识，确定有限空间的数量、位置以及危险有害因素等基本情况，建立有限空间管理台账，并及时更新。

2）工贸企业实施有限空间作业前，应当对作业环境进行评估，分析存在的危险有害因素，提出消除、控制危害的措施，制定有限空间作业方案，并经本企业负责人批准。

3）工贸企业应当按照有限空间作业方案，明确作业现场负责人、监护人员、作业人员及其安全职责。

4）工贸企业实施有限空间作业前，应当将有限空间作业方案和作业现场可能存在的危险有害因素、防控措施告知作业人员。现场负责人应当监督作业人员按照方案进行作业准备。

5）工贸企业应当采取可靠的隔断（隔离）措施，将可能危及作业安全的设施设备、存在有毒有害物质的空间与作业地点隔开。

6）有限空间作业应当严格遵守“先通风，再检测，后作业”的原则。检测指标包括氧浓度、易燃易爆物质（可燃性气体、爆炸性粉尘）浓度、有毒有害气体浓度。检测应当符合相关国家标准或者行业标准的规定。未经通风和检测合格，任何人员不得进入有限空间作业。检测的时间不得早于作业开始前 30 分钟。

7）检测人员进行检测时，应当记录检测的时间、地点、气体种类、浓度等信息。检测记录经检测人员签字后存档。检测人员应当采取相应的安全防护措施，防止中毒窒息等事故发生。

8）有限空间内盛装或者残留的物料对作业存在危害时，作业人员应当在作业前对物料进行清洗、清空或者置换。经检测，有限空间的危险有害因素符合《工作场所有害因素职业接触限值第一部分：化学有害因素》（GBZ2.1）的要求后，方可进入有限空间作业。

9）在有限空间作业过程中，工贸企业应当采取通风措施，保持空气流通，禁止采用纯氧通风换气。

发现通风设备停止运转、有限空间内氧含量浓度低于或者有毒有害气体浓度高于国家标准或者行业标准规定的限值时，工贸企业必须立即停止有限空间作业，清点作业人员，撤离作业现场。

10）在有限空间作业过程中，工贸企业应当对作业场所中的危险有害因素进行定时检测或者连续监测。

作业中断超过30分钟，作业人员再次进入有限空间作业前，应当重新通风、检测合格后方可进入。

11）有限空间作业场所的照明灯具电压应当符合《特低电压限值》（GB/T3805）等国家标准或者行业标准的规定；作业场所存在可燃性气体、粉尘的，其电气设施设备及照明灯具的防爆安全要求应当符合《爆炸性环境第一部分：设备通用要求》（GB3836.1）等国家标准或者行业标准的规定。

12）工贸企业应当根据有限空间存在危险有害因素的种类和危害程度，为作业人员提供符合国家标准或者行业标准规定的劳动防护用品，并教育监督作业人员正确佩戴与使用。

13）工贸企业应根据本企业有限空间作业的特点制定应急预案，并配备相关的呼吸器、防毒面罩、通信设备、安全绳索等应急装备和器材。有限空间作业的现场负责人、监护人员、作业人员和应急救援人员应掌握相关应急预案内容，定期进行演练，提高应急处置能力。

14）有限空间作业中发生事故后，现场有关人员应当立即报警，禁止盲目施救。应急救援人员实施救援时，应当做好自身防护，佩戴必要的呼吸器具、救援器材。

（3）有限空间作业要求。工贸企业有限空间作业还应当符合下列要求：

1）保持有限空间出入口畅通。

2）设置明显的安全警示标志和警示说明。

3）作业前清点作业人员和工器具。

4）作业人员与外部有可靠的通信联络。

5）监护人员不得离开作业现场，并与作业人员保持联系。

6）存在交叉作业时，采取避免互相伤害的措施。

7）有限空间作业结束后，作业现场负责人、监护人员应当对作业现场进行清理，撤离作业人员。

第三节　班组生产作业现场安全管理方法

班组是企业生产经营活动中最基层的组织，也是企业安全管理的最终落脚点。班组安全管理工作的好坏，不仅影响到班组的安全生产，而且还会影响到整个企业的安全生产的实现。班组是安全生产的最基层组织，安全生产法律法规、规程、标准和相关规章制度的贯彻落实，以及先进适用安全技术的推广应用都要落实到班组、体现在现场。在日常工作中，只有切实加强班组现场安全管理，才能为员工创造一个良好的工作环境，才能激发员工的工作积极性和创造性。

一、班组生产作业现场定置管理方法

生产作业现场定置管理是全面质量管理中的一种方法，它强调生产现场中人、物的有机结合，各种原料、材料、工具、器具实行分类管理、定置摆放，做到人定岗、物定位，以利于提高工效、提高产品质量。把定量管理移植到车间、班组安全生产管理上，能进一步深化安全生产工作。生产作业现场定置管理在一些企业取得了良好的效果，表明这种管理方法是可行的、有效的。

1. 定置管理的实施步骤

一般来说，生产作业现场中人与物的相互关系处于三种状态：一是人与物处于立即结合状态，即需要时随手可以拿到的状态；二是人与物处于欲结合状态，即找一找能拿到的状态；三是人与物处于无关状态，即现场的某些物品在生产中和人是无关系的或是多余的。而班组定置管理最重要的一条，是确定人与物无关状态的物品，并把它从生产现场清除出去，同时对人与物欲结合状态进行改善，使其达到人与物处于立即结合状态，并保持下去，形成标准化作业程序。

定置管理的实施应分为两步：第一步是整理现场。即对现场放置的全部物品进行清点整理，把不需要的物品予以清除或送到指定地点，把需要的物品全部进行擦洗，按人与物的结合状态划分区域和物品定置位置。整理后的现场应清洁、整齐、合理、有序。第二步是实施“五定”，即物品定置，人员定岗，控制点定标志，危险品定储量，A、B、C、D定状态。

2. 定置管理中的“五定”内容

“五定”是定置管理中的核心与重点，“五定”不能明确确定，那么定置管理就无法实施。现对“五定”内容进行具体说明。

（1）物品定置。就是根据定量管理的要求，按照“要用的东西随手可得，不用的东西随手可丢”的原则，把不同类型和不同用途的物品放在指定的位置或区域，使操作人员能够做到忙而不乱、紧张有序。

（2）人员定岗。就是人与操作岗位的有机结合。岗位既定，操作人员就不得随意串岗或脱岗。对于某些危险品生产区，要有严格的定员定量规定，保证危险工序必需的操作人员，发生燃烧爆炸事故时尽可能把伤亡和损失减到最小，降到最低。

（3）控制点定标志。就是对一、二、三级危险点的控制设置明显标志牌，上面写有简明的安全要求、危险等级和安全负责人，以利于随时提醒操作人员安全作业、形成条件反射，避免操作失误，也有利于安全管理部门对重点危险部位进行监督和控制。

（4）危险物品定储量。就是对易燃易爆或有毒物品规定其存放数量，并定在醒目的标志牌上，经常警告人们注意安全，而且也便于安全管理部门监督检查。

（5）A、B、C、D定状态。就是按照定置管理要求和人与物的联系紧密程度，把作业现场经过定置后的物品划分成A、B、C、D四种状态，以便于区分和寻找。A、B、C、D四个字母是状态信息标志，使操作人员、检验人员、管理人员在工作中能够做到保持优良的A状态（在加工）、迅速寻到B状态（待加工）、及时处理C状态（已加工）、不断清理D状态（报废或返修），从而进一步提高工作效率，保持作业场所的整洁文明。

3. 实施定置管理要达到的效果

实施以“五定”为主要内容的定量管理，是把安全管理和质量管理有机地结合起来，使操作者在一个良好的、有安全保障的环境中进行操作，起到了以下六个方面的良好效果：第一，使生产现场的人、机、料、法、环始终处于一个科学的合理的紧密结合状态，为实现安全文明生产奠定了良好的基础；第二，彻底改变了某些班组原来的脏、乱、差面貌，使人流、物流、人员岗位、物品位置都清清楚楚，井井有条，一目了然，一切都按一定的程序进行和发展；第三，使班组的安全、质量、工艺、设备、物资等项管理融合在一起，同时进行、互为促进，形成了全方位的安全管理；第四，整洁有序的物品摆放和规范化的现场管理，能给操作者创造良好的心理环境，使操作者普遍感到“看起来顺眼，说起来顺口，干起来顺心，拿起来顺手”，大大减少人机事故；第五，使职工养成良好的清洁文明习惯，不仅在生产现场做到了定置，办公室的用品和家庭的个人用品也能定量定位，提高了人员素质；第六，增强了职工维护和保持作业场所文明生产的责任感，提高了职工为集体增光的荣誉感。

二、班组生产作业现场5S管理方法

5S最早是从日本丰田公司的现场管理实践中总结出来，随后在其他企业得到了广泛普及，目前已经在世界许多国家得到推广应用。5S既是一种现场管理方法，又是一种安全文明生产活动，开展5S活动有助于改善物质环境，提高职工素质，对提高工作效率，保证产品质量，降低生产成本具有重要的作用。

5S是指整理、整顿、清扫、清洁和自律。这五个日语单词用罗马字拼写时其第一个字母都是S，所以简称为5S。在我国有些企业里也称5S活动为“五常法”，以后有人将“安全”补充进去，称之为6S。

1. 5S的含义和5S活动的目标

5S所指的整理、整顿、清扫、清洁和自律，各有其含义。

（1）“整理”。就是明确区分需要的和不需要的物品，在生产现场保留需要的，清除不必要的物品。

（2）“整顿”。就是对所需物品有条理地定置摆放，这些物品始终处于任何人都能方便取放的位置。

（3）“清扫”。就是生产现场始终处于无垃圾、无灰尘的整洁状态。

（4）“清洁”。就是经常进行整理、整顿和清扫，始终使现场保持整洁的状态，其中包括个人清洁和环境清洁。

（5）“自律”。就是自觉执行企业的规定和规则，养成良好的习惯。

5S没有什么复杂、高深的内容，但只要长期坚持下去就会使现场管理水平有一个本质的飞跃。在现场开展5S活动最终是要达到以下几个目标：一是保证质量，提高工效。二是降低消耗，降低成本。三是保证机器设备的正常运转。四是改善工作环境，消除安全隐患，提高职工工作的满意度。五是提高班组长和职工现场改进能力的途径。

2. 整理的目的和方法

（1）整理的目的。整理是对物品进行区分和归类，将经常使用的物品放在使用场所附近，而将不经常使用或很少使用的物品放在高处、远处乃至仓库中去。整理的目的包括：一是腾出空间和充分利用空间；二是防止误用无关的物品；三是营造良好的工作场所。

（2）整理的方法

1）分类并清除不需要的东西。整理分类的方法多种多样，可以按种类、性能、数量、使用的频率等进行分类，最常用的是按使用频率分类，可以一日或一周为单位计算使用频率，这种分类方法是最有效的。

2）用拍照的方法确认整理的效果。将未整理的现场照片和整理后的现场照片对比，整理的效果就会一目了然。

3）保管和保存。整理出来的物品有“保管”与“保存”两种处置方法，短期暂时存放称为“保管”，长期存放称为“保存”。根据不同对象，可具体明确保管和保存的标准。一般使用量较大、使用频率较高的物品，宜保管在作业现场附近；而使用量小、使用频率低的物品，则可以放入仓库保存或不固定保存场所。

4）整理结果的标识。完成整理后，为使需要的物品能立即得到，可利用标牌、指示牌或黑板等予以标识。指示牌内容应简明扼要，如物品名称、分类、数量、存放位置或由谁使用等，标识的目的是明确“是什么”和“在哪里”，让人一目了然。

3. 整顿的目的和方法

（1）整顿的目的。整顿是将现场所需物品有条理地定位与定量放置，让这些物品始终处于任何人都能随时方便使用的位置，从而创造整齐的工作环境。

（2）整顿的方法

1）发现存在的问题。首先对现场的物品摆放是否合理进行分析，如果确认存在问题，就立即明确改进的方向。

2）合理放置，方便取放。对制造业来说，作业的对象大多是流动物件，因此整顿并不在于单纯的码放整齐，而是要使物件拿出容易，放回方便，提高作业效率。

（3）整顿的几点提示

1）设备的摆放改变会引起流程变化，对此要认真考虑。

2）设置工作台、工件箱时，不仅要考虑固定式的，还要考虑带有脚轮的移动式的。安置工作台、货架等，可以考虑用从房顶垂直起落的方式来减少占用空间。

3）对重量重、体积大的应该放置在下层，重量轻的放在上层。

4）使用频率高的物品放在易于取放的场所。

5）货架橱柜透明化。

6）现场的货架和橱柜要尽量避免使用门，因为门会阻挡职工的视线，延长寻找时间，从而影响工作效率。

4. 清扫的意义和步骤

（1）清扫的意义。清扫是使生产现场处于无垃圾的干净状态。清扫的目的：一是消除不利于产品质量和环境的因素。二是保证设备良好运行，减少对职工健康的不良影响。

（2）清扫的步骤。这里的“清扫”不是指突击性的大扫除，而是要制度化、经常化，每人从身边做起，然后再拓展到现场的每个角落。

清扫要分五个阶段来实施：

第一阶段，将地面、墙壁和窗户打扫干净。

第二阶段，画出表示整顿位置的区域和界线。

第三阶段，将可能产生污染的污染源清理干净。

第四阶段，对设备进行清扫，对电器和操作系统进行检修。

第五阶段，制定作业现场的清扫规程并实施。

清扫后，需要按照整理、整顿阶段的规定，划分作业的场地和通道，标识物品放置位置。对空闲区域、小件物品区域、危险和贵重物品区域等也要设法用颜色予以区别。

5. 清洁的含义和方法

(1) 清洁的含义。清洁主要是指维持和巩固整理、整顿和清扫的效果，保持生产现场任何时候都处于整齐、干净的状态。

(2) 清洁的方法。实施清洁的方法主要是：

1) 明确清洁的状态。清洁的状态包含三个要素，即干净、高效、安全。具体包括以下内容：地面的清洁、窗户和墙壁的清洁、操作台上的清洁、工具和工装的清洁、设备的清洁、货架和放置物资场所的清洁等。

2) 定期检查。除了日常工作中的自检，还要组织定期检查，并通过检查发现问题，予以改进。

3) 环境色彩明亮化。车间环境适合采用明亮的色彩，这样一旦产生污渍容易被发现。明亮的工作环境，还会给人的工作情绪以良好的影响。

6. 自律的目的和实施要点

(1) 自律的目的。开展“自律”活动，主要目的在于培养职工自觉并正确执行企业各项规定的良好习惯，自愿实施整理、整顿、清扫、清洁这四项活动，保持现场环境的整洁和美观。

(2) 培养“自律”要点。自律最基本的要求是养成良好的习惯，做到按规章办事和自我规范行为，进而延伸到仪表美、行为美等。

7. 生产现场开展 5S 活动的方法

从日本众多企业的现场管理经验来看，5S 是企业成功的重要活动之一。在中国的一些日资企业里，5S 在生产现场被广泛运用，使这些企业的经济效益、产品质量、成本管理都已接近日本本土企业的水平。我国许多企业目前也广泛开展了 5S 活动，并且取得了明显的成效。此外，5S 活动并不局限于生产企业，其他各行各业各类组织都可以在生产和工作现场大力推广 5S 管理，以保证工作质量，提高工作效率，美化工作环境。

现场开展 5S 活动，可从以下方面入手：

(1) 5S 活动要持之以恒。5S 活动要坚持不懈地进行，才会取得预期的效果。开展 5S 活动如果搞一阵风，就难以找到 5S 活动的感觉。这样不仅活动没有效果，反而有副作用，使大家认为 5S 活动没有什么用。任何管理方法都不是灵丹妙药，一吃就灵，需要长期的努力和探索，才能取得预期的效果。因此，5S 工作要有长期坚持的思想准备。在班组里要养成这种风气，而个人良好习惯的养成和整个班组的风气又是相辅相成的。良好的风气能够促进个人形成良好习惯，个人良好的习惯又有利于班组良好风气的营造。

（2）5S 活动要经常教育。人的良好习惯需要培养，开展 5S 也要有条不紊、有秩序地进行。5S 工作的推进就意味着要不断地发展。要教育班组职工不断思考如何改进 5S 工作，脚踏实地把 5S 活动推向前进，同时还需要鼓励职工不断地提出合理化建议，并对这种合理化建议给予奖励，以不断地鼓励和推动 5S 工作的进行。

（3）遵守规定和规则。遵守规定虽然道理很浅显，但未必人人都能做到，问题的关键是缺乏遵守规定的自觉性。要教育职工凡是组织的规定就应该遵照执行，这不仅仅是 5S 的要求，也是大工业生产的基本前提。

三、生产班组“三点”控制方法

“三点”是指危险点、危害点、事故高发点。这“三点”是班组安全生产的要点、主控点和注意点，有效地控制了“三点”，班组安全生产就有了把握。因此，控制“三点”，是班组安全生产作业的一个具体办法。

1. 危险点的控制

危险点是指相对于其他作业点和岗位更危险的岗位。危险点固有的危险性使它成为安全控制的重点。危险点发生事故的概率很大，但并不表明它时时、处处要发生事故，只要安全措施到位、防范办法周密，是可以把危险点变成不危险点的，这就要求班组在如何控制危险点上下功夫。在此提出 11 项控制危险点的办法，供参考。

（1）编制危险点应急救援预案；

（2）所有危险点的作业人员必须安全培训教育合格，取证后方能上岗；

（3）对危险点的巡检，班组长至少每天两次；

（4）对危险点必须设立现代监控、监测设备，有条件的实行计算机管理；

（5）危险点必须配备消防水和数量足够的消防灭火器材；

（6）危险点现场必须有明显的安全标志和安全须知牌；

（7）危险点现场必须保持畅通的安全通道；

（8）危险点的设备设施要设有良好的防雷接地装置和防洪排水设施；

（9）危险点现场必须使用防爆电器；

（10）危险点现场要经常保持现场的整洁、清洁、文明；

（11）危险点每年必须向车间或者企业报告其运行情况。

2. 危害点的控制

危害点和危险点一样，是相对于其他作业点更具危害性的作业点。危害点具有危害性，如化工企业有毒有害气体岗位就是危害点，毫无疑问它是班组安全生产的控制点。要控制危害点的危害性，除了设计的安全性以外，还必须使班组的每个成员了解危害物质的性质、预防的办法、紧急情况下的应急措施等。在此提出10项控制危害点的办法：

(1) 编制危害点应急救援预案；

(2) 所有危害点的生产作业人员必须经过有针对性的安全教育，取证后方能上岗；

(3) 对危害点的巡检，班组长至少每班两次，生产作业人员每小时一次；

(4) 危害点配足过滤式防毒面具，每个点至少配两具氧气呼吸器；

(5) 危害点现场必须配有玉力表、温度计、液位计等就地监测设施；

(6) 危害点严禁储罐超储、库房超存、工艺过程超压；

(7) 危害点的生产作业人员配备一定数量的便携式可燃气体、有毒有害气体监测仪；

(8) 危害点现场保持通畅的通道；

(9) 危害点现场必须使用防爆电器；

(10) 危害点现场保持整洁、清洁、文明。

3. 事故高发点的控制

事故高发点是指曾经发生过事故或多次发生过事故的“点”，这样的点就是班组安全生产的控制点。对于事故高发点，除了采取切实可行的措施外，主要是吸取事故教训、杜绝重复性事故的发生。可以采取以下措施：

(1) 要在事故高发点现场挂上警示牌，说明这个“点”曾经多次发生过事故，警示大家要引以为戒；

(2) 重新审定操作规程，针对已发事故的分析结果改进操作方式；

(3) 对事故高发点加强监控和安全检查频率；

(4) 对事故高发点加强设施和装备，如增加安全设施、改进工作环境等；

(5) 把事故高发点作为现场安全教育的基地；

(6) 对事故高发点建立健全三个系统：一是组织保障系统，二是人员职责系统，三是管理功能系统。

四、作业人员安全操作确认制方法

安全生产确认制是对确实、确信、明确的总称，即在每次操作前，对准备操作的对象，通过“一看、二准、三操作”以及心想、眼看、手指、口述、监护和作业票（牌）等方法，做到确实认定、确实可靠、确实准确地去执行，以此来避免由于想当然、猜测、遗忘、误会、疲劳、走神、情感异常等因素引起的失误，从而确保人与人之间、岗位与岗位之间、上下工序之间相互沟通、衔接、协调和配合。

在生产作业条件比较复杂的企业，如冶金、有色企业，在比较容易发生危险的作业中，如电工作业、检修作业等，安全操作确认制得到比较普遍的运用。

1. 安全操作确认制的内容

在班组安全生产中，安全操作确认制主要包括：

（1）对人的确认。就是分析掌握操作者的思想情绪、精神状态、身体素质、技术素质等，根据多种因素突出不安全人，采取联防联保、互帮互保等监护措施，保证不发生人为的事故。

（2）对工具设备的确认。即操作者在作业前对所使用的工具设备的重要危险部位、易损部位和安全装置进行认真的检查，发现隐患超前采取措施解决，避免发生设备、人身事故。

（3）对环境场所的确认。即熟悉工作环境，检查工作场所是否有不安全因素，防患于未然。

2. 安全操作确认制的作用

安全操作确认制建立在安全操作规程的基础上，实际上是对安全操作规程的深化。安全操作确认制的作用主要体现在这样几个方面：

（1）先“确”后“做”。就是班组职工作业前对自己操作的设备、周围环境等进行确认，经过确认符合安全条件方可作业。由于先“确”后“做”，从而防止因疏忽、麻痹大意等造成事故。

（2）确认制使规程具体化，但又不代替规程。安全操作规程随工种、工艺不同而异，有简有繁，而安全操作确认制不论工艺的简繁均以简练的文字有重点、不漏项地将安全操作规程具体化起来，便于操作人员作业，是落实安全操作规程的有力手段。

（3）确认制的贯彻促使职工按程序遵章作业，为推行标准化打下良好的基础，培养职工自觉遵守作业要求的良好习惯。

3. 安全操作确认制的制定程序

安全操作确认制已被实践证明是班组安全生产的有效形式。在安全操作确认制的制定过程中，主要有四个程序：

（1）要使作业者明确其岗位的生产工艺与上、下道工序之间的相互联系，根据工艺、技术、安全的要求，懂得应该做什么、怎么做、做到什么程度。

（2）根据生产工艺、安全作业的要求编排出操作顺序，然后制定操作规程和完整的操作规程规范。

（3）确认制制定之后，在班组试行，听取有经验的操作人员的意见；也可以自下而上由班组制定，上下结合，反复修订，使之完善。

（4）确认制的贯彻要取得职工的理解。要通过安全宣传教育，使职工从思想上明确确认制的意义和作用，理解安全确认制与安全操作规程相互之间的关系，达到在理解的基础上自觉地贯彻执行确认制。

4. 安全操作确认制的实施效果

积极推行安全操作确认制，加强生产班组和作业人员对现场环境的确认控制，其基本要求就是要做到物放有序、定置定位，保证操作环境整洁，预防各类事故的发生。目前，许多班组在执行安全确认制上已经有了一定的经验，如开车前的安全确认、检修前的安全确认、施工前的安全确认等，这些都有利于保障安全生产。

我们来看几个事例。

事例之一：太原钢铁公司实施“岗位安全呼叫确认制”的做法

太原钢铁公司在生产过程中，实施“岗位安全呼叫确认制”，顾名思义，就是岗位作业人员在作业之前和作业中要针对本岗位的安全要点和易发生伤害事故的因素，通过呼叫的形式加以确认，以此来提示本人或他人要注意安全操作。同时在各岗位间起到相互联系、密切配合、准确无误的作用。“呼叫”还可以使岗位人员振奋精神，集中精力，告诫和提醒自己的操作行为是否规范和安全，同时也在提示他人，起到相互关照、安全生产的目的。

岗位安全呼叫确认大体分为两部分，一是“全体、全机（线）联系确认呼唤”；二是“单体作业自行确认呼唤”。前者适用于生产班（组）作业线以及岗位之间；后者适用于整体作业中的各个单位体，也就是单独作业的人员。下面简述其基本内容。

（1）全体、全机（线）联系确认呼唤

1）开车前准备呼唤。就是在上岗前，班（组）长召集全体成员在机前（现场）进行简单的班前会，班（组）长与成员通过互致问候，审视全体成员的精神状态，检查成员防护用品是否穿戴齐整。在下达和布置工作任务的同时，还要向成员交代安全要点，注意事故及安全防范措施，使每个成员做到心中有数。

2）开机呼唤。就是在开工前各岗位（工序）人员到自己的操作岗位上认真进行设备与安全防护装置的点检确认，然后通过呼叫，通报准备就绪情况，班（组）长要全线确认后，才可按操作程序投入生产运行。

3）障碍停机确认呼唤。当生产过程中某一岗位或环节发生障碍，需立即停车处理时，要立即发出呼唤。通过呼唤，通知相关岗位与环节立即停机。停机后要停电并通知全体人员不准开动设备。排除故障的人员要在呼叫确认安全的条件下，才可进入故障点作业。必要时，要在操作台前设专门监护人。

4）障碍排除后恢复正常确认呼唤。故障排除后，排除故障的人员要通过呼叫向班（组）长报告故障排除完毕，确认人员是否全部撤离，工具是否遗漏，班（组）长要检查、清点，确认后方可发布恢复生产的指令。

5）停机确认呼唤。当本班（组）生产结束时，进行停机确认呼唤。通过呼叫，班（组）长确认全线各部都按程序停机。所有操作按钮都已复位于停止状态后，要进行停电挂牌工作，然后组织全体成员撤离岗位。

6）现场撤离确认呼唤。这实际是一个简单的班后小结。班（组）长要清点人员，检查全体人员的携带工具物品是否齐全，然后总结当班的安全生产情况。

（2）单体作业自行确认呼唤。凡整体作业中的每个单体，以及从事单独作业的人员，不论其岗位、职业及作业环境如何，都要针对本岗位的安全要点及易发生事故的因素进行自行确认呼唤，达到自我预防的目的。

1）上岗前，作业者要整理确认自己的防护用品是否齐全，对设备进行点检确认呼叫。对所从事的工作的安全要点，通过呼叫告诫自己注意安全。

2）作业中通过不时地呼叫，不断确认自己的操作要符合规程，动作规范。

“岗位安全呼叫确认制”是有利于安全生产的一种新型的工作方法，它能够有效地控制与消除事故隐患，调动班组与职工的自我安全管理意识，来实现安全生产的目标。同时，还可以培养和锻炼工作纪律严明的职工队伍，起到振奋企业精神的作用。

事例之二：中国铝业河南分公司实施“安全确认制”达标班组活动的做法

中国铝业河南分公司在安全生产管理中，通过对本公司人身伤害事故进行统计分析，认识到班组是企业构成的最基本单元，班组职工比其他人更多地接触到生产过程中的各种危险危害因素，是企业各类事故的主要发生群体，因此，开展了“安全确认制”达标班组活动。

“安全确认制”的核心内容是操作确认制、联系呼应确认制、行走确认制、开停车确认制。

（1）操作确认制。操作确认制要求职工在作业前按照“想、看、动、查”的确认程序对操作对象的名称、作用、程序等确认无误时才能操作。

想：操作者在对操作对象实施操作前要想一想本岗位的操作程序、动作标准和安全操作规程的有关内容，以确认安全注意事项。

看：操作者要查看所操作的对象和人机结合面是否存在隐患和缺陷，显示器、控制器、安全防护装置是否正常完好，操作定位是否正确，以符合安全作业条件。

动：操作者要严格按操作程序、动作标准及安全操作规程的要求实施操作。

查：操作者在操作过程中，每做完一个操作动作都要检查，查动作后操作对象反馈的信息是否正确。

（2）联系呼应确认制。联系呼应确认制要求在长线作业时，应由一人指挥。指挥者发出的指令一定要简明扼要，在被指挥者重复无误后，才能进行作业，并做好记录。

1）指挥者确认其指令与执行者的安全要求，与生产系统中的安全要求，与作业区域或者作业空间的安全要求不矛盾、不冲突。

2）指挥者要明确确认其指令是令行，还是禁止。执行者必须按指令做到令行禁止。

3）对于禁止令的执行，指挥者要确认下一级的执行情况并负有监督检查职责。执行者要确认禁止令是在延续，还是已解除。

（3）行走确认制。行走确认制要求职工在生产现场行走时，确定安全通道无危险时方可行进，即严格执行“查看、判断、通过”的程序，对现场是否具备安全通行条件予以确认。

查看：行走前要仔细查看所要通过的路段是否畅通、是否有警示标志，以确认是否具备安全通行的条件（车间厂房内、施工现场等均须设置必要的安全通道，并有明显标志）。

判断：在行进过程当中上下左右是否遇有有碍安全通行的因素，以确认是否继续通行。

通过：经对通道查看、判断安全无误后方可通行；车间厂房内、施工现场等均须设置必要的安全通道，并有明显标志。

在没有设置吊运通道的车间内进行天车作业时，吊具的承载量必须大于被起吊物的2倍，吊钩必须安装防脱钩装置，并设专人跟踪指挥。

（4）开停车确认制。开停车确认制要求在设备的检修作业前后开车、停车时，指挥者、操作者对设备安全状况应进行确认。

1）检修或者施工完毕的设备开车：确认开车总指挥者和安全总负责人（应是同一人）；确认下一级的开车指挥者和安全责任人（亦是同一人），并且实行直线联系负责制；确认谁有权送电，谁有权开车；开车指令下达前确认工作票制度已正确执行完毕。

2）备用设备开车：确认工作票制度已正确执行完毕；确认上一级指挥者谁同意送电；确认上一级指挥者谁同意开车；确认所开车设备安全保护装置符合安全条件要求；确认开车程序正确。

3）设备停车：确认停车的目的；确认停车的安全规程已执行完毕；停车检修的设备，必须在工作票上确认断电、断料、断气（水）、挂警示牌、监护人等。

五、“手指口述”安全确认法

为了解决煤矿企业工作现场安全问题，确保工人安全，近年来，我国部分煤矿企业通过借鉴日本经验，学习并实施了“手指口述”工作法，在提升操作者的安全意识和心理素质、防止发生误操作行为等方面发挥出了重要作用，有效地提高了煤矿企业的安全生产水平。

1. 实行“手指口述”安全确认法的目的

“手指口述”工作法，源自于日本的“零事故战役”，是从“人类易导致事故的特点”出发而提出的。20 世纪 60 年代初，日本社会经济处在高速发展时期，当时，日本国内工作现场的死亡人数逐年增加。为了有效遏制这种趋势，实现工作现场“零事故”和“零职业病”伤害，自 1972 年起，日本从“人”的因素下手，开始推行了工作现场“零事故”和“零职业病”的战役（简称“零事故战役”），实施方法就是“手指口述”工作法。

煤矿是高危行业，煤矿的生产作业特别是井下作业的危险性是很大的。推行“手指口述”工作法，就是要把现场管理由粗放随意向精细严谨转变，核心是促进员工行为养成升级，培养员工以积极的心态主动预知生产过程中的危险，并能采取合理的方法进行规避。

“手指口述”工作法通过职工操作的口随眼动、眼随心动、手随口动的指向性集中连动以达到安全操作的目的，从而保障施工安全。“手指口述”工作法就是在工作中，要求现场作业人员在操作过程中大声说出注意事项，对操作程序和安全规程做到边口述、边指、边操作，以此进一步进行安全操作确认，形成一个安全识别、确认和操作的闭环流程。并要求每一个岗位人员在实际工作中，对每一个操作行为都要确认，都要用手指出来，同时还要大声喊出来，提高操作者的紧张意识和对外界的注意力，杜绝工人在工作一段时间后由于注意力下降、精力不集中而产生的马虎、松懈行为，避免错觉和判断失误行为的发生。在职工中普及推广“手指口述”操作法，能较好地规范广大职工的安全操作行为，强化安全意识，端正安全态度，明确安全目标，落实安全措施，提高学习效果，精通安全知识，确保现场安全信息的交流，提高安全保障能力。

2. “手指口述”安全确认法的作用

近年来，国内部分煤矿企业的实践证明，实施“手指口述”工作法，收到了“五能一有利”的效果。

（1）能有效集中煤矿工人的注意力，有效地解决了煤矿工人在工作中注意力下降、精神不集中等问题，进而避免了马虎行为、想当然行为、错觉或判断失误等行为，达到了预防事故的目的。

（2）能增强煤矿工人的安全生产意识：煤矿工人在作业时，经常会受到多种因素的干扰，要确保操作行为的正确与安全，必须从增强煤矿工人的自主安全意识着手，使其自觉地养成“安全确认”的习惯。

（3）能使煤矿工人迅速进入工作状态：手指口述工作法可以让煤矿工人以最快的速度，把自己的眼、耳、心、身全部集中到工作上来，快速进入工作状态。

（4）能增强煤矿工人作业的规范性和完整性：通过手指口述工作法，可以使煤矿工人系统地检查作业环境，逐一检点装备设施，认真稽核必备的材料工具，确认是否符合标准，是否具备安全作业条件。

（5）能提高煤矿工人操作的精确度：运用手指口述工作法，能够使煤矿工人精确地进行操作，从而实现作业关键点的明晰准确，减小误差偏差，确保安全。

（6）有利于煤矿工人做出正确的决策。从近年来国内大量的煤矿事故原因分析看，煤矿工人出现恍惚、侥幸、烦躁、走神儿，是导致事故发生的最大根源。推行手指口述工作法，可以使煤矿工人随时关注环境条件的变化，对关键环节或错误多发点给予自我提示，避免对操作行为正确性和系统安全性的盲目自信与误判，确保能够针对生产现场的实际情况做出正确的决策，采取符合岗位操作标准的行为，进而实现生产安全。

3.“手指口述”工作法内容及要领

煤矿企业确定手指口述工作法内容的依据，一是来自于岗位作业标准。岗位作业标准规定了各工种和岗位操作规范与作业场所标准，规范了从业人员的行为，保障了作业场所安全。煤矿行业多年来实施岗位作业标准化的实践也表明，开展岗位作业标准化，是加强安全生产、建立安全生产长效机制的一种有效方法，因此，煤矿企业编制手指口述工作法，必须以岗位作业标准为依据，保证编制的内容符合国家和行业法律法规的规定。二是来自于生产条件。煤矿企业生产是一个由“人—机—环—管”等生产条件构成的复杂系统工程。不同煤矿的生产环境、机器设备情况等都存在很大的差别。编制手指口述工作法在依据岗位作业的同时，还要注意从各个矿的实际生产出发，结合本矿“人—机—环—管”等生产条件，编制适合本矿的手指口述工作法。具体来说，要符合以下几种情况：生产作业自然环境；机器设备，主要包括机器设备机械化和自动化的水平、机器设备故障检测和安全防护功能、机器设备运转状况等；人员状况，主要包括员工具备的安全知识、安全技能和安全意识等。

手指口述工作法的内容主要包括岗位描述内容、岗位应知应会内容、安全确认内容。岗位描述是指煤矿工人对自我状况、安全责任、作业标准、作业环境、设备工具性能特点等内容进行描述，从而提高自己对岗位作业本质安全的认知和操作水平。岗位应知应会内容是根据岗位作业标准和在生产过程中所总结出的各岗位作业者在作业过程中应遵守的操作要求、工艺流程、注意事项和应急机制等内容。安全确认内容是对生产过程中各工序、各环节中关键性的要素进行分析辨识的过程，以降低或消除这些要素中存在的不安全因素对煤矿安全生产的影响。安全确认的内容主要包括对人的确认、对工具设备的确认和对工作环境场所的确认 3 方面内容。

手指口述的操作要领具体包括“心想”，即煤矿工人在对操作对象进行安全确认前，要想一想本岗位标准、操作程序和安全规定等有关内容，对相关安全注意事项进行初步确认。“眼看”，即煤矿工人在作业操作过程中，要注意查看所操作的对象和人机结合面是否存在隐患，同时，每做完一个操作动作，都要及时检查。“手指”，即煤矿工人要严格按照手指口述操作要领，用手指向所操作的对象或工作环境，以准确定位所要安全确认的具体对象和自己所处的具体工作环境。“口述”，即煤矿工人在对人、机、物、环等因素进行安全确认后应将安全确认的结果口述出来，在提醒自己的同时，也提醒协同作业者，达到消除不安全因素的目的。

4. 实施“手指口述”工作法的步骤

煤矿企业实施手指口述工作法的步骤和过程，主要包括完善岗位作业操作标准、调研、编写文本、审核、试运行、批准实施、修订 7 个环节。为了使编制出的手指口述工作法具有可操作性，煤矿企业在编制手指口述工作法时，应由专人负责，紧密结合生产实际，并注意以下内容：

（1）完善岗位作业标准。完善岗位作业标准是煤矿企业实施手指口述工作法的前提，这个标准必须符合本矿各岗位的生产实际，且具有科学性、规范性和可操作性，从而使手指口述工作法有规可循、有据可依。

（2）调研。手指口述工作法既要符合岗位作业标准的要求，又要符合岗位生产的实际，这就需要针对岗位作业时的基本动作要领、要点、操作程序进行调研，分析岗位操作的动作与手指口述工作法如何配合，才能有效地促进和保证作业的顺畅和谐。通过调研，进一步了解操作人员的操作习惯，掌握岗位的特点和差异，明确执行手指口述工作法的重点岗位和关键行为，为制定手指口述工作法收集第一手资料。

（3）编写文本。编写手指口述工作法文本是编制手指口述工作法的核心环节。手指口述工作法文本内容主要由岗位描述、岗位应知应会或安全确认内容与手指口述操作要领构成。编写时一般先由生产班组撰写，也可以由手指口述编制领导部门提出文本初稿、下发至生产班组讨论，提出修改意见之后，再反馈给手指口述编制领导部门。

（4）审核。审核是指对手指口述工作文本的审查、核对和把关。审核分为管理层审核和基层审核。管理层审核是手指口述工作法领导部门组织相关专家、部分领导和主要职能科室，对所编写的手指口述工作法文本初稿进行审核和修改。基础审核是指手指口述工作法领导小组将审核、修改后的各岗位手指口述工作法分别下发给各班组，征求各岗位作业人员的意见，并根据反馈意见进一步修改。

(5) 试运行。试运行是指将初步的手指口述工作法在各相关岗位进行试用，要求各相关岗位的作业人员运用手指口述工作法进行操作生产。同时，要针对试运行过程中发现的问题，及时进行完善。

(6) 批准实施。手指口述工作法领导部门根据试运行的效果，对手指口述工作法文本初稿做进一步的修改和最终审议，形成完善的手指口述工作法文本，经煤矿主要领导批准后，发布实施。

(7) 修订。编制手指口述工作法的领导部门根据实施过程中发现的新问题、新情况，定期或不定期地对手指口述工作法文本进行修订。修订手指口述工作法一定要慎重，过于频繁的修改不利于员工安全操作心理的形成和安全行为习惯的固化。

5. 实施“手指口述”工作法的要点

手指口述安全确认法，即通过心想、眼看、手指、口述需确认的安全关键部位，以达到集中注意力、正确操作目的的一种安全确认方法。

具体而言，“手指口述安全确认法”就是指，将某项工作的操作规范和注意事项编写成简易口语，当作业开始的时候，不是马上开始而是用手指出并说出那个关键部位进行确认，以防止判断和操作上的失误。

让职工在工作前，眼看、手指、口述工作环境的安全状况和注意事项，在工作中时常口述安全操作的步骤，久之自然让职工熟练了安全操作，形成习惯，从而提高安全意识和操作技能，达到少出错误、少出纰漏、少出事故的有效作用。

(1) 具体确认方法

1) 眼睛注视要确认的对象。

2) 伸出手臂，用食指指向对象。

3) 嘴大声说出确认对象“好（正常）!”如：“电源关闭——好!”

4) 耳朵要听自己的声音。

比如，斜井把钩工在开钩前进行相关安检时，“手指口述”：①声光信号灵敏可靠，确认。②斜井无行人，确认。③钩头连接好、矿车插销连接好、钢丝绳完好，可以信号开车，确认完毕。

这样“手指口述”习惯了，工作程序自然就能无误，各项安全工作步骤自然就能做到位。

（2）初期训练时的注意要点

1）班组长要率先示范做。

2）利用晨会等对组员进行训练（1 分钟）。

3）班组长督促班组成员实施，并对组员进行观察和指导。

第四节　班组生产现场安全管理特色做法

不同企业的生产作业班组，在工作中需要根据本班组的具体情况，有针对性地采取具有本班组特色的做法，班组安全生产现场的管理工作也不例外。企业的一切生产任务都要在班组完成，各项规章制度都要靠班组落实，把班组安全工作的重点放在现场，是企业把整个安全生产目标转化为实施运作的有效途径。搞好班组现场安全管理，必须把影响安全生产的主要因素（即人、机、料、法、环）有机地结合起来，只有通过高标准、严要求、勤检查等手段搞好班组的现场安全管理工作，才能确保安全生产。

一、高化项目辅料班作业现场严格操作规范保障安全的做法

上海化学工业区物流有限公司成立于 2001 年，设有仓储管理中心、运输管理中心、大件接运中心、铁路专用线网经营管理中心、劳务管理中心等，并以化工区为立足点，主要从事普通货物运输、危险品货物运输、货运代理（一类、二类）、货物包装、仓储、堆存、理货等业务，全力创建一个管理先进、技术领先、专业优势突出，具有综合竞争力的化工物流服务企业。

上海化学工业区物流有限公司高化项目辅料班共 12 人，下设 2 个辅料小组，分别为 ABS 装置辅料组和丁苯装置辅料组，每组 6 人，班组的主要职能是为 2 个装置配送生产辅料与清洁化生产。该班组职工深知“安全、健康”的重要意义，始终以“安全第一，生命至上”的观念，认真对待每一项工作，把安全、健康切实放在心上，时刻注意生产过程中的细节，有效保障安全生产。从 2006 年班组组建至今，从未发生过任何事故，曾获得了多项荣誉。

1. 坚持安全学习，提升安全意识

在日常工作中，该班组注重发挥党员的先锋模范作用，党员以身作则，带领班组强化

安全学习，狠抓安全生产。每天，当班人员一到班组，班长就会对当天的工作任务、所需防护用品、天气情况等内容，进行约 5 分钟、有针对性的安全教育及提示。作业结束后，班长就会对当天的工作情况，进行约 10 分钟的工作点评，重点强调需要注意的安全点，增强职工的安全意识，也使职工工作更加有的放矢，避免工作的盲目性。如遇到下雨、下雪、结冰天，若地上再有少许废油的话，地面会非常湿滑，容易使职工滑倒甚至摔伤，非常危险。因此，班长会第一时间叮嘱职工穿好雨衣、雨裤和防滑雨鞋，并执行双人作业，避免发生人身伤亡事件。

每周一次的安全学习，成了他们雷打不动的规定，两个班长用一次次触目惊心的事故经过、活生生的事故案例，不断地告诫班组员工，不遵守操作规程、安全规定将带来血的灾难和沉痛的教训。通过不断的学习，班组成员逐渐地提高了安全意识。从过去对安全理念的一知半解，到如今，职工们已经能潜移默化地理解安全在生产操作中的重要作用。

2. 严格操作规范，保障安全生产

作为高化 ABS 装置和丁苯装置的辅料班，其作用之一是保障两个装置现场环境的清洁，实现文明生产的目的。职工工作期间，现场环境比较恶劣，各种管道纵横交错，铲车行驶空间狭小，有时地面会产生少许废油，稍有不慎就会产生安全生产事故。为此，辅料班创建之初，高化项目组就制定了一系列针对性的操作规范，要求两个班组严格按照规定执行，保障安全生产。

例如各班各种辅料进货时，卡车到达现场后，要求组员不能急于卸货，而是让驾驶员将车门上锁，车辆钥匙挂在定置挂放处，并戴好安全帽，在指定的安全岛上等候。班组员工则将卡车的轮胎，前后用三角木枕固定住，然后防爆叉车方可卸货作业。

又如两个辅料班在配送抗氧剂起重操作时，班组人员在装好吊带且确认无误后，退出起吊红白带区域，并有专人吹响哨子，上方操作人员才能进行起吊操作，确保起吊货物下方不站人。

ABS 三条线废料打包，需要手提式打包机，打包机经常断线需重新穿线，班组明确要求打包人员必须先拔掉缝纫机电源再穿线，防止打包机针头挫伤手指，避免人身伤害事故的发生。

ABS 装置有些辅料在外仓，需要危险品车辆运送，还需一名危险品押运员，要求驾驶员、押运员做到持证上岗。装车时，操作人员对辅料名称、批号、批次与提货单确认后才能装车，确保各类辅料不混装，避免混装、错装带来的安全隐患。在行驶途中，要求押运员时刻留意货物是否泄漏，危险品车辆到装置现场后，防爆叉车的叉车工，再一次确认名称、批号、批次是否与提货单一致。各项作业环节严格把关，确保危险品的装卸安全。

3. 合理安排作业，提升安全管理能力

辅料班职工的劳动强度相对较大，室外和室内作业都有，冬天室外作业需要接受寒风凛冽的“洗礼”；夏天在室外作业时，高强度作业总是令操作人员大汗淋漓，异常艰辛。面对着艰苦的劳动，职工们并没有怨天尤人，在任劳任怨工作的同时，合理安排作业内容，尽量使工作做得更加轻松。尤其是 2013 年，上海经历了 140 年气象记录史上最炎热的夏天，对辅料班组现场作业的职工来说更是一场艰难的“烤（考）验”。为此，他们合理安排作业时间，力争把工作的难度降到最低点。他们根据工作实际情况，在室外的工作，上午完成，室内的工作放在下午 2 点以后去完成。并随身携带好防暑降温用品，防止高温中暑情况的发生。

4. 加强劳动保护，提升自我防范意识

辅料班组的现场作业过程中，会碰到有毒有害的化学废料、高分贝的作业区域、高温作业环境等化工操作经常碰到的作业特点，一旦没有安全防范措施，就会对人体产生伤害，甚至危及生命。因此，辅料班的职工把劳动保护作业作为一项重要工作来抓，确保作业时的安全。

在处理装置各种化学废气物的过程中，2 个班都按照操作流程规范操作，规范穿戴个人防护用品。进入 ABS 装置等高分贝、强噪声的区域作业时，操作人员自觉佩戴好耳塞，避免噪声对职工听力的伤害。ABS 装置三条线每次开停车需要 15 小时左右，期间有大量废料排出，现场排放出的废料温度很高，并伴有蒸汽冒出，致使操作现场的环境相当恶劣。职工严格按照安全规定规范操作，穿戴好个人防护用品，配合装置及时清理废料，确保了开停车期间的安全生产，为装置的安稳生产起到了保驾护航的作用。

二、五车间班组开展安全活动奠定现场安全管理基础的做法

中国石化催化剂有限公司是全球领先的炼油化工催化剂生产商、供应商、服务商之一，拥有 8 家全资分公司、2 家控股子公司，产品涵盖炼油催化剂、聚烯烃催化剂、基本有机原料催化剂、煤化工催化剂、环保催化剂、其他催化剂 6 大类。

中国石化催化剂上海分公司五车间班组现有员工 35 名，平均年龄 33 岁，主要为漕泾产业化基地甲苯歧化催化剂车间、乙苯脱氢催化剂车间等生产装置提供公用工程项目服务。该班组积极推行安全文化，营造安全氛围，开展了一系列的安全活动，为生产现场安全管理奠定了良好的基础。

1. 组织安全知识学习，增强班组职工安全意识

为了在班组职工中普及安全知识，提高全员安全意识和安全技能，达到从“我要安全”到“我会安全、我懂安全”，确保“我保安全”的目的，该班组组织职工学习安全基础知识与法律法规、安全职责、危险源的辨识与评估、职业卫生与劳防保护、安全技术基础知识、应急管理和环境保护等，并进行了考核，定期组织开展了每月二次的班组安全学习和安全活动，强化了员工对安全的认识。

该班组针对各工种制定了安全岗位职责，并落实到每一位职工，让全体职工了解自己的职责所在。规定了每周一次的车间安全例会，要求总结汇报一周的安全工作情况，从而让职工时刻绷紧安全这根弦。建立了班组长、操作班长的巡检制度，每天定时定点对设备、操作、工艺、安环、劳动纪律等方面进行巡检，并做好记录，发现问题及时整改，对没能及时整改的提出严厉的批评，并与个人的绩效考核挂钩，从而较好地落实责任，保证了安全生产的顺利进行。

2. 狠抓现场安全管理，排查事故隐患

现场是事故的多发地，所以为了给员工提供一个安全的作业环境，该班组组织员工开展查找身边的十大薄弱环节活动，同时把排除隐患作为日常工作的重点来抓，发现一项消除一项，及时有效避免了不安全因素的存在；同时引进了现场管理安全理念，颁布了实施细则；制定了设备维护与卫生包干责任制，并落实到每一位员工；现场物料、工具进行了定置化管理；操作人员严格按要求着装，执行生产、安全操作规程；管理人员按照分工每天进行检查、巡视，车间每星期三进行综合性的检查与考核，并与员工季度奖金挂钩。通过以上活动的开展，大大促进了现场作业环境的安全和规范。

3. 规范人员操作，杜绝“三违”现象

为了理顺作业程序，规范作业行为，杜绝违规操作，该班组组织员工进行了岗位操作大讨论，让员工充分提出建议，工艺员广泛听取大家的意见，及时修订和定期更新操作规程，使其更符合实际；同时开展了规范操作流程培训，采用现场讲解、互相提问、操作演示、理论知识与实际操作相结合的考核方法，让每一位员工清楚掌握操作的每一个程序、步骤。

通过这种方式的培训，提升了员工规范操作的能力，取得了明显的效果。但是某些员工习惯性违章时有发生，为了让员工对此危害性有充分的认识，纠正错误，该班组开展了不规范操作行为大讨论，将员工平时不经意中犯下的操作行为进行了摄像，组织全员找错误、找违章、找陋习，及时纠正了习惯性违章的行为和平时易疏忽的问题。对于屡教不改的员工，班组明确采取措施与其个人的绩效考核挂钩。

4. 现场作业层层把关，确认安全作业条件

由于外来施工人员对车间的作业环境不熟悉，容易引起安全事故，为了加强现场作业安全，该班组严格实施“三不原则”的同时，实施公司安全准入制度。对于施工人员首先要进行安全知识考试；通过相关安全知识考试后，才允许人员上岗作业。该班组还采取图文并茂的形式，对安全事项、各岗位的安全风险辨识和危害因素的分布情况、“七想七不干”进行教育，并签字备案。同时查验施工人员技能资质证书，对于不符合要求的施工队坚决回绝。对于施工现场，车间要明确安全措施的落实和安全作业条件的确认，监护人的设定等，有设备员、安全员、工艺员签字方可进行。通过以上层层把关，进一步规范了施工作业，有效遏制了施工违章行为的发生。

5. 全员参与，增强风险意识

安全是各项工作顺利完成的保障，而事故隐患无处不在伴随着生产全过程。为了增强员工的风险意识，该班组开展了一系列的风险识别活动。定期开展事故案例分析会，通过组织员工认真学习、讨论集团公司系统发生的各类事故案例，从中吸取经验教训，避免事故的发生，同时也起到警钟长鸣、增长安全知识的作用。定期开展危害辨识会，将车间各岗位、设备、现场各区域，通过摄影图片，组织全员进行危害因素辨识。采用此种互动的形式，极大地提高了员工的学习兴趣和自我发现问题的能力，自我风险意识也得到了加强。

三、催化裂化操作一班用“三书”加强现场安全管理的做法

中国石化股份有限公司天津分公司是国家特大型炼油、乙烯、化工、化纤联合企业，位于天津市滨海新区，占地面积 14 平方千米，拥有炼油主要生产装置 23 套，化工主要生产装置 21 套，化纤主要生产装置 3 套；原油加工能力 1 250 万吨/年，主要有石油炼制、石油化工、石油化纤三大类产品，产品具有较好的市场知名度。

中国石化天津分公司炼油部联合一车间催化裂化操作一班，有成员 11 人，承担着催化裂化装置的生产操作任务，生产清洁汽油、柴油、液化气等石油产品。所负责的装置有分馏塔、油浆线、气压机组等，涉及高温高压、易燃易爆、有毒有害危险源，是石油化工行业中技术含量高、工艺复杂、操作难度大的高危生产装置之一。该班组以建设自我管理型班组为目标，从“完善制度、练好功夫、打好基础、落实问责”四个方面入手，结合岗位实际，研究制定实施了“三书”管理法——即《班组管理指导书》《班组日常工作指导书》《班组事故处理指导书》，有效保证了装置的安全平稳运行，促进了班组安全生产管理水平的持续提升。

1. 利用《班组管理指导书》，明确“谁管我”的问题

《班组管理指导书》是在车间相应制度的基础上，细化完善了包括基础管理（安全生产、设备维护、产品质量、岗位练兵、技术学习、政治学习、劳动纪律、文明生产、考勤）、成本管理（经济核算、节能降耗）、现场管理（机泵卫生、区域卫生）、民主管理（班费使用、评优推荐）的 4 个大项、15 个子项的内容。将班组各项规章制度细化为当班工作任务的执行和确认图表，责成各岗位班组成员分解落实，班组长对每一项任务执行过程进行全程督导、协调，并对完成情况进行确认、考评。

在执行过程中，将基础管理和成本管理作为重点，以安全、环保、运行、物料、质量、管理等经济技术指标为依托，把产量、能耗、物耗等指标进行目标预测，并量化分解落实到岗位和个人。《班组管理指导书》中还对重点工作的标准和完成的时间以及考核奖惩也都做出了明确规定。

操作一班在《班组管理指导书》中，明确提出了以“严、细、实”三个字作为班组安全生产的基本要求，引导班组全员充分理解这三个字的深刻含义。“严”就是严格标准，严格管理。坚决按照有关制度规定进行生产操作，落实各项防范措施，严格问责，奖惩分明。“细”就是见微知著，防微杜渐。从细微处做起，从点滴做起，达到控制异常，减少障碍，防止事故的目的。“实”就是实事求是，夯实基础。从最基本的方面做起，不弄虚作假，确保工作质量和标准。

《班组管理指导书》有效地执行，强化了全员自主管理意识，使班组的安全工作得到了进一步保证，确保了班组安全管理各项制度措施的高效落实，形成了“个人保班组、班组保车间、车间保全局”的良好局面。

2. 利用《班组日常工作指导书》，明确“干什么”的问题

为明确岗位职责分工、优化生产力配置、提高工作效率，《班组日常工作指导书》将班组中的装置班长、烟机、反应、分离、气压机、余锅 6 个岗位的日常工作内容、标准全部详细列出，一目了然。例如班长岗位，每天都要对照《班组日常工作指导书》上所列出的内容，进行消防器材检查、安全隐患检查、空气呼吸器检查、固定报警仪检查、油浆线检查、岗位巡检、交接班日记填写、办理施工作业票等 14 项常规主要工作，完成后逐一消项。而对于岗位上新出现的一些工作，通常由班组长去完成，或根据实际把这些工作进行再分配。事后，对这些工作进行确认，如果属于日常性的，要尽快将其列入《班组日常工作指导书》中。

在岗位日常工作完成过程中，操作一班坚持以“六不怕查”（不怕查技术应用、不怕查生产操作、不怕查设备运行、不怕查班组资料、不怕查安全防护、不怕查劳动纪律）为目

标，要求班组人员以“严、细、实”的态度，严格对照标准进行细化，逐项对照落实，切实实现了班组岗位日常工作制度化、规范化、标准化。

为确保《班组日常工作指导书》的高效执行，操作一班坚持通过以“安康杯”竞赛、“百日安全无事故”竞赛、合理化建议征集和“创先争优”“比学赶帮超”等活动为载体，组织学习各种安全文件及宣传资料，开展“自查自纠”等检查工作，不断激发全员执行的积极性，及时总结推广所取得的成绩，查找存在的不足，使班组的安全生产的良好势头得以保持，有效提升了班组的安全管理水平。特别是班组开展的合理化建议活动效果突出，近2年共提合理化建议100余条，60多项被炼油部及车间采纳，创效200多万元。与此同时，班组在设备管理竞赛中，加大对设备的日常监测力度，在车间各班组内率先开展了机泵振动趋势监测活动，由专人收集数据并绘制成图，进行趋势分析，确保了机泵的正常运行，几年来无一起因人为疏忽造成机泵毁损的事故。

为不断提高全员安全事故防范能力，操作一班还坚持以实施职工素质工程为平台，牢固树立“强素质、保安全”的科学理念，细化并有效实施班组年度学习计划，制定个人成长规划，认真开展导师带徒、岗位练兵、技术比武、跨装置系统学习等活动。班组根据自身人员素质状况，由班长带领骨干坚持常年制订切实可行的年度个人技能学习计划，并定期进行学习效果检验。班组对获得“知识型职工”、技术比武优胜等荣誉及完成年度学习计划的班员给予奖励，以调动大家加强学习的积极性。由于班组内这种互帮、互带、互惠的学习氛围浓厚，方法得当，使得班组全员的综合素质得到了有效提高。近年来，系统操作人才达到班组职工的80%，跨装置系统操作人才达到30%，有5名中、高级技师，且有3人具备了跨装置系统操作技能；班组先后多次获得“天津石化学习型组织”、炼油部“创争”活动先进集体等荣誉称号。

3. 利用《班组事故处理指导书》，应对突发事故的处理

《班组事故处理指导书》强调的是人员在事故状态下的应急反应操作和对各种事故预案的学习掌握。该书分为一般事故处理、机泵故障紧急处理和综合事故处理3个部分。书中对装置危险点源、隐患部位、关键设备等重点部位状况及涉及的工艺流程、阀门的开关以及注意事项都进行了详细说明。

在《班组事故处理指导书》中，确立了“预防为主”的现代安全管理理念，进一步明确班组的安全生产职责，根据岗位情况，对每位职工需要掌握的内容进行了明确要求。按照岗位将所有事故预案分配到个人进行学习，要求每个人在规定的时间内要达到熟练掌握的程度，然后再按照岗位相邻的原则，互相学习、互相传授，最后达到人人掌握全部事故预案的目的。针对装置重点生产区域和危险点源、隐患部位，将全班人员分成4个检查小组，每班进行监督检查。同时，适时制定调整各种预案内容，并细化落实到每个岗位、每

个人、每个机泵、每个阀门，以提高预案的实用性和可操作性。

为进一步提高和检验解决突发事故的能力，《班组事故处理指导书》规定班组要坚持开展每月1次的模拟事故演练、每季2次的消防和气防演练、每半年1次的水体污染演练，切实提高突发事故应急能力。同时，开展了月度班组“巡检明星”评选活动，鼓励职工立足本岗，开展安全隐患查改竞赛活动，并根据班组成员每月在现场巡检中发现问题的大小、多少，以及隐患、事故的处理效果，评出当月的班组“巡检明星”，进行嘉奖。反之，对由于巡检不到位、问题发现不及时造成事故和生产损失的，按照相应规定，给予绩效考核。2008年装置进入运行后期，部分设备“带病运行”，班组发现由于分馏塔结焦严重，装置随时有可能出现非计划停工。为了稳定生产，保质保量满足市场需求，针对这一情况，操作一班经研究摸索，采取了“大回炼比”操作法，取得了理想的效果。班组将总结出的操作经验和预案措施及时与其他班组进行分享与交流，为催化裂化装置最终超长周期安全生产做出了突出的贡献。通过开展有效的学习实践活动，不仅培养了全员履职尽责、钻研业务的精神，而且也切实提高了大家防范事故、处理问题的技能。

操作一班“三书”管理法的有效应用，不仅使班组岗位安全管理工作切实做到有章可循、有“法”可依，而且促进了职工学习知识、掌握技能、提高素质的热情。通过4年来的总结完善，班组在平稳操作、巡检维护、检修验收、事故处理等方面得到了进一步规范，班组安全管理工作水平得到持续提升。10余年来，班组当班操作未发生过一次安全事故，装置运行平稳率和产品合格率一直保持在100%。班组先后荣获天津石化“红旗班组”、学习型组织，天津市劳动模范集体、“五一劳动奖状”集体、“工人先锋号”，“全国五一劳动奖状”、全国“安康杯”劳动竞赛优胜班组等荣誉称号。

第六章　班组安全心理知识与违章行为的纠正

新修订的《安全生产法》第五十四条规定：从业人员在作业过程中，应当严格遵守本单位的安全生产规章制度和操作规程，服从管理，正确佩戴和使用劳动防护用品。对于企班组职工来讲，遵章守纪不仅是法律规定基本要求，也是预防事故、保证自身安全和他人安全的基本要求。许多人身伤亡事故的发生，其原因就是违章操作导致的。因此，在班组安全管理中，要求职工遵章守纪、纠正违章，是安全管理的一项重要内容。

第一节　安全心理与安全行为相关知识

在企业，违章是指职工的行为违反法律法规相关规定或企业内部安全生产规章制度、劳动纪律以及各种操作规程（包括管理操作规程）的规定。人们通常把职工的违章称之为“三违”，“三违”的含义主要是指违章指挥、违章作业、违反劳动纪律。需要注意的是，违章是一种不安全行为，这种不安全行为并不是孤立的，它与人的行为动机相关，同时也与心理因素相关。因此，了解安全心理与安全行为相关知识，对认识和纠正人员违章行为会有很大的帮助。

一、班组职工在生产作业中的心理活动

1. 班组职工在生产作业过程中的心理活动

心理活动是大脑对客观世界反映的过程。人的心理活动包括认识活动、情感活动与意志活动三个方面，它们不是彼此独立和并列的三种心理活动，而是统一的心理活动过程中三个既有联系又有区别的方面。员工在生产作业过程中，必然存在着心理活动，并且随着环境的变化、任务的变化、时间的变化等，心理活动也会随之出现变化。

就班组职工在生产作业过程中的主要心理活动而言，职工在生产作业活动中不断接受关于机器工作状况、周围环境和加工物件等各种变化信息，根据这些信息，职工需要不断调节自己的活动以保持有效的劳动。外界的各种信息是通过人体的各种感觉通道传到大脑的。在生产作业过程中，外界的许多不利条件和职工的个体不良状态都可以影响工作能力的稳定性与工作效率，当外界不利条件和职工的不稳定状态超过一定限度时，就会造成感觉系统机能障碍，甚至导致事故发生。例如，噪声强度太大或作业环境太复杂、变化太快

时，人的感觉系统就会由于无法适应而发生故障。

人的各种感觉在生产作业中的用途是不同的。从安全管理及职工安全的角度来看，视觉、听觉、运动感觉、皮肤感觉比较重要，它们在生产作业活动中分别感受生产作业环境中各种客体的形态、声音、温度以及振动和肌肉运动。其中视觉最为重要，它接受90%以上的外界信息，另外10%左右的信息经听觉系统以及皮肤和本体感受系统传入。嗅觉、味觉在一般生产作业活动中作用较少。

在班组生产作业活动中，人的心理活动是多方面的，它是人们通过感觉、知觉、思维和注意等一系列心理活动来能动地认识事物的过程，也是人们受某种自我的激励，积极地指引生产作业活动按一定规范进行的过程。

2. 班组职工在生产中生理与心理活动的相互联系

班组职工在生产作业过程中，其生理活动和心理活动是相互联系、相互影响的，即生理活动会影响到心理活动，而心理活动又会影响到生理活动。在这里，生理系统包括职工的年龄、性别、体力条件、神经系统特点、循环系统、呼吸系统及内分泌系统等一系列生理活动的因素；心理系统包括职工的工作态度、动机水平、情绪状态、感觉和思维能力、知识水平与经验基础、意志品质、个性特征等一系列心理因素。

(1) 生产作业中的生理活动。职工在生产作业中的主要生理活动是骨骼肌肉运动。在这种运动中，骨骼起着杠杆的作用，关节是骨骼的交点，肌肉附着骨骼之上是力的作用点。当肌肉收缩时，骨骼就以关节为中心，产生位移作用。一般而言，每一种动作都是依靠多数关节的配合，动员多数骨骼肌肉的参与才能完成。在机器和工具的设计符合关节和肌肉的活动特点时，就可以产生最自然、不易疲劳而且效率又高的运动。

(2) 生产作业中的心理活动。职工在生产作业中的心理活动，主要是中枢神经系统活动。中枢神经系统活动中最高的中枢是大脑皮质，大脑皮质是集中身体各部传递的信息，加以认识、记忆、判断并发出指示的地方。各部位有其特殊的功能，彼此之间又是互相关联的。大脑皮层兴奋过程和抑制过程的交替不仅是动作协调性和精确性的必要条件，同时也是使大脑皮层细胞得以轮流休息、减少疲劳的产生与积累的一种保护机能。

(3) 生理活动与心理活动的相互联系。对一名职工而言，生理活动与心理活动是相互联系、相互影响的。如果职工的生理状态不佳，例如生病、过度疲劳、睡眠不足等就会影响其心理状态，如兴趣降低、意志减退、注意力不易集中等。反之，如果心理状态不佳时，则易造成生理系统的紊乱和失调。因此，生理心理系统的整体状态如何将影响员工生产作业的效率和作业的可靠性。

3. 奖励处罚与安全的关系

在企业，对于成绩突出的员工、安全生产作业的员工予以奖励，从而奖励正确反应，能够起到引导员工加强和巩固正确行为的目的。相反，对违反安全生产作业的员工予以处罚，能够起到警示作用，阻止和纠正违章行为。

奖励与惩罚对安全生产有相当大的作用，它能促进员工提高安全生产的动机，阻止其违反安全规程的行为。奖励与惩罚相比，奖励的作用力更大。在生产中，要使员工的安全行为得到巩固，或使安全规程能够贯彻到每个员工的实际生产作业过程之中，就必须有一个长期不断的强化过程。强化的手段总的讲是奖励与惩罚，即奖励安全行为，惩罚不安全行为，两者结合，能产生较好的促进安全生产的效果。

在安全生产的具体实践中，要防止不安全行为的“自然”强化现象。例如，在工业生产中，违章作业有时比遵章作业显得更加便捷、更加省力。所以，违章作业行为有着一种自我强化因素，这种强化因素往往是很多屡次违章者的主要行为动机。这种屡次违章行为，通常被称为习惯性违章，因为习惯性违章行为而导致的事故并不鲜见。

在企业生产作业中，特别是劳动强度大、生产环境差的生产作业中，习惯性违章行为会更加突出。这对于保证安全生产是一个不利因素。生产班组应该运用强化的有关原理，通过加强安全监督检查工作，采取奖赏安全行为、惩罚不安全行为等办法，从而破坏其强化机制，使违章行为得以消退。

4. 加强对职工的安全教育和技能培训

按照经典条件反射理论，主要的反射形式是条件反射，条件反射是只在一定条件下出现的反射。对于条件反射来讲，强化的次数越多，条件反射建立得越巩固。这一理论，不仅适用于职工的操作，更适合于对紧急情况的应急处置。

一般来讲，在正常生产作业中，职工遇到紧急情况的机会很少，但是如果对所遇到的紧急情况一无所知，那么就无法进行正确处置，特别容易引发各类事故，造成自身或者他人的伤亡。因此，对于企业、班组以及职工自己来讲，掌握应急处置技能都是特别重要的。

（1）掌握应急处置技能的重要性。应急处置技能培训不同于安全生产知识教育，安全生产知识教育主要是提高职工的判断和反应能力，使他们在工作过程中明确哪些是危险因素，怎样消除；哪些不应该做，应该怎样做；哪些行为不正确。安全技能培训属于安全生产技能教育，主要是安全技能的实际掌握与运用，例如正确使用灭火器的技能，火灾避难脱险的技能，危险化学品泄漏应急处置的技能，发生人员意外伤害进行急救的技能等。但是同时，应急处置技能培训与安全生产知识又有许多联系，如果缺乏相应的安全知识，也就不能采取正确的行动。对于处于生产一线的员工来讲，最需要了解和掌握的，则是最基本的、最有用的知识和技能。

（2）应急处置技能培训的基本内容。应急处置技能培训的基本内容十分广泛，大致可以分为三个方面的内容：

1）基本安全技术知识，包括：①现场危险设备和区域及其安全防护的基本知识和注意事项；②吊装机械、机械设备及有关电气设备的有关安全知识；③个人防护用品的正确使用。

2）应急处置知识，包括发生事故的报告、消防器材的使用、紧急救护、自救措施等。

3）应急心理知识，包括心理素质训练，培养果断、准确的决策能力，使基本防抗灾措施变成印象深刻的形成条件反射的标准操作程序，对抗御初期灾害会有多大的帮助。不同的企业有不同的危险性，常见多发事故也有所不同，需要根据具体情况进行设置安排。

（3）提高员工安全技能的方式。在企业日常生产过程中，利用一些时间强化安全教育，尤其是应急处置技能培训，使职工能够更多地掌握预防事故的知识和技能，才能更好地防止事故的发生，当遇到意外事件的时候，这些知识就会救命。对此，许多职工是欢迎的、感兴趣的。这就需要主动组织引导，也可以作为一种安全教育活动。

5. 人的应激状态与安全

应激状态是指出乎意料的紧张情况所引起的一种特殊的情绪状态。主要表现为：精神高度紧张，交感神经过度兴奋，呼吸短促，血压上升，氧耗量增加，肌肉紧缩等。人的应激状态是在某种环境刺激作用下，由于客观要求和应付能力不平衡所产生的一种适应环境的紧张反应状态。

一个人在社会环境中生活，总会有各种各样的情境变化或刺激对人施以影响，同时产生一系列相应的心理生理的变化。如果刺激需要人做出较大的努力才能进行适应性反应，或这种反应超出了人所能承受的适应能力，就会引进机体心理、生理平衡的失调即紧张反应状态的出现。心理应激的产生可提高人的警觉水平，应付各种环境变化的挑战。但长时间的应激状态则会对损害人的心身健康。

（1）引起应激现象的四个因素。能引起应激现象的因素很多，大致可以分成四个方面：作业时的环境因素、工作因素、组织因素、个性因素。

1）环境因素。如工作调动、晋升、降级、解雇、待业、缺乏晋升机会等。

2）工作因素。恶劣的工作环境，工作环境中的人际关系，工作负荷量过大常成为应激的来源。例如，在危险地段行车或运载危险物品的驾驶工作，长期从事需要高度注意力的工作（如仪表监视），长期担负重体力劳动强度的工作，会由于工作负荷量过大而感受应激。超时工作（加班）也是一个重要的应激源，据称每周超过50小时以上的工作能引起心理失调。

3）组织因素。组织因素主要体现在组织的工作性质、风气习惯、工作气氛等。

4）个性因素。与个性有关的应激源主要有：与健康有关的因素，如有病的工人可能有产生更大的工作应激的危险性；完成工作的任务与能力之间的匹配程度，失配越严重，员工感受到的应激越大，造成失误的可能性也增大；当与工作环境有关时、喜欢还是讨厌的程度，如外向程度或神经敏感性程度对不同的工作环境也会产生应激；个人的性格、人的心理特性的差异也会影响对应激源的反应程度。

（2）应激状态下人的生理反应变化。在应激状态下，人可能有两种反应：一种是目瞪口呆，手足失措，陷入一片混乱，判断力、决策力丧失；另一种是急中生智，头脑冷静清醒，动作精确，行动有力，能及时摆脱困境。前者是一种减力性应激状态；后者是一种增力性应激状态。人在增力性应激状态下，可以最大限度地发挥自己的潜能，做出在通常情况下难以做出的事情。

在应激情绪状态下，究竟是产生增力效应，还是减力效应，具有较大的个体差异性，而且也视具体情境而定。总的说来，它和一个人原先心理准备状态、平时的训练和经验等因素有密切关系。如果平时提高警惕，注意增强意志锻炼，到时就会做到遇事不慌，处变不惊，当机立断，化险为夷。

（3）在应激状态下操作者的身心变化。在应激状态下，操作者的身心会发生一系列的变化，这种变化是应激引起的效应，称为“紧张”。职业性紧张是指人们在工作岗位上受到各种职业性心理社会因素的影响而导致的紧张状态。它不仅与职业、个人、家庭有关，而且更取决于所处的工作环境和社会环境。其导致的后果不仅涉及人的行为和身心健康，而且与安全生产密切相关。因此，如何做好紧张心理调节是至关重要的。

可以通过创造良好的工作环境、提高职工应付紧张的素质、开展职业心理咨询以缓解和消除职业性紧张对职工的不利影响，如职工参与管理，正确地应用激励机制，为职工创造一个有利于发挥自身潜力的企业心理环境。又如企业定期开展不同类型的竞赛活动，开展有益的文娱活动和体育活动，陶冶职工的情操，培养职工积极进取的情绪。这些均有利于缓冲紧张的情绪。

（4）管理好自己的情绪保持好心情。在工作生活中，不管是谁，不论是有钱还是没有钱，不论是成家还没有成家，都会遇到烦心的事，都会有不如意的事情。在遇到烦心事情的时候，最需要的就是控制自己的情绪，不要让情绪失控，不要做出以后会后悔的事情。

管理好自己的情绪，有这样几个要点：

一是要觉察情绪。要管理情绪，首先要能觉察到情绪。每个人的情绪在平时基本上是稳定的，如果出现与平时不一样的变化，就要能觉察到自己的情绪有了什么变化，是愤怒？是焦虑？是忧伤？是委屈？是失落？等等。

二是要接纳正常的情绪。健康情绪不是指时刻处于阳光状态，而是所表现出的情绪应与所遇到的事件呈现出一致性。如果失恋了，伤心是正常的；如果遇到抢劫，恐惧是正常的；如果亲人离世了，悲伤是正常的；如果被误会了，愤怒是正常的。所以，当情绪体验符合客观事件时，第一时间暗示自己：我现在的情绪是正常的，这样一暗示，情绪张力就会下降，内心自然恢复平静。很多时候人的痛苦并不是来源于情绪本身，而是来源于对情绪的抵触。

三是要表达情绪。要知道，中国人的表达情绪大部分时候都是在发泄，所以伤己伤人，妨碍沟通。例如因为与朋友聚会回家晚了，妻子表达一般都是："这么晚才回来，你心里根本没这个家!""你真是太不像话了，要我说多少次你才能早点回来!"这样的表达一般都趋向于批评、指责，主语是"你"，表达之后会往往导致战火升级，沟通无从谈起，只会让人更越来越晚回家，甚至关系破裂。健康的情绪表达应该是自己的情绪，主语是"我"。可以是这样："你这么晚回来，我很担心你""晚上我一个人会害怕，如果早点回来陪我会让我感觉非常幸福"。这样的表达方式，加上温柔的语气，会让人感觉到妻子对自己的牵挂及恩爱，自然会怜惜起妻子来，进而调整自己的行为。

四是要陶冶情绪。情绪管理能力需要一段时间的培养及锻炼，可以从以下几个方面来培养。一是尽量保持规律的生活习惯，生活规律了，情绪自然也就会稳定而有规律；二是注意他人的感受，能够帮助别人的时候不要犹豫，照顾或帮助他人会给你带来好的情绪；三是培养自己的兴趣爱好，结交几个可以谈隐私的知心朋友，这样当情绪不好的时候，可以通过兴趣爱好或者与知心朋友的交谈来转移。

6. 人的不安全情绪与事故

情绪是人对客观现实的一种特殊反映形式，是人对于客观事物是否符合人的需要而产生的态度。任何情绪都是由客观现实引起的，当客观现实符合人的需要时就产生满意、愉快、热情等积极的情绪；相反，就产生不满意、郁闷、悲伤等消极的情绪。

(1) 不安全情绪是一种安全隐患。在班组实际生产作业中，由于工作不顺利、家庭不和谐、人际关系不融洽等原因，产生的不安全情绪很多。不安全情绪也是一种安全隐患，容易导致事故的发生。例如急躁情绪，干活太毛糙，求成心切，生产作业过程中不慎重、不仔细，有章不循，这种情绪还容易随着环境的变化而产生。再如烦躁情绪，由于精神上感到压抑，精力不集中，生产作业时往往不能很好协调，也容易导致事故。

在工作中因带着情绪上岗而导致发生事故的事例屡见不鲜。有带着情绪上岗出现磕了碰了的、伤害到他人和设备的、消极怠工耽误生产的，甚至出现人身死亡的，这些带血的教训告诉我们，在工作中情绪的好坏，直接影响着自身安全和他人安全，因此不良情绪也是一种隐患，也需要"治理"。人的思想支配行动，当赌气的时候、心烦的时候，就有可能看什么都碍眼，进而迁怒于周围的人、机、物，致使工作中心不在焉、野蛮操作；当情绪高涨的时候，容易影响人们的正常休息，造成精神状态不佳，让人分心走神，很难全身心进入工作状态，甚至得意忘形，把安全置之不顾。因此，企业的各级领导不要无视职工的上岗情绪，要及时了解职工的思想脉搏，消除其不良的情绪，让职工轻装上阵，不带情绪工作。

班组就像一个大家庭，每个人都会有情绪，任何人都可能成为不良情绪的传播源，也可能成为受害者。因此，在日常生活中和生产作业中，员工必须学会情绪控制，不要将不良情绪带到工作中。当因一些琐事导致出现不良情绪时，一定要学会自我调节，换位思考，从客观实际出发，用积极、宽容的态度去对待一切人和事，建立良好的人际关系，遇事多换位思考，少钻牛角尖，把注意力放到工作上。对于班组长来讲，必须做到心系职工，尽可能为职工创造和谐的工作生活环境，多给予人文关怀，让不良情绪远离职工。

（2）不安全情绪容易引发事故。人在生产生活中，经常会遇到一些麻烦事，如感情问题、伤病问题等，也可能遇到这样的情况：明明不是自身问题，却受到无端指责等，这些情况的出现都会导致情绪不佳。科学研究表明，情绪不好时，人体肾上腺素分泌是正常人的五六倍，极易引发说话办事不冷静、判断失误、注意力不集中等问题。当个人情绪欠佳时，周围的班组职工还会遭遇“情绪感染”，造成工作氛围的不和谐。长时间的不良情绪，不仅对自己的健康不利，而且会影响班组的安全生产。

（3）情绪水平失调时的表现。需要注意的是，人们在情绪水平失调时，言行上往往会表现出忧虑不安、恐慌、失眠、行为粗犷、眼睛呆滞、心不在焉、言行过分活跃或者沉闷，出现与本人平时性格不一致的情绪状态等。对于这种情况，班组长最需要加以注意，要积极引导班组职工用理智控制不良情绪，则可以大大减少因情绪水平失调而诱发的不安全行为。

二、人的性格、气质、能力与安全

1. 性格的特征

性格特征是指在对人、对事的态度和行为方式上所表现出来的心理特点，如开朗、刚强、懦弱、粗暴等。性格通常是在后天社会环境中逐渐形成的。

性格特征主要表现在下列四个方面：

（1）性格的态度特征。人对现实的态度主要是指对社会，对集体、对他人、对劳动以及对自己的态度。对社会、集体、他人的态度的性格特征有：爱集体、富有同情心、善交际或孤僻、拘谨甚至粗暴等；对劳动的性格特征有：勤劳或懒惰、革新创造或墨守成规、俭朴或浮华等；对自己的性格特征有：自豪或自卑、大方或羞怯等。这类特征多数属于道德品质。

（2）性格的意志特征。一个人的行为方式往往反映了性格的意志特征。属于正面特征的有：自觉性、自制性、坚定性、果断性、纪律性、严谨、勇敢，属于负面特征的有：盲目性、依赖性、脆弱性、优柔寡断、冲动、草率、怯懦等。

(3) 性格的情绪特征。性格的情绪特征是指情绪影响人的活动或受人控制时经常表现出来的稳定特点，主要表现在情绪反应的强弱和快慢、起伏的程度，保持时间的长短，主导心境的性质等方面。如暴躁、温和，乐观、悲观，热情、冷漠等。

(4) 性格的理智特征。人的感知、记忆、想象、思维等认识过程方面的个别差异，即认知的态度和活动方式上的差异，称为性格的理智特征。例如，在感知方面有主动观察型和被动感知型，详细分析型和概括型，快速型和精确型的差别。

2. 性格结构特点与改变

性格是一个人对现实的稳定态度和习惯化的行为方式。性格结构具有以下三个特点：一是性格结构的完整性，即一个人的各种各样的性格特征并非彼此孤立地存在，而是相互联系、相互依存地成为一个系统。二是性格结构的复杂性。即性格会随着人的活动而发生变化，因此性格也表现出极其复杂性。三是性格结构的稳定性与可塑性。即由于性格不断受到社会生活条件的影响、教育的影响，是长期塑造而成的，因此性格既是稳定的，又是可变的。

一般来讲，人的性格可以因经历、环境、教育等因素而改变。在经历、环境、教育因素的影响下，人可以不断地克服不良性格，培养优良的性格特征。经历，尤其是给人以强烈刺激的经历，对于性格的改变可以产生相当大的作用。在安全教育中，通过事故案例教育往往能够收到比较好的效果，特别是那些自己亲身经历的险肇事故、亲眼目睹的惨痛事故教训，更能够刺激人们的安全意识，从而改变自己的不良习惯，改变自己的不好的性格。

在良好性格的形成过程中，教育和实践具有重要的意义。一个人的性格具有相对稳定性，不是一朝一夕就能改变的。为了取得安全教育的良好效果，对性格不同的员工在进行安全教育时应该采取不同的教育方法：对性格开朗，有点自以为是，又希望别人尊重他的员工，可以当面进行批评教育，甚至争论，但一定要坚持说理，就事论事，平等待人；对性格较固执，又不爱多说话的员工，适合于多用事实、榜样教育或后果教育方法，让他自己进行反思和从中接受教训；对于自尊心强，又缺乏勇气性格的员工，适合于先冷处理，后单独做工作；对于自卑、自暴自弃性格的员工，要多用暗示、表扬的方法，使其看到自己的优点和能力，增强勇气和信心，切不可过多苛责。

3. 性格类型区分与安全的关系

不同的人具有不同的性格，人的性格呈现出不同的特点。人们的性格表现了人们对现实和周围世界的态度，并表现在他的行为举止中，并且主要体现在对自己、对别人、对事物的态度和所采取的言行上。

人的性格千姿百态，但是许多性格又具有相同相近的特点，因此多年以来，许多心理学家力图将性格加以分类，找出性格的类型。一般来讲，性格的类型是指一类人身上所共有的性格特征的独特结合。在企业里，可以看到一些对待工作马马虎虎、干活懒散等性格的人，他们在工作中往往是有章不循、野蛮操作。一些研究表明，事故的发生率和员工的性格有着非常密切的关系，无论技术多么好的员工，如果没有良好的性格特征也常常会发生事故。

具有以下性格特征者，一般容易发生事故。

(1) 攻击型性格。具有这类性格的人，常常是妄自尊大，骄傲自满，在工作中喜欢冒险，喜欢挑衅，喜欢与同事闹无原则的纠纷，争强好胜，不接纳别人的意见。这类人虽然一般技术都比较好，但也很容易出大事故。

(2) 孤僻型性格。这种人性情孤僻、固执、心胸狭窄、对人冷漠，其性格多属内向，与同事关系不好。

(3) 冲动型性格。这类人性情不稳定，易冲动，情绪起伏波动很大，情绪长时间不易平静，因而在工作中易忽视安全工作。

(4) 抑郁型性格。这类人心境抑郁、浮躁不安，由于长期心境不佳，闷闷不乐，精神不振，导致干什么事情都引不起兴趣，因此很容易出事故。

(5) 马虎型性格。这种人对待工作马虎、敷衍、粗心，常引发各种事故。

(6) 轻率型性格。这种人在紧急或困难条件下表现出惊慌失措、优柔寡断或轻率决定、鲁莽行事。在发生异常事件时，常不知所措或鲁莽行事，使一些本来可以避免的事故成为现实。

(7) 迟钝型性格。这种性格的人感知、思维或运动迟钝，不爱活动、懒惰。由于在工作中反应迟钝、无所用心，亦常会导致事故发生。

(8) 胆怯型性格。这种性格的人，懦弱、胆怯、没有主见。由于遇事爱退缩，不敢坚持原则，人云亦云，不辨是非，不负责任，因此在某些特定情况下，也很容易发生事故。

上述不良性格特征，对员工的生产作业会发生消极的影响，对安全生产极为不利。但由于工种的不同以及作业条件的差异，具有这些不良性格特征的人，发生事故的可能性也有很大差异。不过，从安全管理的角度考虑，班组长应对具有上述性格特征的人，加强安全教育和安全生产的检查督促。同时，尽可能安排他们在发生事故可能性较小的工作岗位上。而对某些特种作业或较易发生事故的工种，在招收新员工时，必须考虑与职业相关的良好的性格特征。

4. 性格与安全管理

企业生产的安全管理是保证安全生产的关键环节，特别是班组的安全管理更为直接。在班组安全管理中，需要考虑员工性格的因素，在一些危险性较大或负有重大责任的工作岗位，应对上岗人员进行性格上的认真了解。对具有明显的不良性格特征的人应坚决调离。对于留下来的员工，也应该常与他们接触，了解他们的思想状况和性格变化。

应该特别注意的是：大胆与轻率、果断与武断、谨慎与胆小属同一倾向的性格特征，不像勇敢与胆怯、慎重与鲁莽这类对立倾向的性格特征那样界限分明而容易区分，却由于两相接近而不好分辨，有时会侧重其倾向性而忽略其优劣的界限以及潜在的发展趋势。在企业和班组的安全管理中，要重视对这类同向性格特征的区分，避免因辨识失误导致严重的后果。

5. 气质概念与特点

气质是人的个性心理特征之一，它是指在人的认识、情感、言语、行动中，心理活动发生时力量的强弱、变化的快慢和均衡程度等稳定的动力特征。主要表现在情绪体验的快慢、强弱、表现的隐显以及动作的灵敏或迟钝方面，因而它为人的全部心理活动表现染上了一层浓厚的色彩。它与日常生活中人们所说的“脾气”“性格”“性情”等含义相近。

从心理学上解释，气质是人的个性心理特征之一，它是指在人的认识、情感、言语、行动中，心理活动发生时力量的强弱、变化的快慢和均衡程度等稳定的动力特征。主要表现在情绪体验的快慢、强弱、表现的隐显以及动作的灵敏或迟钝方面，因而它为人的全部心理活动表现染上了一层浓厚的色彩。

传统的气质类型分为四类（见表 6—1）。在实际生活中，大多数人是这四种类型某些特征的混合。

表 6—1　传统气质类型及其特征

气质类型	特征
胆汁质	直率热情、精力旺盛、脾气暴躁、情绪兴奋性高、容易冲动、反应迅速、外向性
多血质	活泼好动、敏感、反应迅速、好与人交际、注意力易转移、兴趣和情绪易变、外向性
黏液质	安静稳重、反应缓慢、沉默寡言、情绪不易外露、注意力稳定、善忍耐、内向性
抑郁质	情绪体验深刻、孤僻、行动迟缓、很高的感受性、善于观察细节、内向性

在客观上，多数人属于各种类型之间的混合型。人的气质对人的行为有很大的影响，使每个人都有不同的特点以及各自工作的适宜性。因此，在人员选择上，要根据实际需要和个人特点来进行合理调配。

6. 人的气质与安全生产

气质在现在的社会所表现的，是一个人从内到外的一种内在的人格魅力。所指的人格魅力有很多，比如修养、品德、举止行为、待人接物、说话的感觉等，所表现的有高雅、高洁、恬静、温文尔雅、豪放大气、不拘小节、立竿见影等。所以，气质并不是自己所说出来的，而是自己长久的内在修养平衡以及文化修养的一种结合，是持之以恒的结果。

气质与性格是有所区别的，气质没有好坏之分，且是先天的，与生俱来的，不易改变的。性格是后天形成的，较易改变。某种气质的人更容易形成某种性格，性格可以在一定程度上掩饰、改变气质。气质的可塑性小，性格的可塑性大。

人的气质特征越是在突发性的和危急的情况下越是能充分和清晰地表现出来，并本能地支配人的行动。因此，同其他心理特征相比，在处理事故这个环节上，人的气质起着相当重要的作用。事故出现后，为了能及时做出反应，迅速采取有效措施，有关人员应具有这样一些心理品质：能及时体察异常情况的出现；面对突发情况和危急情况能沉着冷静，控制力强；应变能力强，能独立做出决定并迅速采取行动等。这些心理品质大都属于人的气质特征。

在预防事故发生方面，也应注意对气质特性的扬长避短。比如，具有较多胆汁质和多血质特征的人应注意克服自己工作时不耐心、情绪或兴趣容易变化等毛病；发扬自己热情高、精力旺盛、行动迅速、适应能力强等长处，对工作认真负责，避免操作失误，并及时察觉异常情况的发生。黏液质的人应在保持自己严谨细致、坚韧不拔特点的同时，注意避免瞻前顾后，应变力差的缺点。抑郁型的人应在保持自己细致敏锐的观察力的同时，防止神经过敏。

7. 能力概念与特点

一般来讲，能力就是掌握和运用知识技能所需要的个性心理特征。能力有一般能力与特殊能力的区别。一般能力是指观察、记忆、思维、想象等能力，通常也叫智力。它是人们完成任何活动所不可缺少的，是能力中最主要又最一般的部分。特殊能力是指人们从事某种特殊职业或专业需要的能力。例如音乐中所需要的听觉表象能力。人们从事任何一项专业性活动既需要一般能力，也需要特殊能力。二者的发展也是相互促进的。

人的能力还与自身素质、所掌握的知识技能相关，同时，人的能力还体现在不同方面，形成一般能力与特殊能力的差别。

（1）能力与素质的关系。能力是在素质的基础上产生的，但能力并不是人生来就具有的。素质本身并不包含能力，也不能决定一个人的能力，它仅提供人某种能力发展的可能性。如果不去从事相应的活动，那么具有再好的素质，能力也难发展起来。人的能力是在某种先天素质同客观世界的相互作用过程中形成和发展起来的，而素质会制约能力的发展。

（2）能力与知识、技能的关系。能力与知识、技能既有区别又有联系。知识是人类社会实践经验的总结，是信息在人脑的储存；技能是人掌握的动作方式。能力与知识、技能的联系表现在：一方面能力是在掌握知识、技能的过程中培养和发展起来的；另一方面掌握知识、技能又是以一定的能力为前提的。能力制约着掌握知识、技能过程的难易、快慢、深浅和巩固程度。它们之间的区别在于，能力不表现在知识、技能本身，而表现在获得知识、技能的动态过程中。

8. 人的能力与安全生产的关系

能力通常是指一个人能够发挥的力量。人的能力包括本能、潜能、才能、技能，它直接影响着一个人做事的质量和效率。员工的工作能力与工作业绩呈密切的正相关关系。业绩是外在的，能力是内在的。具有较高工作业绩的员工，在一般情况下，其工作能力也一定较高；而工作能力较强的员工在工作业绩表现上也一定很不错。

任何工作的顺利开展都要求人具有一定的能力。人在能力上的差异不但影响着工作效率，而且也是能否搞好安全生产的重要制约因素。对于安全生产工作来讲，需要注意不同人员所具有的能力。

（1）特殊职业对能力的要求。特殊职业的从业人员要从事冒险和危险性及负有重大责任的活动，因此这类职业不但要求从业人员有着较高的专业技能，而且要具有较强的特殊能力。选择这类职业的从业人员，必须考虑能力问题。选择特殊职业的从业人员应该进行能力测验，以确定是否具有该职业所要求的特殊能力及水平。实践证明，经过能力测验，辨别出能力强者和能力弱者，对弱者重新进行职业培训或淘汰，可以更有效地保证特殊职业的生产安全，减少事故发生。

（2）普通职业对能力的要求。为保证安全生产，普通职业对于特殊能力也有一定的要求。实际生产中存在着这样的现象：有的员工可以轻松地完成别人数个工作日才能完成的任务，而另有些员工虽然工作勤恳努力，却费了好大劲才可以完成一个工作日的任务。类似这样的例子在每个企业都可以找到，这种工作成绩的差别是职业技能不同造成的。

人在能力上的差别，最容易理解的是，能力的不同导致人体力消耗的不同，工作效率高的人无用动作要少得多。他们善于保持体力，不易感到疲劳，而疲劳会导致生产效率下降。从操作行为上看，能力强的人工作起来从容不迫，注意分配均衡，动作规范；而能力差的人则易紧张，手忙脚乱，拿东忘西，顾头顾不了尾，易产生操作失误。此外，能力强的人在工作上有信心，精神焕发；而能力差的人则会因不称职而感到苦恼，情绪低落。

9. 安全生产需要注意人的能力差异

人的能力有大有小有差异，各不相同，一般而言，人的能力各有其长处与短处，各有其优势与劣势。通过学习实践，许多人能够提升自己的能力，改变自己的劣势与短处，或者通过学习实践，使长处更长，优势更优。在企业管理和班组管理中，需要重视能力的个体差异，特别是班组长更要注意这一问题，努力做到人尽其才。

（1）人的能力与岗位职责要求相匹配。管理者在员工工作安排上应该因人而异，使人尽其才，去发挥和调动每个人的优势能力，避开非优势能力，使员工的能力和体力与岗位要求相匹配。这样可以调动员工的劳动积极性，提高生产率，保证生产中的安全。

（2）发现和挖掘员工潜能。管理者不但要善于使用人才，还要善于发现人才和挖掘员工的潜能，这样可以充分调动人的积极性和创造性，使员工工作热情高，心情舒畅，心理上得到满足，不但可避免人才浪费，而且有利于安全生产。

（3）通过培训提高人的能力。培训和实践可以增强人的能力，因此应对员工开展与岗位要求一致的培训和实践，通过培训和实践提高员工的能力。

（4）团队合作时，在人员安排上应注意员工能力的相互弥补，团队的能力系统应是全面的，对作业效率和作业安全具有重要作用。

10. 激发员工安全工作潜能的方式方法

一般来说，能力包括必备的知识、专业技能、一般能力等。能力是可以通过后天培养训练获得的，同时，人在运用和发挥自身能力的时候，还蕴藏着巨大的潜能。潜能是一个人潜在的能力，但是需要一定的环境和条件才能充分释放出来。在车间班组，不仅需要把员工的潜能释放出来，而且还善于通过各种途径发现和开发员工身上存在的各种潜能。是否善于激发下属的潜能，成为衡量一个领导水平高低的重要因素。

在生产过程中和安全管理上，都需要激发员工做好工作的热情和潜能。而激发员工的潜能，需要掌握激发潜能的几个必要条件。

（1）要激发员工的安全生产工作潜能，首先要为员工选择合适的位子，把员工放在最能发挥其特长的岗位上去，通过岗位锻炼激发员工的安全工作潜能。有的员工平时在班组里是个不起眼的人物，看不出有什么能耐，但在被选到了一定的岗位、担任了一定的职责之后，某一安全方面的能力就会得到充分的展示，工作开展得有声有色。此外，一个人在一个岗位待久了势必产生惰性，其思维方式和工作思路容易模式化，创新的激情会下降。这时，班组长要适时把员工放到新的工作环境中去磨炼，用不同的岗位锻炼员工，从而激发员工的安全创新意识。

（2）要激发员工的安全生产工作潜能，需要创造宽松的环境。一个人潜能的发挥主要靠主观努力，但也离不开外部条件的激发，而信任、理解和宽容是最好的激励措施。班组长要开明，善于放手，充分信任，多让员工大胆工作，为员工提供更多的自由空间，而且要对员工工作中的某些不足持宽容态度。班组长的信任能激发出员工持久的工作热情，使他们心甘情愿地为班组效力。

（3）要激发员工的安全生产工作潜能，需要营造竞争的氛围。在安全工作中，员工之间也需要有竞争，通过竞争，使员工的工作潜能更容易发挥出来。班组长要善于为员工培养竞争对手，营造竞争的氛围，让员工在安全生产工作中既有压力，又有动力。有些班组由于缺乏竞争的氛围，员工长期处于“养尊处优”的环境之下，慢慢滋生了一种依赖和惰性心理。这样不仅许多工作潜能未能发掘，就连一些显能也渐渐消磨掉了，因而不利于班组工作的开展。

（4）要激发员工的安全生产工作潜能，需要建立赏罚机制。要激发员工的工作潜能，必须建立一种有效的赏罚机制，做到赏罚分明、赏罚公正。当员工取得工作成绩时，班组长要注意夸耀自己的员工，在精神和物质上给予奖赏，以增强员工的自信心。当员工出现工作失误时，班组长要认真分析缘由。属于客观方面的原因，要及时进行安慰，帮助员工走出失败的阴影；属于主观方面的原因，要帮助员工找准症结，多方面进行鼓励，以重新燃起员工的信心，避免犯重复性的错误。对那些不思进取、失职渎职的员工则要给予处罚，绝不能姑息迁就，以起到警示的效果。这样，久而久之，员工就会产生强烈的荣辱感、紧迫感和事业心，而这也正是员工发挥安全生产工作潜能的必备条件。

三、生理心理因素对安全的影响

在企业生产作业活动中，班组员工的行为要受到心理、生理、生活环境、生产条件、技术水平等因素的影响，在一些特定条件下会导致员工操作失误。操作失误与心理因素有关，也与生理因素有关，影响失误的生理因素包括：人的体力、耐力、视觉、听觉、运动机能、体质、疲劳等。了解生理心理因素对安全影响的相关知识，有助于预防人的生理心理疲劳，防范事故发生。

1. 生理心理因素不佳是导致安全事故的重要原因

在生产作业过程中，班组员工也很容易受到来自各种外界因素的影响，从而增大安全生产事故的概率。影响生产安全的员工身心健康的因素主要有心理应激、工作与生活压力、心理疲劳、环境适应四个方面。

（1）心理应激。应激是指人在受到各种外界强烈刺激（如亲人去世、家庭矛盾、人际冲突等）时所出现的普遍性身心反应。具体表现在，出现坐立不安、注意力分散、易激动等行为；以及焦虑、抑郁、恐惧等不良情绪。在应激状态下，员工的感知觉、思维和反应能力都很难正常发挥作用，极易出现操作失误，导致安全事故发生。因此，员工应激心理的及时、有效处理，对生产事故的预防有着重要的作用。

在生产安全事故中，导致应激的刺激源主要有三种：一是工作本身，例如操作失误、工作时间紧张、工作环境不利、企业变革等都会诱发员工的应激反应；二是人际冲突，例如员工与客户、同事和上下级间的冲突，也是重要的应激源；三是员工个人原因，例如失恋、家庭矛盾、子女教育、亲人去世、受伤疾病等都是应激反应的诱发因素。需要注意的是，情感家庭、子女教育、职场人际等不利刺激都是诱发应激反应，影响和困扰员工心理健康的重要因素。

（2）工作和生活压力。面对日益激烈的市场竞争和岗位竞争，很多企业的员工和领导都面临着严峻的挑战：企业竞争使得安全生产的标准不断提高。研究发现，26～40岁的员工承受的压力最大，这些压力主要来自安全生产的需要，以及严格的安全管理与考核制度的要求。与此同时，除了做好本职工作，员工还要承担照顾家庭、教育孩子、职业成长、人际关系等的压力。这些压力累积在一起，很容易产生超负荷的心理压力，从而导致降低对组织的认同感、心理满意度；缺乏工作热情，并可能导致离职倾向以及情感衰竭、企业人际关系紧张、士气低落、敌对态度等问题，这些不良情绪和行为都会给安全生产带来不利的影响。

（3）心理疲劳。疲劳可以分为生理疲劳和心理疲劳。其中，生理疲劳主要是由于睡眠不足、噪声、加班、倒班等因素引起，可以通过休息的方式得到及时有效的缓解；而心理疲劳，即对工作产生的厌倦心理，则很难缓解，它往往成为生产事故的潜在“杀手”。在很多企业，尤其在生产一线的员工中，由于长时间工作、24小时连续倒班、作息不规律等原因很容易出现注意力不集中、情绪紧张、思维迟缓、分析判断能力下降、心情低落、行动吃力、易疲乏等身心反应。如果感觉自己出现上述身心反应的时候，说明已经处于心理疲劳状态。

心理疲劳产生的原因主要有两方面：一方面是伴随生理疲劳而产生的紧张感、倦怠感和厌烦感，导致工作兴趣低下；另一方面是由于心理问题导致，比如，工作压力大、注意力高度集中、内心矛盾冲突、思虑过度、工作不称心、人事关系不和谐等都会诱发心理疲劳。一项调查显示，因疲劳诱发安全事故的多发时间依次是：后半夜，凌晨，交接班时和午餐后；而疲劳反应则是：身体不适，注意力不集中，分析判断能力下降，头痛，头晕，肩颈酸胀，视力模糊等。

（4）环境适应。随着全球电力、煤炭等产业的快速发展，也给员工带来了巨大的压力，尤其是对外派和海外员工来说，更是面对着前所未有的挑战。

对于外派员工来说，由于远离家人和朋友，缺乏社会支持系统，在遇到挫折和困难时，得不到充分的支持和关怀。同时，由于夫妻长期两地分居，缺乏共同的生活环境和交往圈子，无法照顾家人，容易影响夫妻关系，对子女的成长也会带来不利影响。长期这样也容易形成自我封闭和隔离的心理特点。而对常年工作在海外的员工来说，除了要承受与外派员工相同的压力外，还要面对身在异国他乡，远离亲朋好友，对当地气候和生活习惯等适应的诸多问题。在思乡和工作压力的影响下，海外员工极易产生孤独、烦躁、抑郁等不良情绪。这种消极情绪逐渐累积，就会转化为工作和生活中的不稳定因素。比如，缺乏工作热情，做事心不在焉、注意力不集中；在生活中表现为情绪波动大，脾气暴躁、易激惹，导致与周围同事和领导发生人际冲突，破坏和谐的组织氛围，对安全生产造成不利影响。

2. 影响作业可靠性的内部干扰因素

影响人的作业可靠性的因素很多，但主要是内部干扰因素和外部干扰因素。其中，内部干扰因素主要是指人的自身生理和心理因素，主要包括：

（1）不良的生理、心理状态，如疲劳、情绪波动（如愤怒、恐惧、惊慌、时间紧迫感等）、注意分散或不注意、睡眠不足或大脑觉醒水平低、生理节律低谷期。

（2）个性心理特征（如能力、气质、性格等）中的一些与职业的不适应因素或不良因素。

（3）遗传生理、心理缺陷或患有身体和精神疾病等。

（4）安全知识、技能训练水平和工作经验方面的欠缺。

（5）安全意识差、职业道德和价值观上的缺陷等。

3. 影响作业可靠性的外部干扰因素

影响人的作业可靠性的外部干扰因素，主要是指生产作业环境影响因素，包括：

（1）不良的自然环境，如噪声、振动、高温或低温、高湿、照明不足、粉尘或烟雾、有害有毒气体、生产空间狭窄或布置不合理。

（2）不良的社会环境，如管理行为恶劣或不当、社会不良的价值观、安全文化上的缺陷，安全管理松弛及法律与制度方面的缺陷等。

（3）操作系统、信号装置、仪表等的设计存在安全人机工程学上的不合理因素。

（4）工作岗位、工种或场地的变动。

（5）过高的工作负荷，如作业强度过高，劳动时间过长，作业姿势的限定等。

（6）个人生活中的变动因素，如亲友亡故，家庭纠纷或变故。

（7）药物、毒物（包括酒精）等作用于人体而造成的影响。

（8）文化教育、安全教育培训不足。

4. 常见人员违章的心理因素

在人员违章中，违章心理是导致人员违章的主要因素。一项调查显示，75.9%的员工认为生产中的操作失误主要是由侥幸、冒险、逆反、草率等心理造成的。

违章心理因素主要有以下方面：

（1）侥幸心理。明知安全的操作规程，也具备相应的知识水平和技术能力，但由于不愿意付出必要的劳动，怀着侥幸心理，采用自以为巧妙的方法来达到“省力”“方便”的目的。心怀侥幸是员工在生产过程中的一种常见心理。调查显示，68.2%的员工都曾有过因心存侥幸而不遵守操作规程的情况。侥幸心理具体表现在：明知按自己的做法有一定的危险，但总认为灾难不会落到自己头上，“不至于那么巧”“一次不会有什么问题”，操作中图省事，凑合着干，结果导致事故发生。

（2）冒险心理。由于曾经有过冒险尝试却未出事的经历，而形成藐视危险、敢于冒险的心理定式，并逐渐对蛮干产生一种自我肯定和自豪的心情。有了这种心理的员工，在关键时刻往往容易感情冲动，不假思索地采取冒险行动。冒险心理主要表现在：自以为有胆量，敢于冒风险，缺乏冷静和全面分析问题的能力，明知发生事故的概率比较大，甚至危险已经很明显，仍然不顾客观环境，不顾行动后果，一味盲目行动，铤而走险。

（3）逆反心理。某种特定情况下，人在好胜心、好奇心、求知欲、偏见、对抗情绪等心理状态的影响下，会做出与常态心理相反的对抗行为。在生产过程中，逆反心理虽然不是特别普遍，但也仍在相当一部分人中存在。逆反心理一般表现为：自以为是，固执己见，对于外界约束和引导存在抵触心理。通常，这与管理方法简单粗暴，以罚代管，以责代教等管理行为有关。

（4）草率心理。由于对事情的发生和发展缺乏预计，办事没有计划，而草率行事；同时，由于责任心差，遇事急于求成，工作忙乱，经常顾此失彼。草率心理的具体表现有：情绪不稳定，缺乏耐心，粗心，敷衍了事，责任心差；计划性和预见性比较差，喜欢轻举妄动，兴趣转移快。

5. 人员疲劳作业对安全生产的影响

（1）疲劳概念。疲劳又称疲乏，是人们连续学习或工作以后效率下降的一种自然的生理现象，可以分生理疲劳与心理疲劳。生理疲劳是疲劳在生理上的反应，心理疲劳是疲劳在心理上的反应。从生理上讲，疲劳是由于乳酸及其他代谢产物的堆积，肌肉张力下降，运动耐久性降低；由于二氧化碳的堆积，刺激呼吸中枢，还会导致打哈欠。疲劳是主观上一种疲乏无力的不适，感觉疲劳不是特异症状，很多情况都可引起疲劳。

引起疲劳的原因很多，有疾病因素，有睡眠不足的因素，还有心理负担过重的因素等。疲劳是指人体内的分解与合成代谢不能维持平衡，在作业过程中由于不断消耗能量，从而引起作业者作业能力下降的一系列生理和心理变化。

按疲劳的原因区分，有生理性疲劳、心理性疲劳。按疲劳所发生的部位区分，有精神疲劳、肌肉疲劳、神经疲劳，这三种疲劳，是由规定的作业内容引起的，精神作业引起第一种；肌肉作业产生第二种；神经作业产生第三种。按疲劳的程度区分，有一般疲劳、过度疲劳、重度疲劳。

（2）疲劳的性质与特点。劳动者在连续工作一段时间以后，都会出现机能衰退现象，这就是疲劳。疲劳是一种正常的生理心理现象。从生理学的观点来看，疲劳和休息是能量消耗与恢复相互交替的机体活动。疲劳与休息的合理调节，可以使人体的感觉器官、运动器官与中枢神经系统的机能得到锻炼、提高。在适度的范围内，疲劳对人体并没有什么害处。相反，人体如果长期缺乏应有的疲劳，则会引起机体内部活动的失调，如睡眠不良、食欲不佳、精神不振等。但是，如果由于工作负荷过重及连续工作时间过长，造成过度疲劳，就会严重影响人的心理活动的正常进行，造成人体生理、心理机能的衰退和紊乱，从而使劳动效率下降、作业差错增加、工伤事故增多、缺勤率增高等。

(3) 疲劳对安全生产的影响。现在疲劳对安全生产的影响已引起人们广泛的重视，有人开始把疲劳称为工业事故中具有头等重要性的因素之一，同时也是国际上工业安全方面一个长期研究的重点领域。因此，不论是企业还是班组，都应该更加重视疲劳因素的预防，加强劳动者休息权的保护，预防因为疲劳而引发的事故。

疲劳按其产生的性质，可分为生理疲劳（或称体力疲劳）和心理疲劳（或称精神疲劳）两种。生理疲劳是由于人体连续不断的活动（或短时间的剧烈活动），使人体组织中的资源耗竭或肌肉内产生的乳酸不能及时分解和排泄引起的。心理疲劳有时是由于长时间集中于重复性的单调工作引起的，因为这种工作不能引起劳动者的动机和浓厚的直接兴趣，加之没有适当的休息与调换工作的性质，就会使人厌倦和焦躁不安，甚至失去控制情绪的能力。在有些情况下，心理疲劳可能因为有的工种需要用脑判断精细而复杂的劳动对象，脑力消耗太大而引起。在另一些情况下，可能由于人事关系矛盾或家庭纠纷等令人很伤脑筋的事情，造成精神疲劳。

(4) 生理疲劳和心理疲劳的关系。生理疲劳和心理疲劳在劳动中并不一定是同时产生的，有时身体上并不感到疲劳，而心理上却感到十分厌倦；也有时虽然工作负担很重，身体上感到疲劳，但由于工作富有意义或做出了成就而感到精神轻松，仍能很有兴趣地工作。生理疲劳和心理疲劳既有一定的区别，又有一定的联系，并且相互制约。在生理上疲劳时，由于某种动机的驱动和意志上的努力，可以继续工作一段时间，但不能维持过长，超过某种限度，勉强工作就会引起过度的疲劳。这不仅有碍于劳动者的身心健康，而且容易产生意外事故。因此，在实际工作中，要尊重人体的生理规律，对延长劳动时间和加班必须予以严格的限制。

(5) 人在疲劳时的生理心理状态。疲劳是一种主观不适感觉，但客观上会在同等条件下，失去其完成原来所从事的正常活动或工作能力。所以，作业疲劳现在是国际公认的主要事故致因因素之一。作业疲劳可使作业者产生一系列精神症状和身体症状，这样就必然影响到作业人员的作业可靠性，并常常引起伤亡事故。

人在疲劳时的生理心理状态基本相同，所感觉感受的情况也基本相同。根据俄罗斯心理学家列维托夫对疲劳的研究，人在疲劳时的生理心理状态包括以下几个方面：

1) 无力感。许多时候当劳动生产率还没有下降的时候，工人已经感到劳动能力有所下降，这就是疲劳反应。劳动能力下降表现为一种特殊的难受感觉和缺乏信心。工人感到无法按照规定的要求继续工作下去。

2）注意的失调。注意乃是最易疲劳的心理机能之一，在疲劳状态下，注意力容易分散，并表现为怠慢、少动，或者相反，产生杂乱的好动，游移不定。

3）感觉方面的失调。在疲劳的情况下，参与活动的感觉器官功能会发生紊乱。如果一个人不间歇地长时间读书，那么他会说眼前的字行“开始变得模糊不清”。听音乐时间过长，高度紧张，会丧失对曲调的感知能力。手工作时间过长，会导致触觉和运动觉敏感性的减弱。

4）记忆和思维故障。与工作相关的领域都会直接出现这种故障。在过度疲劳的情况下，工人可能忘记操作规程，把自己的工作岗位弄得杂乱无章。与此同时，对与工作无关的东西，反而熟记不忘。脑力劳动造成的疲劳尤其有损于思维过程，然而在体力劳动造成疲劳的情况下，工人也经常抱怨自己的理解能力降低和头脑不够清醒。

5）意志减退。疲劳状态下人的决心、耐性和自我控制能力减退，缺乏坚持不懈的精神。

6）睡意。疲劳能够引起睡意。这种情况下，睡意是保护性抑制反应。人工作得疲惫不堪，睡眠的要求会变得强烈，以致任何姿势下也能入睡。在实践中我们有时会看到，在连续工作时间太长而疲劳至极时，人会毫无警觉地突然入睡。这种情况对正在从事致创因素较多的工作现场的作业人员来说十分危险。如矿井下从事采、掘工作的矿工，各种车辆司机等。

6. 家庭关系、生活事件与安全的关系

（1）家庭关系与安全生产。家庭关系即家庭中的人际关系，是指家庭成员之间的相互关系，主要包括姻亲关系（夫妻、婆媳、姑嫂、叔婶、妯娌等），血亲关系（父母子女、兄弟姐妹等）。对于大多数员工来讲，家庭关系都是特别重要的，家庭关系出现矛盾，最容易影响工作。

在家庭关系中，夫妻关系是最为主要的关系，是维系家庭的第一纽带。其次是父母和子女的关系，是维系家庭的第二纽带。家庭关系是人们日常生活中最重要的人际关系。几乎每个人一生中都在一定的家庭中生活，人们每天除工作、学习外大部分时间都在家庭中度过。因此，家庭中的人际关系好坏，对一个人的影响极大。

家庭关系更为重要的是，家庭还是人们调节情绪和消除疲劳的场所。如果家庭关系和睦，员工干完一天的繁忙工作，回到家里就能得到休息和调养，以恢复体力和精力，有利于第二天的工作。有时在工作单位里遇到不顺心的事情而心情烦闷，在家里通过向爱人或父母诉说，会得到安慰和劝解，情绪上就会平静下来。但如果家庭关系不好，整天闹矛盾，不但起不到缓解作用，反而会使烦恼加深，以致员工在工作中亦表现为情绪消极，不能集

中注意于手头的工作，易于发生事故。在实际工作中，由于家庭矛盾造成情绪郁闷而导致发生人身伤亡事故的案例比较常见。

（2）生活事件对人的影响。生活事件是指人们在日常生活中遇到的各种各样的社会生活的变动，结婚，升学，亲人亡故等。同时，生活事件还是一个心理学名词，是指个人生活中发生的需要一定心理适应的事件，包括负性事件和正性事件，并引起人的情绪波动。

在工作和生活中，有许许多多的事件会使人们的情绪发生较大的波动，如亲友亡故、夫妻分离、工作变化等。这些事件无疑会对人的工作生活产生不利影响。当然还应指出，由于各种生活事件的性质和严亘程度不同，其对人的影响程度也不一样。研究表明，有75％以上的癌症患者，在患癌症的前两年内，都有遭遇亲人或好友死亡的不幸。有人观察了 515 例精神分裂症患者，发现 224 例（43.5％）有生活事件刺激。不同的生活事件关系其后果的程度是不一样的，有的较高，有的较低。研究还表明，生活事件与心理障碍也有关系。如生活事件越多，发生的精神障碍（如抑郁症状、睡眠失调等）越多，发生心理病理行为的可能性也越大，甚至可能促进精神分裂症发病。

人作为现代社会中的一员，不论是正面还是反面的生活事件，几乎每日都在发生，它们对个人的心理和行为均会发生积极的或消极的作用。而当这种作用的强度达到一定程度，反映于员工的生产作业过程中时，就会导致人为失误的增加，更有可能发生工伤事故。

（3）节假日的安全松弛心态。一年之中的节假日都是人们期待的，在节假日中可以放松休息、尽情娱乐。但是在节假日前后比较容易发生事故，这似乎已经成为一个普遍的现象。比如，有的人趁节假日休息举办结婚喜事，却在回家办喜事之前偏偏出了事故。家远的职工，在回家探亲前或者刚回来上班这些时间里，有时也容易出事故。更有退休前的最后一个班，以及接到信息回家奔丧，或请假探望重病的父母或家人等前后而发生事故的情况。因此，注意节假日前后员工的松弛心态，注意员工遇到大事的安全，就十分重要。

在节假日前后，由于与假日有关的事情会在员工的头脑中起干扰作用，使他们在劳动过程中容易注意分散，情绪不稳定。假日前，人们常会盘算着如何安排假日生活、和家人团聚以及走亲访友等。假期之后，假期中有关事件的印象还未在头脑中消失，特别是一些令人兴奋或令人烦恼的事情，更不会在头脑中立即烟消云散，因此会造成员工思想不容易马上转移到工作上来。很显然，这些情况都会对安全生产产生不利影响。不同生产现场的安全隐患较多，客观上要求每位员工都必须集中精力工作。

因此，在员工喜庆、婚丧、节假日前后，作为班组长，要及时做好思想工作，提醒班组员工要在离队前和归队后排除一切外在干扰，将全部精力投入到工作中。除此之外，在指挥生产、安排任务时，也要考虑采取有关措施，如安排较安全的工作，或派人与之配合监护等。作为员工个人，更要努力控制自己的情绪，在工作中绝不想工作以外的事情，集中精力，以防患于未然。

第二节 违章行为认定与原因分析

在班组生产作业过程中，经常会出现人员违章现象，有的职工思想松懈、麻痹大意，从而出现无意识违章，还有的职工无视安全、违规操作，出现有意识违章。通常来讲，如果在工作中对规章制度视而不见，有章不循，违章操作，很容易导致风险、造成事故，给自己或者他人造成伤害。应该说任何人都不愿意受到事故伤害，那么为什么出现违章行为呢？对人员违章行为又该如何纠正呢？这就需要从心理因素进行深入分析，在此基础上，采取适合的方式方法，采取有针对性的措施制止违章，并改变和控制职工的不安全行为，确保安全。

一、违章行为的含义与表现

1. 违章的含义与内容

违章就是违反国家法律法规、部门规章、技术规范、企业安全管理制度，违反安全技术措施及交底要求所从事的活动。违章被称为"三违"，即对违章指挥、违章作业、违反劳动纪律的简称。

（1）违章指挥。违章指挥主要是指生产经营单位的经营管理者违反安全生产方针政策、法律法规、规程制度和有关规定指挥生产的行为。违章指挥具体包括：不遵守安全生产规程、制度和安全技术措施或擅自更改安全工艺和操作程序，指挥者未经培训上岗，使用未经安全培训的劳动者或无专门资质认证的人员；指挥工人在安全防护设施或设备有缺陷、隐患未解决的条件下冒险作业；发现违章不制止等。

（2）违章作业。违章作业主要是指现场操作工人违反劳动生产岗位的安全规章制度和操作规程，如安全生产责任制度、交接班制度、安全用电规程、工人安全守则、安全操作规程等，以及有关安全生产通知、决定等作业行为。违章作业具体内容十分广泛，不同的企业各有其不同的规定。主要有：高处作业不系安全带，不正确使用个人防护用品，不遵守现场作业安全制度，擅自动用机械、电气设备或拆改挪用设施、设备等。

（3）违反劳动纪律。违反劳动纪律主要是指工人违反生产经营单位的劳动规则和劳动秩序，即违反单位为形成和维持生产经营秩序，保证劳动合同得以履行，要求全体员工在集体劳动、工作、生活过程中，以及与劳动、工作紧密相关的其他过程中必须共同遵守的规则。违反劳动纪律具体包括：不履行劳动合同及违约承担的责任、不遵守考勤与休假纪律、生产与工作纪律、奖惩制度、其他纪律等。

2. 违章行为的类型

每个企业由于生产性质的不同，员工违章行为的表现也千差万别。如果从人员心理和安全管理上来分析，大致可以分为以下几种类型：

（1）冒险性违章。冒险性违章，就是对自身、设施、设备起安全防护作用的用具认为是多此一举，从而弃之不用。如登高作业不系安全带或者是进罐作业没有监护人、在矿井下操作不戴安全帽等。冒险性违章还有一种表现形式，就是滥用防护用品。如铣工戴手套取车床上的工件、在运转中的机械上注油、检修或清扫等。冒险性违章的最大特点，就是一般情况下不易引发事故，从而使安全意识较差的员工容易产生冒险的冲动。

（2）习惯性违章。习惯性违章，就是对违章行为习以为常，把错误的组织、操作当成顺理成章。它大致产生于两种情形：一是不知道正确安全的组织、操作方法；二是知道正确的组织、操作方法，但是当新的安全装置投产或改变工艺或采用新工具设备时，因旧的工作习惯一时没有改变，或喜舒适、图方便，从而下意识地操作而造成的违章。

（3）侥幸性违章。侥幸性违章，就是在进行生产组织、具体作业的时候，组织者和操作者已经预见到潜在的危险，但这种危险的程度并不大，在侥幸心理的驱使下违章指挥、违章作业。它的产生往往是由于在无意或有意进行了第一次违章或者是知道他人有过同类违章行为的发生，但没有酿成事故的情况下，产生了侥幸心理。如汽车司机利用斜坡下滑起动成功一次，再遇到有坡度的地方，他就会采取这种方法起动。

（4）被动性违章。被动性违章，就是明知操作是违章行为并具有潜在的危险性，但受一定条件的制约必须违章，否则就完不成任务，或面临着人身胁迫等。

（5）异常性违章。异常性违章，就是大脑出现短暂的“真空”状态，指挥系统失灵，引发操作失控。它的表现形式很多，例如：特殊情况下大脑缺氧，短时间心绪紊乱，长时间连续作业引起疲劳过度，大脑、手、脚失控，身体机能有缺陷，不能完成正常的操作等。

（6）记忆和判断失误性违章。这是由于训练不足丧失“短期记忆”而对安全事项想不起来，或在作业时，突然因外来干扰使判断失误发生的违章。例如：一埋头伏案设计的电气工程师，忽然想起要测一下变电站电机的相应尺寸，于是没有换工作服而穿着长袖衫到低矮的变电间屈身蹲下去实测，头上有高压线．正当测量之时，右衣袖垂下，他下意识地举手企图卷上衣袖，结果手扬起时指尖接触电线而触电死亡。这是典型的记忆性违章，假使身穿工作服，后面一连串的事就不至于发生。

（7）环境性违章。指个体受到外界的刺激促成心理异常而发生的违章，如环境引发兴奋过度、忧愁担心、发怒等心理反应影响了对危险的预见，或根本不考虑危险，致使操作违章等。

3. 违章行为的表现

不同的企业有自身不同的情况，因而人员违章情况也各不相同，但是也有许多共同之处。某机械制造集团公司通过对近年来该公司所发生的各类工伤事故分析发现，现场人员违章操作是造成工伤事故的罪魁祸首。为更好地加强对违章作业的预防和监控，控制工伤事故的发生，特制订了违章记分登记办法。在这个办法中，把人员违章情况分为三类，并制定出不同的现场违章表现及记分标准。

(1) 有下列违章情形之一的，每项扣1分

1) 生产现场穿高跟鞋、拖鞋、前后开口凉鞋、背心、短裤、裙裤、裙子、宽松衫，戴头巾、围巾、领带或敞开衣襟、赤膊、赤脚等；

2) 超过颈根的披发或发辫，未戴工作帽或不将头发置于工作帽内进入生产现场的；

3) 未随身携带操作证的。

(2) 有下列违章情形之一的，每项扣3分

1) 工作前未检查设备（设施）或设备（设施）有故障、安全装置不齐全便进行操作的；

2) 操作旋转机床时，戴手套、未扣领口、袖口及下摆、衣襟敞开，围巾、领带、长发外露的；

3) 工作时有颗粒物飞溅，未戴护目镜或面罩的；

4) 在易燃、易爆、明火、高温等作业场所穿化纤服装操作的；

5) 任意拆除设备（设施）的安全照明、信号、仪器、仪表、防火防爆装置和各种警示装置的；

6) 设备（设施）超速、超温、超负荷运转的，供料或送料速度过快的；

7) 设备运转时，跨越或接触运动部位的；

8) 调整、检修、清扫设备时未切断电源或测量工件时未停车的；

9) 冲压作业时，手进入危险区域的；

10) 未使用专用工具操作（用手排拉铁屑等）的；

11) 攀登吊运中的物件或在吊物、吊臂下行走或逗留的；

12) 厂内机动车辆行驶违反规定载人、载物的；

13) 机动车辆行驶时，上车、下车或抛掷物品的；

14) 容器内部作业时，未按规定使用通风设备及照明的；

15) 电气作业未穿绝缘鞋的；

16) 安全电压灯具与使用电压要求不符的；

17) 检修电气设备（设施）时未停电、验电、接地及挂警告牌操作的；

18）使用未经审批的临时电源线的；

19）带负荷运行时，随意断开车间（或回路）配电间刀或总开关的；

20）违反起重作业“十不吊”之一的；

21）随意倾倒、浇注热金属物品的；

22）有毒、有害作业未按规定佩戴防护用品的；

23）在有毒、粉尘等作业场所进餐、饮水等，以及未按规定使用通风除尘设备的；

24）新安装设备（设施）未经安全验收就使用的；

25）未按规定放置、堆垛材料、制品及工具的；

26）在消防器材、动力配电箱（板、柜）周围堆放物品且违反堆放间距规定的；

27）发现隐患未排除、冒险作业的；

28）危险作业未经审批的或审批后未设置警戒区域或未挂警示牌等安全措施不落实的；

29）高空作业或在易有坠落物体下方作业时未戴安全帽的，高空作业未穿防滑鞋，随意抛掷物件的；

30）高空作业位置在非固定支撑面上或在牢固支撑面边沿以及在坡度大于45度的斜支撑面上工作，不使用安全带或吊笼的；

31）职业禁忌证者未及时调换工种的；

32）非本岗位人员任意在危险要害部位、动力站房等区域内逗留的；

33）私自启用查封或报废设备的；

34）私自开动非本工种、本岗位设备的；

35）在情况不明时，开启或关闭动力源（电、气、油等）的；

36）领导见到违章指挥、违章作业不制止，不采取措施的。

（3）有下列违章情形之一的，实行违章否决，每项扣5分

1）违章指挥的；

2）未经“三级教育”上岗的；

3）特种作业人员无证操作或持超期证件操作的；

4）非特种作业人员无证从事特种作业的；

5）在禁火区域吸烟或违章明火作业的；

6）使用Ⅰ类手持电动工具未配用漏电保护器及绝缘手套的，在潮湿密闭容器内、构架内作业时使用非Ⅲ类手持电动工具的；

7）带电拉高压保险开关或隔离刀闸时未使用合格绝缘工具的；

8）电气作业（主要是高压电气）时，不执行或违反工作票、许可、监护及中断转移等制度的；

9）液化气站、轻油库、锅炉房、煤气站、制氧站、乙炔站等危险要害部位，操作人

员、值班人员脱岗的；

10）其他违反防护用品使用规定或违反操作规程中相应条款可能直接导致重伤以上事故或爆炸、火灾、倒塌、中毒事故及职业病的行为。

4. 违章行为的原因

行为科学指出：人的行为受个性心理、社会心理、社会、生理和环境等因素的影响，产生个体违章行为的原因是复杂的。通过对大量的人为事故分析得出，违章原因主要有以下几种：

(1) 技术不熟，能力不强，盲目蛮干。操作者没有熟练掌握操作规程，没有工作经验，又不向他人请教，没有察觉到危险的存在，这是产生冒险性违章的主要原因。

(2) 自以为是，习以为常。操作者自认为从事该项工作多年，很有经验，对不安全行为习以为常，满不在乎，甚至在工作条件和环境发生变化后也没有引起足够的重视，始终凭经验办事，这是产生习惯性违章的主要原因。

(3) 心存侥幸，思想麻痹。在遇到难干、麻烦的工作时，只图省事、省力尽快完成任务，虽然感到操作有一定的危险，但认为问题不大，对潜在的风险未有足够的警觉，这是产生侥幸性违章的主要原因。

(4) 生产作业条件受限。生产现场设备相对简陋，作业环境恶劣，加之生产任务又紧，作业人员只能利用现有的条件来完成生产任务，很难有其他的选择，这是产生被动性违章的主要原因。

(5) 力不从心，疲劳作业。操作人员过于疲劳，感觉机能减弱，注意力下降，动作准确性和灵敏性降低，人的思维和判断错误率提高，无法正常操作，从而产生异常性违章或记忆和判断失误性违章。

(6) 受情绪的影响，意识不集中。受到外界各种因素的刺激，心情不好或情绪激动，大脑皮层极度兴奋，注意力难以集中到生产作业中去，这种情况容易导致环境性违章。

二、对违章行为的心理因素分析

1. 对无意违章行为的原因分析

(1) 无意违章行为产生的主要原因。一般来讲，违章可以分为无意违章与有意违章两类，许多时候，有意违章与无意违章是很难区别的，只有本人最清楚，但是通常的情况，违章者都会是说是无意违章，意图得到从轻处理。因此，探寻无意违章行为与心理特点，有助于深入分析违章的各类根源，从而减少违章行为。

按人的认知来分，无意违章可分为认知无意违章与过失无意违章两类。认知无意违章是由于当事人对设备、规程学习不够，缺乏相关电气专业知识和经验而导致的违章行为和违章操作，而当事人主观上认为是符合规程的。过失无意违章由于疏忽遗忘导致违反规程的作业，造成事实上的违章，但当事人并没有意识到。如忘记某个操作步骤，走错间隔等。

在班组生产作业中，导致员工无意违章的原因主要有：

1）劳动环境差和超负荷工作造成的身心疲劳。在生产条件差、劳动环境恶劣的情况下，经常超负荷工作，会导致人的生物节律紊乱，生理功能出现障碍。有时尽快完成任务、结束疲劳状态的欲望成为第一需要，操作中行动匆忙、草率，对事故苗头反应迟钝。当员工的工作量增加到一定的限度时，疲劳便会积累，积累达到一定程度，员工就可能出现违反操作规程的行为。

2）不良的社会环境和家庭矛盾造成的力不从心。生产和生活中不良因素的影响会导致人的情绪波动，当人的情绪处于兴奋状态时，人的思维与动作较敏捷，处于抑制状态时，显得迟缓，处于某种极端状态时，往往有反常的举动，上述情况均可能造成违规行为的发生。

3）具有精神疾病和其他疾病的人的无意违章行为。患有精神疾患的人，对自己的行动无法进行正确的判断，不能允许其进入操作岗位。对于偶发精神疾患未能及时发现的患者，可能造成无意违规引发安全事故。

另外，偶发的身体不适，医各器官之间缺乏协调，会造成注意力分散，自控能力下降，也可能无意违章，导致安全事故的发生。

（2）无意违章的心理原因分析。事故教训告诫我们：一个人的心理特点很重要，对行为安全有直接关系，因此，班组长在安全管理中，必须重视与安全有关的心理问题，要采取有效措施，提高员工从心理上控制自己行为的能力。对无意违章行为也是如此，注意从心理因素进行分析，这样才能采取适合的措施。

无意违章的心理原因主要有：

1）认知不良。由于对规程、设备、系统运行情况的理解、判断错误而导致的违章行为或违章操作，或是由于缺乏某些相关专业知识或缺乏经验而导致的违章行为或违章操作，而违章者主观上误以为符合规章。

2）自身过失。由于疏忽、遗忘导致了违反规章或操作规程，是事实上的违章，但违章者本人当时并没有意识到。如忘记某个操作步骤，记错操作方向，忘记系安全带，维修工作结束后忘拆除临时装置等。

3）不良的性格特点。性格是一个人对现实比较稳定的态度和与之相应的习惯行为方式。有的人性格行为反应迅速、精力充沛，但好逞强、爱发脾气，情绪波动大，相比之下，就易于发生事故。

（3）对无意违章行为的分析。出现无意违章，主要原因是由于人的认识、理解、判断失误，或疏忽、遗忘，或知识、经验不足。这些都是人的心理特点，任何人都不可能事事认识正确、判断准确、没有疏忽、没有遗忘。知识、经验不足也在所难免，人的知识、经验是逐步积累起来的。但这些过失或不足的严重程度不但与违章者的学习情况、健康状况、接受教育和训练的情况、工作经历等有关，也与当时的作业情况、作业环境有关。一个人生病、疲劳，或对自己所操作的系统不感兴趣、不够熟悉，或者作业强度过大，超出了生理、心理限度，如操作时要求记忆的内容太多，操作时要求选择的内容太多，或操作比较复杂，作业环境恶劣（包括不良的人际关系、不良的物理化学环境）等都容易犯无意违章的错误。所以，无意违章主要是由个人难以直接控制的因素造成的。

2. 对有意违章行为的原因分析

（1）有意违章者的心理影响因素。在实际安全生产中，对违章者主观故意的违章行为通常称之为有意识违章，有意识行为形成习惯，则是习惯性违章行为。对习惯性违章行为如果采取宽容的态度，认为那只不过是习惯而已是不对的，殊不知，习惯性违章行为具有更大的潜在危害性，更容易引发事故。

有意违章是违章者的故意行为，分为一般有意违章和情境有意违章。一般有意违章是当事人为了省力、省时、省事，表现自己、逞能等个人需要而造成的违章。情境有意违章是操作者在一种特殊情境下的有意违章，据国外资料统计，这种违章占违章总数的20％左右。

有意违章者的心理影响因素主要有：

1）违章者认为自己追求的是以最小代价得到最大的效果。这是人们普遍存在的心理现象，所以违章有存在的基础。

2）违章者主观认为省时省力的做法。例如：不系安全带操作比系安全带操作更为方便、灵活。同样，不戴安全帽操作，也更方便、舒服；省去安全操作规程中规定的检查步骤节省时间；维修任务完成之后，不清点工具自然也省力省时。

3）违章并非一定导致事故。例如：不戴安全帽进入作业现场，不一定被砸伤；不系安全带操作，不一定会坠落；维修时把小型工具放在口袋里，不一定会掉到设备里；某些操作并非没有人监护就一定会出事故。这些现象大家都习以为常，在没有受到指责或处理的情况下，违章者主观认为没有风险。

除此之外，现有的安全规程和规章制度都存在缺陷，如有些规定制定之前没有充分征求操作人员的意见；有些不必检查的操作步骤也规定必须检查；一些安全设施存在缺陷，如有些安全帽过重、过硬，有些工作服过于笨重，有些维修现场没有挂安全带的固定挂钩等。这些都是违章者不愿遵守规程的客观原因。

（2）对有意违章者认知和判断问题的分析。有意违章可以用人的行为心理学来分析违章者的心理活动。人的行为是人的内心活动的外在表现，人的任何行为都受动机的驱使，动机越强，行为的可能性就越大，而动机来自人的需要和外界的刺激。对同一操作而言，操作者是遵章还是违章，驱动操作者行为的是他主观的需要和周围环境对他的影响，同时还要考虑到违章带来的风险，周围人对他违章行为的认可。一般来说，他总是在收益和付出之间权衡利弊，用经济学的观点来决定自己的行为的取向。

1）违章者的错误就在于把违章的风险和违章导致事故发生的概率等同起来。我们知道，风险等于事故严重程度与事故概率的乘积。也就是说，即使该事故发生的概率很小，其风险也是不容许忽视的。以不戴安全帽为例：不戴安全帽进现场，不一定会被砸伤，但是一旦被砸，砸伤（砸死）是必然的，其风险不能不考虑。有的违章操作甚至可以导致灾难性的后果，但是这种事故发生的概率极小。违章导致事故的概率小，不等于风险小，违章者自认为风险不大的主观判断，事实上是错误的。

2）违章者把个人需要与组织（或企业）需要等价对待。按安全规程操作来完成任务是企业安全的需要，与个人的各种需要是不等价的。任何个人的需要如果与企业的安全需要发生矛盾，应必须放弃个人需要，认识这一点是保证不违章的前提。

3）违章者衡量代价与效果的标准不对。违章者认为自己追求的是以最小代价得到最大效果，但是违章者没有考虑，衡量代价与效果的标准不是个人的得失而是他人或集体的安危，也包括自己的安全。如果能以最小代价保证安全、高效，那当然是应该充分肯定的，如果因为个人方便而导致事故，那将是不能饶恕的。

4）违章者认为最便捷、省力的做法最佳。对于一些必须每完成一步就要进行检查的操作，违章者为图省事直到最后工序结束前才检查，常常就造成了全部返工，有时甚至造成不可挽回的事故。

有意违章的出现，是主观认识和主观判断导致了有意违章者的错误行为，使有意违章不断发生，甚至重复发生。

3. 对习惯性违章行为的原因分析

习惯性违章行为是指那些习以为常经常出现的与安全管理制度或操作规程相违背的操作方法。统计分析表明，习惯性违章行为是引起事故的主要原因之一，同时习惯性违章行为又是安全管理的难题。

（1）习惯性违章行为的特征。习惯性违章行为通常是一种长期传下来的违章行为，不是在一代人身上偶尔出现，而是几代人身上反复发生，经常出现的违章行为。这种习惯性违章行为，具有方便性、实用性、隐蔽性、传递性的特点，而且还具有普遍性、反复性、顽固性的特点。

习惯性违章行为具有以下特征：

1）方便性。习惯性违章行为一般都比较方便、顺手，往往还能省工省力，简单易行，职工往往能自觉或不自觉地违章。

2）实用性。习惯性违章行为往往能较快地处理生产中遇到的问题，而用正规的方法则很可能要花更多的时间，付出更多的劳动，这也是职工很容易学会更愿意违章的原因。

3）隐患的隐蔽性。从理论上讲，违章行为都是不安全的，但不安全的程度和发生的概率有所不同。有的一违章就必定发生事故，有的则不一定发生事故。习惯性违章行为就属于后一种，其隐蔽性一般不能一眼识破，以致员工慢慢忽视了其隐患之所在，久而久之甚至将其看成了“正确”的操作。

4）传递性。习惯性违章行为因方便、实用，而危险源容易被员工用一些不规范手段绕过而趋吉避凶，员工之间往往能自然而然地“互通有无”“相互学习”。有的员工还能“无师自通”甚至“捍卫发展”，所以，习惯性违章行为有很强的生命力，能在职工中世代相传，除了因此发生了事故而被纠正，很少有自行断传、灭亡的。

（2）产生习惯性违章行为的原因。习惯性违章行为的表现形式很多，产生的原因也相当复杂，既有主观原因，也有客观原因；既有人的生理特征的影响，又有设备本身不合理或管理不严等因素的影响。归纳起来，产生习惯性违章行为的原因主要表现在以下几个方面：

1）设备结构不合理。主要反映在设备结构不符合人体的生理特征，按正规的操作不方便或耗时耗力，从而引起习惯性违章操作。如木工平刨的防护栅，当职工拿木料推开防护栅刨木时，视线往往被挡住，造成木料刨削量难控制，同时由于木屑堵塞防护栅难复位，使每天都要花很多时间去清扫防护栅，因而防护栅被木工弃而不用而改用手推压板。手推压板对刨木有较好的防伤功效，但对手部误触刨刀却不能起防护作用。以上是习惯性违章操作较典型的例子。

2）惰性的影响。人或多或少有点惰性，总想简单一点、方便一点，喜欢走捷径。正规操作能防患于未然，但往往不能直接避免事故，其效果不能马上显现，且正规操作相对来说比较麻烦。与此相反，习惯性违章操作恰恰具有快捷、干净利索等表面特征，与人的惰性相符，所以很容易被接受。

3）违章不见得立即发生伤害事故。习惯性违章行为或操作一般情况下不会发生事故，这是职工容易接受的一个重要原因。可以说违章行为仅是发生事故的必要条件，并不是充分条件。隐患要变成事故往往需要许多偶然因素凑在一起。正是基于这一点，许多员工产生了侥幸心理，对习惯性违章行为也就不愿改正，听之任之。

（3）习惯性违章行为的辨识。要识别习惯性违章行为，关键在一个“章”字上做文章。不管习惯性违章行为多么隐蔽，只要用现代安全管理的事故成因理论分析，就很容易分辨出来。主要有以下几点鉴别方法：

1）查操作是否违反有关规章制度，如与规章制度相抵触的一定是违章的；

2）查操作是否符合设备的使用要求与设计要求；

3）分析此种操作是否会引发能量失控或人的误操作；

4）分析事故案例，看历史上是否因此种操作而发生过事故。

需要注意的是，对习惯性违章行为首先是预防，然后才是纠正，要把预防措施与纠正方法结合在一起。预防习惯性违章要抓好三个“结合”：一是预防习惯性违章行为要与安全标准化作业相结合；二是预防习惯性违章行为要与安全检查相结合；三是预防习惯性违章行为要与安全竞赛相结合。通过安全标准化作业、安全检查、安全竞赛，使班组员工能够认识习惯性违章行为，按照规范方法操作，并且自觉地抵制习惯性违章行为。

第三节　纠正人员违章常用对策与方法

人员违章行为是一种不安全的行为。违章行为的反复出现以及屡禁不止，其原因是多方面的，既有领导责任不落实、管理不到位的问题，也有培训针对性不强、职工素质不高的情况；既有制度不完善、无章可循的问题，又有有章不循、执行不力的现象等问题。而违章行为的最根本原因，主要还是职工思想麻痹，忽视安全生产。对此，班组需要以先进的安全管理理念为指导，建立健全规章制度体系，编制科学规范的操作规程，全面实施岗位确认和监控制度，加强监督检查和违章处罚力度，从而消灭违章现象。

一、纠正人员违章行为的主要方式

1. 对人员违章行为的控制

从发生机理上讲，任何事故都是可以防范的，同样，任何违章行为都是可以控制的，企业的安全管理人员可以在对各种违章行为进行分类、分析其表现形式和产生的具体原因的基础上，根据违章行为的危害大小，对症下药，有重点、分先后地整治各类违章。

(1) 努力提高设备本质安全配套水平，尽量减小违章行为对企业安全生产的影响。能量意外释放理论认为，事故是能量的非控制释放造成的，工伤是非控制能量直接作用于人的结果。这些能量形式有机械能、电能、热能、化学能、电离及非电离辐射、声能和生物能等，其中意外释放的机械能是造成工业伤害事故的主要能量形式。因而，只要对这些能量进行有效的屏蔽、隔绝，对员工个体进行控制、防护，就可以防止非控制能量对个体造成伤害。

（2）建立科学、规范的安全教育培训考核机制，努力提高生产指挥人员和操作人员的岗位胜任能力。要建立现场管理、作业人员安全教育培训台账，考核结果不合格者，不准独自上岗。培训内容应包括：安全生产的法律法规、标准规范、规章制度，安全生产工艺技术、操作规程，安全生产责任制等。通过培训应使员工懂得某项工作应该做什么，不应该做什么，具体怎样做。

（3）形成立体化的现场监督检查机制。查治违章行为单靠安全管理人员的力量是不够的，必须动员各方面的力量，形成合力才能真正从整体上控制违章现象的发生。查纠违章要分清主次，集中力量分而治之。要通过广泛开展群众性的“反三违”活动，提高广大员工对违章行为危害的认识和反违章意识，形成现场管理人员和岗位操作人员之间相互监督的氛围，从而对相互间的违章行为及时进行批评纠正。其次是通过开展经常性的检查来查治违章，对生产岗位普遍查，要害岗位反复查，危险作业蹲点查，隐患部位跟踪查，特殊时期重点查，使违章行为无藏身之地。

（4）逐步建立健全安全生产的有关规章制度，有效控制违章行为的发生。违章行为的发生除与个体自身的素质、现场作业条件等因素有关外，还与企业的管理互为因果关联，如果管理制度没有违章行为约束，势必导致违章现象的泛滥；反之，司空见惯的违章行为必然造成管理制度的虚设。因此，班组建立查治违章行为的管理制度是十分必要的。有的班组建立违章积分卡制度，制定违章行为具体记分办法，及时如实记录个体违章行为，积分达某一定值时，按规定进行处罚。

2. 管理控制的方式

利用管理手段控制人员的不安全行为，使不安全行为受“压”于管而“就范”。管理控制的作用很多，如政策规范的控制作用、安全生产权力的控制作用、团体压力作用等，这些控制作用对人的行为都有很强的约束力。从管理角度，对人不安全行为的控制方式可分为：预防性控制、更正性控制、过程控制和事后控制。

（1）预防性控制。预防性控制是为了避免产生错误又尽量减少今后的更正活动。例如，强调安全生产法规的宣传教育，就是预防性控制措施。通过宣传教育，使得人人知法规，人人懂法规，就可以最大限度地减少那些由于不知法规、不懂法规而导致的不安全行为。一般说来，像安全规章制度、工作程序、人员训练和培养计划都起着预防控制的作用。在设计预防性控制措施时，人们所遵循的原则都是为了更有效地达成安全生产目标。然而，要使这些预防性的规章制度等能够真正被遵从，必须有良好的监控机构作为保证。

（2）更正性控制。更正性控制的目的是，当行为出现偏差时，使行为或实施进程返回到预先确定的或所希望的水平。例如，管理人员对作业者操作过程进行观察或检查，当发现某些作业人员违章现象严重，为了改变这种现象，对这些人员提出批评，并告诉他们正确的方法，要求他们改正。安全检查制度增加了安全管理部门采取迅速更正措施的能力，因为定期对生产过程进行安全检查，有助于及时发现问题、解决问题。

（3）过程控制。过程控制是对正在进行的活动给予指导与监督，以保证活动按规定的政策程序和方法进行。例如生产制造活动的生产进度控制、动火作业过程中的监护、每日情况的统计报表、每日对住院病人进行临床检查等都属此种控制。过程控制一般都在现场进行，因此，要求安全管理人员要经常深入生产现场，及时发现和纠正违规行为。

（4）事后控制。即人不安全行为出现并导致事故后再采取控制措施，它可防止不安全行为的重复出现，但是事后控制的致命缺陷在于事故已经发生，行为偏差已造成损害，并且无法补偿。

3. 规章制度控制的方式

纪律控制就是利用纪律的约束力，要求职工严格按照各种规章制度进行作业，杜绝违章指挥、违反劳动纪律的现象发生。一旦出现违纪现象，对违纪者严肃处理。

（1）纪律惩处要确保有效。为了确保有效，需要注意处罚的公正性与及时性。对不同职工的惩处措施应具有前后一致性，只有保持这种一致性，才能确定和使职工明确可做什么和不可做什么的严格界限。缺乏一致性的纪律惩处会使职工无所适从并引发混乱。处罚还应具有及时性，从违纪到采取处罚之间的间隔时间越长，处罚的效果就越差。此外，有效的处罚不应具有个人情感色彩，只针对工作表现而非职工本人，这样就可将处罚带来的不良效果降到较低限度。

（2）纪律惩处方法。纪律惩处可采用累进纪律惩罚制度，它是采用循序渐进的惩处步骤来规范职工的行为。在最终采取开除措施之前，累进纪律措施通常先依次采取口头告诫、书面警告、留职查看和降职降薪等处罚。累进纪律措施向职工明确地表明，随着不良行为的持续发生，校正不良行为的措施也将变得更加严厉。

4. 安全文化控制的方式

安全文化具有规范人们行为、约束人们行为的作用。文化力的约束功能，与传统的管理理论单纯强调制度的硬约束不同，它虽也有成文的硬制度约束，但更强调的是不成文的软约束。

安全文化的规范行为功能，最终通过行为表现出来。因此，建设安全文化的重要意义，是通过提高人们的安全文化素质，规范人们的安全行为。行为学认为，人的行为是由动机支配的，而动机由需要引起。人行为是有目的的，人行为都是在一定动机的驱动下为了达到某个目标。需要是指人们对某种目标的渴求或欲望，它是产生行为的原动力。在需要的推动下，就产生行为的动机。动机是指为满足某种需要而进行活动的念头或想法。动机是推动人们进行活动的内部原动力。是激励人们去行动以达到一定目标的内在原因，它是一种主观状态，具有内隐性的特点。

建设安全企业文化的实质就是建立企业内部的动力机制。利用安全文化的功能，转变人们安全价值观、安全伦理道德观和安全态度，提高人们的安全科技知识与技能水平和安全文化素质，增强人们的安全意识，使安全意识成为一种自觉心理，一种人的潜意识，规范人们的安全行为，以实现安全生产、安全活动、保障人们身心安全健康，促进企业经济的持续发展。企业安全文化建设的模式主要有：①安全意识转变模式；②强化安全管理模式；③安全形象建设模式；④安全行为激励模式；⑤安全知识—态度—行为系统转化模式；⑥安全科技活动模式等。

5. 安全行为激励的方式

安全行为是指人们在劳动生产过程中表现出保护自身和保护设备、工具等物资的一切动作。要减少和控制职工的不安全行为，激励是一种重要的手段，通过激励措施，可引导职工把安全需要作为一种自觉的心理活动和行为准则。

人员安全行为的激励方法主要有物质激励法和精神激励法。物质激励法是根据马斯洛的需要层次理论，运用人员的需要来进行激励，因此物质激励通常具有很大的驱动力。物质奖励的方法比较具体，最终都与金钱有关系。具体方式有安全奖金法、安全结构工资法、安全抵押金法等。精神激励是重要的激励手段，它通过满足职工的精神需要，在较高的层次上调动职工的安全生产积极性，其激励深度大，维持时间长。

精神激励方法主要有：

（1）目标激励。企业目标是企业凝聚力的核心，它体现了职工工作的意义，预示着企业光辉的未来，能够在理想和信念的层次上激励职工。企业应该将自己的长远目标、近期目标大张旗鼓地进行宣传，做到家喻户晓，让全体职工看到自己工作的重要意义和光明的前途，从而激发大家强烈的事业心和使命感。在进行目标激励时，应把企业安全生产目标与个人目标结合起来，宣传企业目标与个人目标的一致性，企业目标中包含着职工的个人目标，职工只有在完成企业目标的过程中才能实现其个人目标。

（2）形象激励。一个人通过视觉感受到的信息，占全部信息量的80%，因此充分利用视觉形象的作用，激发职工的荣誉感、光荣感、成就感、自豪感，也是一种行之有效的激励方法。最常用的方法是照片上光荣榜，借以表彰本企业的安全生产标兵模范。每天上班大家都从光荣榜前经过，不仅先进者本人深受鼓舞，而且更多的职工也会受到激励。

（3）荣誉激励。荣誉是众人或组织对个体或群体的崇高评价，是满足人们自尊需要，激发人们奋力进取的重要手段。给予“先进生产者”“安全生产能手”“安全标兵”“青年突击队”等荣誉称号，不仅激励了先进个人、先进集体，也激励了更多的有进取心的人们。

（4）兴趣激励。兴趣对人们的工作态度、钻研程度、创造精神的影响很大，往往与求知、求美和自我实现密切相连。在管理中重视兴趣因素会取得很好的激励效果。兴趣可以导致专注，甚至于入迷，而这正是获得突出成就的重要动力。因此，安全宣传教育形式应丰富多彩，并与职工文化活动结合起来，寓教于乐，这样才能提高职工的学习兴趣，取得良好的宣传教育。

（5）参与激励。企业的安全生产涉及每个人，要搞好安全生产也只有依靠大家，通过举办各种安全活动，让职工参与整个活动过程，尊重他们，信任他们，让他们在不同层次和不同深度上参与决策，吸收他们中的正确意见。通过参与，形成职工对安全生产的归属感、认同感，变“要我安全”为“我要安全”。

（6）榜样激励。模仿和学习也是一种普遍存在的需要，其实质是完善自己的需要，这种需要对青年尤为强烈，最典型的表现是“明星效应”。榜样激励是通过满足职工的模仿和学习的需要，引导职工的行为至安全生产目标所期望的方向。榜样激励方法就是树立企业内安全生产先进个人和先进集体的形象，号召和引导模仿学习。

二、纠正人员违章行为的常用方法

在班组，对于班组成员的违章行为，如果能够从分析违章行为的客观原因与主观原因着手，经过分析后采取有针对性的措施，同时积极营造遵章守纪的氛围，那么对于纠正违章行为将会有积极的帮助。纠正人员违章不能简单化，需要从改进操作方法、改善安全防护措施和设施；完善检查、监督机制和奖惩制度；建立反违章的监督机制和奖惩制度；培育良好的安全文化氛围等方面共同发挥作用。

1. 班组职工安全生产工作积分制活动

有的班组为了进一步提高班组职工的安全意识，有效杜绝“三违”行为，保障职工生命安全，推行“职工安全生产工作积分制”，对在岗职工的安全工作行为进行积分考核。

“职工安全生产工作积分制”的主要内容为：

（1）考核依据。国家安全生产的有关法律法规，部门规章、标准规范、企业规章制度等，作为职工安全生产工作的考核依据。

（2）考核内容与方法。职工的安全基本分为15分，生产过程中如有违章、违纪行为或发生了生产操作、火灾、爆炸、污染、医疗、急性中毒、人身伤害和重大未遂等事故，则予以相应的安全分考核：

1）发生重大以上事故，每次考核（即扣除，以下同）15分；

2）发生一般事故，每次考核6～10分；

3）有违章、违纪行为且影响较大或造成后果的，每次考核4～8分；

4）有违章、违纪行为影响较小或未造成后果的，每次考核1～3分。

（3）处理办法。安全积分值为0的职工，停薪3个月。停薪期间，必须参加安全生产学习班，经过考试合格后方可重新上岗。

为使职工对“职工安全生产工作积分制”有充分的认识，对该制度进行广泛宣传，并摘录该制度的主要内容粘贴于职工安全操作证内，保证每位职工都熟悉制度。同时还将“职工安全生产工作积分制”的内容作为安全知识考试和现场安全知识抽测题的主要内容，采用各种形式使职工领会“职工安全生产工作积分制”的实质及推行该制度的重要意义，使职工认识到安全生产必须遵章守纪。

2. 班组轮流安全值日的做法

目前一些企业在生产班组中实施轮流安全值日，这对于增强班组职工的安全意识，转变轻视安全的态度，起到了积极的作用。

班组“安全值日”活动是指在一定的时间内，由班组成员轮流担任班组“安全值日”安全员，行使安全检查、监督的职能，从而发挥每位职工参与班组安全建设的积极性，增强职工安全意识，规范职工安全操作行为，制止违章作业和一些不良习惯性操作，培育人人遵守安全操作规程、人人抵制违章作业的良好风气，形成班组安全工作职工自主参与、自主管理、相互监督的良好氛围。

班组“安全值日”活动主要有以下五个特点：

（1）班组“安全值日”活动强化了班组自主管理工作。通过开展班组“安全值日”活动，调动班组成员参与班组安全工作的积极性，许多担任过班组“安全值日”的职工都感到，胸前挂上“安全值日”标牌，不仅是一种荣誉，更是一份责任。班组“安全值日”活动为职工全员参与创造了条件，形成了人人关心班组安全工作、人人参与班组安全工作的良好氛围，从而也强化了班组自主管理工作。

（2）班组“安全值日”活动增强了职工遵章守纪的意识。通过开展班组“安全值日”活动，进一步增强了职工安全生产观念，职工自觉参与班组安全生产的积极性得到了明显提高，为班组安全工作的有效开展奠定了基础。

（3）班组“安全值日”活动提高了职工安全监督水平。通过开展班组“安全值日”活动，职工的安全监督能力得到了进一步的提高。担任班组“安全值日”的职工不仅要掌握本岗位、本工种的安全知识，而且还要了解班组其他岗位和工种的相关安全知识，熟悉了解当天的工作计划。只有这样，才能有效履行安全监督职能。

（4）班组“安全值日”活动提高了职工自我约束的自觉性。担任班组的“安全值日”，在对别人进行安全监督的同时，首先要自我约束并规范自身的安全行为，只有这样做，别人才服你管。

(5) 班组“安全值日”活动促进了企业安全工作。班组“安全值日”活动的开展，不仅增强了职工的安全意识，规范了职工的安全操作行为，最大限度地制止了违章作业和一些不良习惯性操作的发生，培育了人人遵守安全操作规程，人人抵制违章作业的良好风气，而且也促进了企业的安全生产工作。

3. 安全相关事项专题讨论活动

在班组生产作业过程中，纠正人员违章要承受很大的压力，违章职工往往不理解，由此特别容易发生矛盾和纠纷。对此，有的班组举行安全相关事项专题讨论活动，通过活动，统一大家对遵章守纪的认识，深化对违章作业危害的认识。

我们来看鞍钢集团第一炼钢厂“苏老狠现象”的专题讨论活动。

鞍钢集团公司第一炼钢厂生产调度室安全管理副主任苏忠民，自 2003 年 4 月开始抓安全工作，在安全监督检查中，他特别认真，手拿照相机走遍钢厂的各个角落，发现违反安全规章制度、不按标准化作业的人和事就立即拍照，进行处罚不讲情面。敢于管理、严格管理，故此，被人称为“苏老狠”。“苏老狠”属于“一条道走到底”的那种人，不管别人怎么说，他该怎样管就怎样管，该怎样抓就怎样抓，对违章违纪照罚不误。他想的是：我这样做是为职工好，为企业好，处罚时听到“骂声”总比出了事故听到“哭声”好。几年来，全厂违章违纪现象不断减少，安全形势稳定，有两年实现轻伤以上事故为零。

最近，第一炼钢厂干部工人正在讨论“苏老狠现象”，大家从不同角度和立场各抒己见。讨论的核心是安全管理中到底需不需要“苏老狠”？“苏老狠”与“和谐”管理、“人性化”管理之间是一种什么样的关系？等等。通过讨论得出的结论是：

(1)“苏老狠”的突出特点是在安全检查过程中不徇私情，不讲情面，对发现的违章违纪行为“见一个处罚一个”，没有一点儿“下不为例或以教代罚”的自由裁量余地。如果将“苏老狠”作为工作风格的一种称谓，认为叫他“苏认真”更合适。

(2) 从表面上看“苏老狠”与“和谐”似乎格格不入，但仔细思量一下，如果“苏老狠”执行规章制度“睁一只眼，闭一只眼”，会是什么样的结果？遵章守纪的人就会因他人违章而造成自身的伤害，或因他人违章造成的事故而被处罚，这样“和谐”吗？经常违章的人难免身受伤残之痛、家遭离散之苦，这样“和谐”吗？答案无一例外是否定的。因为，实现“和谐”的前提必须有一个“公平、公正、公开”的安全生产秩序，而“苏老狠”恰恰是这种秩序的坚决维护者，是“和谐”的忠实实践者。

(3) 一些人认为，“苏老狠”的严格考核让违章违纪者不仅经济上遭受损失，而且“面子”上也很过不去，是管理不“人性化”的一种表现。这是将违章违纪没有造成事故的情况与考核结果做比较得出的结论，如果将违章造成的伤残、死亡惨景与考核结果做比较，哪一种更“人性化”呢？安全考核本身就是借助外部力量克服自身控制力不足的一种强制教育方式，它正是帮助大家实现每个人主观上都一直在追求的“人性化”管理的一种工作方法。

遵章守纪应该是每个员工的最基本职业操守，严格贯彻执行规章制度是对每个员工最基本的工作要求，“苏老狠现象”折射出大家在严格贯彻落实安全生产规章制度上认识的多样性。违章不绝，事故不止。为了自己和他人的安全和健康，必须自觉遵章守纪！

4. 开展“安全家书”寄深情活动

安全是企业永恒的主题。如何才能进一步提高员工的安全意识？2006 年年初，沧炼化工公司开展了“请职工家属给一线倒班亲人写一封‘安全家书’”活动，先后收到了 99 封“安全家书”。封封“家书”，好似一颗颗滚烫的心，给亲人送上真情“安全”祝福的同时，也对企业“安全”表达了深深的关切之心。该公司“趁热打铁”，随即举办了由全体职工和家属参加的安全亲情联谊会。让每封“安全家书”的作者都上台当众朗读。也许是“安全家书”承载了太多亲情，职工和家属们在台下聆听时都不禁热泪盈眶。

“爸爸，我过去实在不该在你下了夜班，在家熟睡的时候打扰你。现在我才明白，正因有你的安心工作，才有我们全家的平安生活。你在装置上盯岗操作，同样就像一名英勇的战士在前线冲锋陷阵，如果休息不好该有多危险啊。爸爸，你以后上班时要保证做到全身心地值班，不想任何别的事情，我和妈妈都全力地支持你。”

——这是 9 岁的赵征昊写给爸爸赵群路“安全家书”中的爱心挚语。

“儿子，看到你比以前更懂事、更成熟了，我们做父母的比什么都高兴。你的工作岗位危险性很大，儿子，你千万要牢记，啥时都不能大意呀，可不能有半点儿侥幸心理，严格操作规程不要小聪明才是正理儿……”

——这是张强的父母写给儿子的。

“晓滨，听说你们班组又获奖了，真替你们高兴。可我还得提醒你，这还远远不够，‘安全’才是最大的效益，才是重中之重的关键。咱炼油企业高温、高压、易燃、易爆，多少事故都是一念之差违章造成的呀，你可要时刻警醒、注重安全啊！”

——这是妻子代慧丽写给丈夫吴晓滨的。

“老婆，你千万别小看那些安全规则，那可都是用事故受害者的鲜血写成的呀！熟记和掌握安全规程才是做好工作的前提。家里的事有我呢，你不用牵挂。”

——这是军人丈夫写给妻子张红霞的。

“你知道我最喜欢的声音是什么吗？就是深夜里你下班回来，钥匙在锁孔里转动开门的声音，那是世间最美妙的音乐——说明我的老公今天又平安地回来了。同时，我也想通过这封‘安全家书’告诉你，‘安全’的另一个含义就是爱，你的安全就是你对家人的爱……”

一封封“安全家书”寄托了亲人的浓浓真情，沧炼化工公司开展的“安全家书”活动，不仅大大增强了职工的安全意识，还让“安全”走进了家庭，和睦了职工与家人之间的关系，使一线职工深刻领会了“安全”的人情味儿，也使家属们更加关注亲人的“安全”，有效激发了职工自觉遵守安全规程的热情。

5. 体验“伤害”安全运动会活动

2008 年 12 月 31 日 14：00，天气晴朗，苏州尚美国际化妆品公司第一届安全运动会开始，员工们积极参加，用他们的热情驱走了冬日的严寒。

这是一场特殊的运动会，说起来更像是残疾人运动会。这场运动会的所有比赛项目都是针对人的生理缺陷来设置的，如单脚跳绳，蒙眼投篮，单手拔河，闭上一只眼睛运乒乓球等。这场特殊的运动会一共设置了 8 个比赛项目，分别由该公司 8 个部门的员工组织，包括制定比赛的形式、规则、评分标准、裁判和现场秩序的维持。公司全体员工以部门为单位参加各个比赛项目。

运动会筹备之初，该公司安全部门的人员费了不少心思，给这些特殊的比赛项目分别取了一个好听的名字，把单脚跳绳称为“金鸡独立”，把蒙眼投篮称为“百发百中”，把单手拔河称为“力拔千钧”，把闭上一只眼睛运乒乓球称为“暗度陈仓”……他们的苦心没有白费，这场特殊的运动会吸引了该公司员工，包括公司管理层成员的积极参与。

在比赛的过程中，参赛的员工们一开始都觉得有些“别扭”，总是有一种有劲使不出来的感觉。一些平时看起来很简单的项目，在设置了障碍后，要顺利完成就显得非常困难。对此，苏州尚美国际化妆品公司的相关负责人说：“其实这就是我们组织这场运动会的目的所在。我们用轻松娱乐的方式，让员工们体验身体残疾带来的不便，从而认识到安全的重要性，在今后的工作中，做到时时注意安全。”

一名员工在参加完公司举办的安全运动会后，写下了这样一段感言：“假如我们的眼睛瞎了，很多美好的事物就只能靠回忆和想象了，世界绚烂的颜色将与你无缘；假如我们瘸了，那么和梦中情人一起追风就成为遥不可及的事了；假如我们少了一只手，吃饭穿衣都会变得那么麻烦，更别说你想穿针引线来编织自己美好的未来了……我们不想有那么多的假如，我们希望没有假如，我们希望每个人都是那么完美，都能体会着工作带来的快乐。”

还有的员工写道：“此次运动会不仅活动了我们的筋骨，陶冶了我们的情操，更让我们认识到安全的重要性。我们应该端正对安全工作的态度。”“我们必须在安全上做得更好，是安全部门组织的这次活动带给我们每个人最深的感受。”“这是一种以生活为基础的培训方式，比理论知识培训更灵活更有趣，更让人印象深刻。”

第四节 班组纠正人员违章行为的做法

违章管理的目的不是消灭违章行为（如果消灭违章当然最好），而是控制违章的风险（把违章的风险控制在可接受的水平），使违章行为减至最少，同时把违章损失减至最小。杜绝违章，除了加强对员工的安全意识教育之外，还需要培育良好的安全文化氛围，这也是解决违章行为的一个心理学方法。培育安全文化氛围，有利于加强和提高班组职工的安全责任意识和法律意识。培育安全文化氛围是一项持久性的工作，需要长期坚持。通过长期坚持，使安全文化氛围得以延续发扬，最终使违章的风险趋于零。

一、红星车站纠正违章抓好现场控制保证安全运输的做法

在铁路运输中红星车站是一个小车站，现有员工 10 人，该站距离总部——湖南省耒阳市永耒铁路公司 20 多千米。这个小站的员工，长期以来坚持标准化作业，使小站取得了连续 5 900 多天安全运输无事故的好成绩。

1. 按照标准化程序作业，确保现场作业安全顺畅

红星车站主要负责当地红卫煤业公司坦家冲矿煤炭等货物的输送任务，年计划发送货物 10 万吨。随着市场需求增大，该站工作量越来越大，任务越来越繁重，地位越来越重要。在生产力布局调整和运量直线上升的过程中，该站克服了困难，经受了考验，实现了安全好、秩序好、形象好、效益好的目标。该站除了在永耒铁路公司装车运量占有一席之地外，还是新生煤矿煤炭外运的一个中转站。2007 年，该站完成装卸、接发货物共计 47 万吨，平均每天就要接发客货列车 6 趟。在人手少、工作量大的情况下，为了确保每趟列车安全发送，该站员工一直坚持标准化作业，以“安全优胜班组”竞赛为载体，取得了丰硕的成果。该站已实现连续 5 900 多天安全生产无事故。

在该站，坚持标准化作业可不是一句空话。要知道，每一列客货列车运行到站时，员工们都要提前 5 分钟衣着整齐，佩戴臂章，手持信号灯，纹丝不动地站在月台上的规定地点接发列车。而每接发一趟列车与调车作业，员工必须严格按照标准化程序作业。调车作业中，扳道员与调车员必须认真执行标准化呼唤应答，确保现场作业安全顺畅……该站还要求员工在接发列车时，必须站在规定地点，随时注意机车、车辆动态。在扳道作业时，员工要严格遵守扳道作业程序和显示信号标准。

2. 修订"一般违章"范围，完善安全管理制度

该站针对员工着装不规范，离岗、串岗、接送列车不及时等问题修订了"一般违章"的范围，要求员工要对照规定抓落实，每月对值班员量化违章指标，严格考核。针对一段时间内员工换班、连班频繁，部分员工疲劳作业，存在安全隐患的现象，该站制定了员工换班、连班登记制度，要求换班、连班每人每月最多一次，并提前报站长批准，狠抓全员性按章作业。该站通过对一系列管理制度的完善，让管理制度在筑牢安全防线，规范日常管理方面发挥了积极作用。

该站注重抓好现场控制，做到盯人盯车，对接发列车进行安全把关，并做好车站岗位控制工作，随时协调解决接发列车和车流调整方面出现的新情况和新问题。所有员工必须坚守工作岗位，盯在运输一线，进一步加强值班巡视，随时把握情况，解决出现的问题，做到"标准严一点、作业细一点"，按照作业流程，各个方面环环相扣，形成有机整体。在日常检查中随时抽查，将抽查成绩纳入当月奖金考核。同时，这个站利用星期五下午的业务学习时间组织员工进行业务知识学习，并给出三道题，下周对这三道题考试，促使员工业务水平不断提高。

二、气焊班认真落实规章制度千次动火无事故的做法

九江石油化工总厂机修厂管焊车间气焊班现有 9 名职工，其中有 3 名女同志，中青年职工占 80%以上。就是这个班组，在石化生产区域的塔林、罐群、管线上作业，在配合管工进行工艺管线安装施工中和装置停工检修、抢修中，每年累计动火达 1 800 次，却从未发生一起生产事故，被评为该厂年度"安全生产先进班组"。

气焊班之所以能做到千次动火无事故，就在于他们强烈的安全意识，在于他们严格的管理和精湛的技术。

1. 抓安全——先要提高职工的安全意识

该班坚持不懈地抓每周安全日活动，一丝不苟地认真学习安全生产知识，经常用生产中发生的实例和上级有关安全生产中的指示精神对照督促自己，并结合班组实际情况进行事故分析和安全教育。班里有位青工曾经提出这样一个问题：在厂生产区动火，割把一点燃，火温升到高达 3 000 多度都行，为什么点支烟就不行？班长和师傅们就用亲身体会列举了由于乱丢烟头引起火灾的事列，使青工懂得了厂内不能吸烟的道理。

2. 任务重——坚持"三不动火"原则不动摇

生产任务越重越要严格执行"三不动火"规定，这是气焊班多年来坚持的做法。在施

工中，个个都是严格执行“三不动火”的实际把关人。前二年在石脑油出厂管线施工中，在时间紧、任务重、工期短的情况下，加之施工现场不具备动火条件，他们顶着压力坚持执行“三不动火”的规定，硬碰硬抵制了违章蛮干，虽然得罪了一些人，但却换来了安全生产。他们通过加班加点，克服诸多困难，仍然保质保量按时完成了施工任务，受到厂领导和上级安技部门的表彰。

3. 反违章——认真落实规章制度

该班为了保证严格执行规章制度，在作业时把严格执行规章制度的自觉性与强制性相结合。例如在装置停工大检修期间，厂里、车间、班组都一再强调进入生产装检修现场必须穿着劳保用品，头戴安全帽，但个别职工却没有做到，车间支持班长对个别职工采取先批评教育，对重犯者进行经济惩罚的做法。既教育了个别职工，又教育了大家，保证了执行规章制度的严肃性，收到了较好的效果。

4. 防万一——注重提高自我保护能力

气焊班中青年职工占多数，过去，有相当一部分人缺乏或不懂安全生产中应注意自我保护，班里也因此有过沉痛教训。例如以前的生产装置停工大检修时，班里有一名青工在催化污水汽提更换管线作业中，由于管线处于盲肠死角，虽然经过长时间的吹扫处理，管内仍留残油，在气割火焰的高温作用下，管内产生压力，待管子快要割穿时，事故发生了，管内连火带油猛力向外喷出；慌忙之中，这位青工又缺乏自我保护知识，一时不知如何处置，在管架上踩空扭伤了脚，烫伤了手。现在再遇到生产装置停工大检修这种情况，由于大家认真吸取了以前的教训，思想上早有了高度警惕，并在生产中学会了自我保护本领，就没有发生伤害，平安地完成了装置检修任务。

三、过滤清理班从规范制度入手推进本质化安全的做法

中国铝业股份有限公司中州分公司的前身为原中州铝厂，1987 年开工建设，1993 年建成投产，有员工 6 525 人，现为中国铝业下属氧化铝生产厂之一，氧化铝年产能 281 万吨，拥有 1.08 亿吨国内矿石资源储备。主要产品为冶金级氧化铝和化学品氧化铝，其中，化学品氧化铝已形成高白、干白、细白三大系列十几种产品，年生产规模 28 万吨，产品广泛应用于冶金、建材、医药等各行业，国内市场占有率达到 60%，并远销 10 多个国家和地区。

中国铝业中州分公司氧化铝厂六车间过滤清理班，有员工 12 名，包括过滤工、清理工、换布工、电焊工、起重工五个工种。其中持有特殊工种操作证的有 5 名员工。该班组主要负责氢氧化铝过滤、种分分解系统清理检修、流程改造以及十台过滤机的换布工作。

该班组结合本班组的实际情况，积极进取，努力奋斗，不断提高员工安全技能，实现“人员无伤害，设备无隐患”，保证了生产安全，并使班组工作逐步向本质化安全推进。

1. 不断增强安全意识，全面提高安全素质

过滤清理班的工作性质决定了班组职工经常处于各种危险状态之中，班组要实现“人员无伤害、设备无隐患”的目标，只有使班组职工不断增强安全意识和安全技能，提高危险辨识能力。为此，该班组根据自身特点，明确创建目标，并利用黑板报、班前会、安全活动日等形式加大宣传力度，并通过对绿色通道进行标识和创建安全画廊，营造“无伤害班组”的创建氛围，使员工的活动意识得到加强和提高。

有学习才有提高。班组根据自身特点，在提高员工素质上进行全员、交叉、换岗等多种形式的培训。定期组织班组员工学习生产流程和设备知识；每两个月派一人到各岗位跟班学习，熟悉生产指标情况，以免与生产脱节；清理班内部由资历深、技术高的师傅培训电气焊实际操作知识，提高特种作业人员的业务技能和实践经验；换布工与清理人员换岗学习，换布工到清理班学习，清理工到换布岗位学习，使员工在学习中成为多面手。

为提高班组员工的学习积极性，班组开展了形式多样的安全活动，如班组员工轮流主持安全日活动，员工根据自己的特长确定主持活动的主题，并提前通知班组，使班组其他成员了解主题，在活动中进行讨论、学习，通过安全活动达成共识，解决相应的问题。班组根据员工需要，每月进行一次生产、安全知识培训，经常性开展事故应急演练、各种作业的反事故演习、现场作业技术比武、安全知识竞赛等员工乐于参加的安全活动，提高员工应对突发事件的能力和综合素质。同时，为激励班组员工的学习热情和竞争意识，班组每月开展一次优秀员工、安全之星的评比活动，从而增强员工之间比、学、赶、帮、超的学习意识，提升了班组员工的竞争意识。

2. 从规范制度入手，推进班组向本质化安全发展

没有规矩不成方圆，没有标准就不能保证各项工作的顺利进行。为此，过滤清理班首先对清理检修作业和各种操作行为进行危险辨识，然后逐步完善、补充每项危险因素，并结合实际情况制订出每项作业活动的操作标准。通过标准的讨论、制订和实施，使每一位作业人员在进行各种作业活动时都能够按标准操作，有效杜绝了事故的发生。

在规范员工作业行为、消除习惯性违章上，班组通过在活动中运用具体事故案例，辨识各种不规范行为的危害性，并在工作中要求做好互保、联保，发现他人违章必须及时制止。通过活动的开展，班组已经基本消除了不规范行为的发生。在工作中，班组定期对员工进行 HSE 教育培训，提高员工危险辨识能力，并在对现场清理检修作业进行危险辨识的基础上，制订出各种作业的危险预案，保障了清理检修作业的安全进行。

班组通过发动全员对现场隐患进行查找与治理，打造安全作业绿色通道，提高了员工的危险辨识能力，将事故隐患消除在萌芽状态，同时改善了员工的作业环境，使员工在安全、舒适的环境中快乐地工作。班组开展查隐患、堵漏洞活动，每月治理隐患 10 余项。这项工作的开展，使岗位操作条件得到了很大改善，消除了过滤工序内部存在的诸多事故隐患。

3. 发挥团队精神，增强班组凝聚力

在日常清理检修工作中，该班组首先明确 HSE 责任制，外出作业做到“三个保证”“三不伤害”和杜绝习惯性违章，在确保安全生产每一天的同时，注重挖掘每个职工的潜能和创新能力，为职工搭建施展才华的舞台。此外，班组还通过家访、搞联谊活动、轮值安全员、彼此交流、民主生活会、不断美化职工小家等形式，增加职工之间的感情，增强班组成员的责任感和集体荣誉感，营造和谐的班组氛围，达到相互理解、团结互助、形成班组合力的目的，使班组安全工作做到群策群力，齐心协力搞好“无伤害班组”的创建工作。

班组职工的创造能力和创新能力是班组取之不尽的财富，正确地引导和挖掘会使之转化为有效的生产力，从而加快班组各项工作的进程。该班组持续开展合理化建议活动，使班组职工共提合理化建议 60 余条，有 45 条被采用；班组自主设计、制作的特殊作业工器具（种分槽搅拌换皮带工具、管道法兰撑开工具、防脱离锤头）提高了工作效率，增大了班组员工作业中的安全系数。

四、空压站钳工班反违章实现班组本质化安全的做法

中国铝业中州分公司氧化铝厂空压站钳工班于 1991 年 10 月成立，现有员工 16 名，包括钳工、焊工、车工、起重工、驾驶员五个工种。工作任务以压缩机的大、中、小型检修为主，同时承担空压站的设备维护和工艺流程的改造工作，为氧化铝的稳定生产保驾护航。

空压站钳工班从建班至今有过无数成功的喜悦，也有过刻骨铭心之痛。因为那些成功，激励着钳工班锐意进取；因为那些刻骨铭心之痛，坚定了钳工班创造“本质安全型班组”的决心。

1. 要想实现班组本质安全，必须首先实现个体本质安全

班组员工的本质安全，只有发动员工全员参与，才能实现这个目标。为此，班组利用民主生活会将班组六大员的职责进行了重新认定，将班组的六项制度和三种资料进一步修改完善。挑选敢说敢管的员工做安全员，并设立轮值安全员制度。安全工作是一项系统工程，不是一个人的事，也不是一朝一夕的事。为了激发员工参与安全管理的主动性，班组

在绩效考核上加大了安全处罚的力度，即一人违章操作，他的互保联保对子也要受到相应的经济处罚。这样既使一部分员工丢掉了“老好人”的作风，参与到安全管理当中，又增加了违章者的心理压力，在反习惯性违章和反“三违”方面起到了良好的成效。

该班组一直以来都把安全工作作为班组的工作重点，早晨的班前会尤为重要。班前会上除了强调“安全生产五同时”，对上一个工作日的工作进行安全总结外，班组还制定了每人每天汇报身体健康状况的制度，班组长针对员工的身体状况合理分工，项目负责人对当天的工作进行安全预知交代，安全员对安全工作做补充，突出安全工作的全员参与性，确保安全检修。针对检修班组的特点，班组开展了形式多样的安全日活动，内容切合班组实际，想方设法调动员工的参与积极性，如开展安全知识竞赛、安全演讲、安全征文、实战演练、分组讨论等活动，还增加一些互动游戏来活跃会议的气氛。

2. 要想实现班组本质安全，必须实现设备系统的本质安全

为保证高转速压缩机的安全稳定运行，在设备检修中，该班组推行“三精”作业法，即“精确”“精细”“精美”（检修中数据测量精确、检修前工具准备精细、检修结束现场干净美观）；推出“三保回访制”，即保安全、保质量、保工期、修后小组回访；同时推行“检修三快制”，即人员集结快、工具准备快、安全进入现场快，变被动检修为主动检修。检修中整体分工明确，检修效率高，构成了钳工班设备安全检修的一大风景。

为保证检修工作安全，班组针对各项检修工作的特点制定了详细的安全检修预案，装订成册，并认真开展应急救援训练和演习，确保在突发事故出现后能够正确应对，果断处理。班组注重过程控制，在工作中严格执行“三不开工”“检修四制”，做到“四不伤害”和自保、互保、联保工作，切实把“安全第一，预防为主”的安全方针落到实处。

3. 要想实现班组本质安全，必须实现环境的本质安全

现场环境是由车间的生产性质决定的，空压车间的生产性质决定了其高碱、高噪声、有毒气体的恶劣环境，如何改善作业环境，如何在恶劣的环境中保证人身安全和设备安全，一直是钳工班安全工作的重点。多年来钳工班采用“防治结合”的方法来确保安全检修的实现。“防”是通过规范安全检修预案的制定和学习，规范劳动保护用品的正确穿戴和使用，规范动作标准来预防；“治”是加大现场隐患的综合治理。以5S定置管理为标准，改善检修现场。自2005年年初车间实行5S管理劳动竞赛以来，钳工班检修现场发生了翻天覆地的变化，检修平台由固定式改造为可移动式，并细化班组所有工具箱的工具、物品定置，做到图物相符。在现场定置方面，检修现场的工具箱和货架都按定置标准定好位置。一系列措施的出台，使检修现场变得更加安全有序，员工在检修作业中，形成了在哪儿拿工具，用完后马上放回原处的良好工作习惯。一年来，钳工班在车间5S现场定置劳动竞赛

中月月排名首位，成为兄弟班组争相学习的榜样。同时在绩效考核上，加大对现场隐患整改及合理化建议的奖励力度，竭力营造安全舒适的工作环境。

4. 要想实现班组本质安全，必须提高业务技能

检修离不开安全，安全不能没有技能。为提高班组整体检修水平，相继开展了形式多样的技术培训。在组织班组业务技能高的首席员工、钳工技师经常给大家“充电”的同时，也给其他员工提供展示自己的机会，要求每个人都要把自己的特长讲出来，或者把不懂的问题学会后讲给大家。同时在黑板上开辟《每周一题》师徒互动专栏，内容包括安全业务知识等；每月开展多次技能培训，包括钳工基础知识和压缩机检修常见疑难问题等；每季度进行一次技术比武和安全知识考试，通过实际操作检验每个员工对钳工、焊工、起重工的安全常识和业务技能的掌握情况，并对优胜者进行奖励，增强了大家比、学、赶、帮、超的学习劲头。

近年来，空压站钳工班不仅安全出色地完成了车间下达的各项检修任务，而且由于班组的严格管理和员工的遵章守纪，顺利实现了未遂以上事故为零的安全目标。